新常态下中国产品内贸易的环境效应研究

田 野 著

·北京·

内容提要

中国要实现对外贸易和环境保护相协调的可持续发展，首要问题是厘清中国对外贸易与环境之间的实质关系。本书在前人的研究成果之上，将产品内贸易与环境问题作为一个整体纳入同一分析框架下，进行理论分析和实证研究。本书从产品内分工视角出发，首先对实证研究的相关理论框架进行阐述和分析，采用纳入环境要素的H-O模型和垄断竞争贸易模型，提出了产品内贸易与环境的理论分析框架，并对两者之间的关系进行理论分析；其次分析了当前国际社会关于贸易与环境问题存在的矛盾及合作问题；再次结合新常态下中国产品内贸易与环境保护发展的现状，先后构建了联立方程、一般均衡方程、ARIMA等多种计量回归模型并进行分析；最后提出结论与相关政策建议。

本书分为7章，主要内容包括：导论，产品内分工下贸易与环境关系的理论分析，产品内贸易与环境问题的国际冲突及合作，中国产品内贸易与环境问题的现状分析，产品内贸易与环境关系的实证分析，结论与政策建议，后续研究方向与展望。

本书适合国际经济与贸易、国际商务相关专业的本科生、研究生和科研工作者阅读。

图书在版编目（CIP）数据

新常态下中国产品内贸易的环境效应研究 / 田野著. —北京：中国水利水电出版社，2020. 11（2024. 1重印）
ISBN 978-7-5170-9111-0

Ⅰ. ①新… Ⅱ. ①田… Ⅲ. ①对外贸易—研究—中国
Ⅳ. ①F752

中国版本图书馆CIP数据核字（2020）第213775号

书　　名	新常态下中国产品内贸易的环境效应研究 XIN CHANGTAI XIA ZHONGGUO CHANPIN NEI MAOYI DE HUANJING XIAOYING YANJIU
作　　者	田　野　著
出版发行	中国水利水电出版社 （北京市海淀区玉渊潭南路1号D座　100038） 网址：www. waterpub. com. cn E-mail：sales@ waterpub. com. cn 电话：（010）68367658（营销中心）
经　　售	北京科水图书销售中心（零售） 电话：（010）88383994、63202643、68545874 全国各地新华书店和相关出版物销售网点
排　　版	京华图文制作有限公司
印　　刷	三河市元兴印务有限公司
规　　格	170mm×240mm　16开本　13.5印张　255千字
版　　次	2021年1月第1版　2024年1月第2次印刷
印　　数	0001—2000册
定　　价	65.00元

序

本书是研究贸易与环境问题的一本学术著作，是教育部人文社科青年项目“产品内贸易环境传导性的形成机制与扩散效应”的阶段性研究成果①。我自读研究生开始，经历硕士、博士研究生阶段，到现在作为一名高校教师和科研工作者，一直从事与本书相关研究领域的学术研究。自硕士研究生阶段，我开始进行中国产品内分工与贸易的初步研究。博士阶段，在导师们的帮助和指引下，我确定了将贸易与环境问题作为今后的主要研究方向。贸易与环境问题处于国际经济学、产业经济学和环境经济学的交叉领域，博士阶段我主要研究国际贸易的环境效应。博士毕业之后，我在这个领域进一步地做延续性和拓展性研究。目前我在这个领域也取得了一些科研成果，我的博士论文获评当年的校优博士论文。另外，我作为项目主持人，在研国家社科基金青年项目 1 项、教育部人文社科青年项目 1 项；已主持完成省级科研项目 1 项，省厅级项目 1 项，在核心期刊发表数篇论文。无论是科研项目还是学术论文，绝大部分的内容都与本书的研究方向高度相关，一脉相承。

本书研究的核心学术问题是贸易与环境问题。二者之间看似关联度不高，但实际上具有紧密的联系。在经济学意义上，贸易的实际意义并不在于交易行为，而在于引发国际贸易行为的国际分工。20 世纪中后期经济全球化的程度在不断加深，生产全球化是经济全球化的代表性现象之一。随着跨国公司在生产全球化进程中扮演的角色越来越重要，国际分工开始出现一种新的分工形式，这种分工形式有别于传统的产业间和产业内分工，而是发生在生产的各个环节，这种产品内分工模式在国际上广泛出现，其引发的中间品贸易促进了世界贸易的大幅增长。学术界已有大量研究证明贸易与环境之间存在着某种紧密的内在联系，当然大部分研究主要停留在整体贸易的宏观层面。如果从产品内国际分工与贸易的视角来切入，是否会有更多成果的发现？那些发生了产品内国际分工的产业最后对于环境而言到底呈现怎样的影响路径？在产品内分工的条件下，一些我们传统意义上认为的非污染密集型产业是否也可能出现显著影响环境质量的情况？产品内分工往往与国际直接投资联系紧密，中国又应当如

① 教育部人文社会科学研究青年基金项目（18YJC790151）。

何协调产品内贸易、外商直接投资和环境保护之间的关系？这些都是贸易与环境问题研究上的新思路和新问题。

要想彻底分析以上问题，首先应该研究产品内分工与产品内贸易对环境污染的影响是否具有相关性，如果具有相关性则进一步研究其影响的程度和决定因素。本书的主要研究内容就是通过整理相关研究成果，构建纳入产品内分工与贸易因素的贸易和环境问题的理论与实证研究框架，运用相关贸易和环境统计数据，进行实证研究，最后得到具有理论与现实意义的结论：中国产品内贸易与国内环境污染密切相关。第一，一般贸易与产品内贸易对国内污染物排放的影响程度由污染物的类型决定，即由密集排放这种污染物的行业结构决定。一般贸易对国内工业二氧化硫排放量的影响相对较大，而以加工贸易为主要表现形式的中国产品内贸易对国内工业废水和工业固体废物排放量的影响相对更大。第二，对国内环境质量而言，中国产品内贸易的环境规模效应为负，即产品内国际分工引发的对外贸易在拉动国内经济规模的同时也提高了国内环境污染物的排放；而中国产品内贸易环境结构效应和技术效应均为正，但综合产品内贸易的环境三效应（规模效应、结构效应和技术效应）可以发现，当前中国产品内贸易对环境具有正作用的结构和技术效应之和仍不足以抵消规模效应带来的环境负效应，所以产品内贸易从总体上恶化了中国的国内环境，但这种环境负效应的程度在逐渐降低。第三，环境比较优势并不是中国产品内贸易与环境问题中的一个决定性影响因素，国内污染密集型产业的转移和集聚更大程度上仍然由要素禀赋与规模经济决定。从产品内分工与贸易的角度而言，中国并不存在足够的环境比较优势以承接来自发达国家的污染型生产环节转移行为。第四，外国直接投资（foreign direct investment，FDI）与区域经济合作也是在研究中国产品内贸易与环境相关问题中两个重要的影响因素。第五，从产品内贸易角度来看，中国对外贸易发展带来的国民收入增长没有对环境规制起到显著的促进作用，也就表明环境库兹涅茨曲线在中国不一定成立。

本书是对我之前就贸易与环境问题研究成果的总结，但远非终点。目前国内外学术界关于贸易和环境问题的研究相对来说还处于初级阶段。研究贸易的环境效应要依托于国际贸易理论的发展，而且国际贸易理论在本领域中的应用相对而言存在一定的滞后，所以除了进一步完善垄断竞争下贸易与环境关系问题的理论模型之外，我今后的研究可能会更加致力于将新的贸易与经济理论如何更好地引入现有的理论分析框架中，比如产业集聚模型、企业异质性模型等，在更完善的理论框架下去构建计量模型。本书在研究的最后提出贸易的环境效应不仅只有规模、结构和技术三效应，根据贸易模式的不同可能存在其他环境分效应，比如产品内分工存在环境的传导效应。研究国际贸易是否存在其他环境分效应，也是今后理论研究中的一个重要研究方向。另外，个人能力有限以及相关研究成果的推进，书中难免会出现一些数据滞后、引证遗漏等问题。针对这些问题，结合读者的反馈以及个人研究的进一步深入，我会及时地更新和完善本书的内容。

本书的出版，首先感谢我的工作单位湖北工业大学对我科研工作的支持。其次要感谢我科研项目组的同事们，从项目调研到章节内容讨论及书稿付梓都有同事们的无私帮助和热情参与，在此奉上最深的谢意。另外，本人执笔写序之时正值新冠病毒肆虐武汉之际。武汉封城，居家隔离，虽万幸未受感染，但仍偶有耳闻亲朋好友罹受病毒之难。所以最后特此感谢为守护我等武汉市民生命安全而奋战在抗疫一线的医务和社区工作者们。中国加油，武汉加油！

田　野

2020 年 2 月 18 日于武汉

目　　录

第1章 导论

1.1 问题的提出

党的十九大报告指出，要进一步拓展对外贸易，推进贸易强国建设，同时要关注生态状况、形成节约资源和保护环境的空间格局与产业结构。这既是建设现代化经济体系的重要内容，也是对外贸易实现可持续发展的坚实保障。我国作为贸易大国，参与国际分工与生产的模式。导致贸易长期呈粗放式的增长，已引发了与生态环境之间的一系列矛盾，因此推进贸易强国建设，本身具有重要的生态环境内涵。

对外贸易与生态环境的关系复杂，对外贸易对生态环境的影响主要来源于两大因素：一是贸易引发的国际分工环节与生产模式；二是贸易引发的外向型产业转移、集聚和集群行为。这两大因素与生态环境之间的内在联系还有诸多关键问题需要深入系统地分析来解答。贸易与环境三大假说在我国是否成立？我国的对外贸易到底是带来了环境的恶化还是改善了环境？不同贸易模式和不同外向型产业集聚类型的环境效应是否一致？其环境效应是否能够进行再分解？这些问题尚未得到一致答案，还存在诸多争论。

之所以出现争论，根本原因在于国际贸易理论在贸易与环境问题研究领域中的应用相对而言存在一定的滞后。当前大多数关于对外贸易对环境影响的研究主要是基于传统贸易理论，这就造成了理论分析框架与实际贸易现状存在一定程度的割裂。因此，本书将贸易理论、空间经济学与企业异质性模型等国际贸易理论最新理论成果和研究方法纳入贸易与环境问题的研究中，深入系统地分析对外贸易的环境效应，考察不同贸易模式选择对环境污染的影响路径，揭示对外贸易对生态环境的作用机制。

1.1.1 国际背景

20世纪90年代以来，随着全球化的不断深入发展，国际贸易领域出现产品内分工这一新的分工形式，国际产品内分工将产品生产过程中所包含的不同工序、环节和流程分散到不同国家进行，伴随产品内分工而出现的中间产品贸易在很大程度上促进了世界贸易的增长。随着国际贸易规模日趋扩张，贸易与环境之间的联系已经越来越紧密，经济增长与环境之间的矛盾也日益凸显，由全球经济活动所产生的资源供给成本上升、生态环境日趋恶化等环境问题也备受国际社会的关注。这种关注最早可追溯到1972年6月在瑞典斯德哥尔摩召开的联合国第一次人类环境会议。会议上通过《人类环境宣言》和《人类环境行动计划》两个纲领性文件，标志着环境问题开始成为国际社会在世界经济发展进程中所关注的一个热点问题。1992年6月在巴西里约热内卢召开的联合国环境与发展大会通过和签署了以可持续发展为指导方针的《里约环境与发展宣言》和《21世纪议程》，这两个文件的签署被认为是构建国际环境保护合作新秩序的政治宣言，为全球环境合作制定了一个共同行动的准则，因此具有里程碑式的意义。大会之后，贸易自由化对环境的影响、环境规制措施对贸易的影响开始逐渐成为世界各国越加重视的问题。贸易自由化究竟是恶化了环境还是改善了环境，环保主义者和自由贸易论者、发达国家和发展中国家一直在表达和重申不同的观点并从各自利益出发给予了不同的诠释。

20世纪90年代末，国际社会对环境问题的关注出现了新的方向，即由温室气体排放引发的气候问题。温室气体（主要为二氧化碳）相比于其他传统污染物，其减排措施更需要国际间的共识与合作。联合国气候变化框架公约的参加国于1997年12月在日本京都召开大会并制定了《联合国气候变化框架公约的京都议定书》（以下简称《京都议定书》）。《京都议定书》强制规定成员国必须按各自分配的指标承担碳排放减排的义务，明确规定发达国家从2005年开始承担减少碳排放量的义务，而发展中国家则从2012年开始承担减排义务。然而并非所有成员国都自愿履行《京都议定书》所制定的减排义务。由此开始，碳关税作为一种针对不遵守减排协定国家相关产品的特殊关税，相继被发达国家所采用，更加剧了发达国家和发展中国家对贸易与环境问题的分歧和争论。2009年12月，《京都议定书》第5次缔约方会议在丹麦哥本哈根召开，会议分别以《联合国气候变化框架公约》及《京都议定书》缔约方大会决定的形式发表了不具备法律约束力的《哥本哈根协议》，作为《京都议定书》一期承诺到期的后续方案。会议各方对协议中关于发达国家和发展中国家减排目标、对发展中国家的资金支持等方面的内容仍存在较大分歧，这种分歧也一直贯穿于 2010 年的墨西哥坎昆气候大会和 2011 年南非德班气候大会中，德班气候大会也成为史上耗时最长的气候大会，会议最后通过了“德班一揽子决议”，决定实施《京都议定书》第二承诺期并启动绿色气候基金。

20 世纪 90 年代以来，随着经济全球化和区域经济一体化程度的不断加深，在国际产品内分工的新模式下，世界经济和国际贸易在规模上不断扩张，不可避免地带来了学术界对贸易自由化和污染物排放及气候变暖等环境问题之间相互联系的关注与争论。不同经济发展模式和经济发展程度的国家对贸易与环境之间因果关系和环保义务之间存在较大程度的分歧。发达国家和发展中国家对污染避难假说理解上的差异、对产品加工标准的争议、对环境贸易壁垒以及碳关税征收细则上的分歧，使发达国家和发展中国家在处理环境与贸易问题上存在较大的矛盾与分歧。如何在各方经济和贸易可承受的范围内，协调各方以消除这些分歧，不仅是世界贸易组织、区域经济组织和各国政府非常关注的问题，也是国际经济学界研究的热点问题之一。

1.1.2　国内背景

发展中国家一般是凭借其自然资源禀赋以及劳动力的比较优势来参与国际产品内分工的，专业化于劳动密集型生产阶段，所以发展中国家开展产品内贸易主要是以加工贸易的形式为主。作为发展中国家的中国也是如此，虽然参与国际产品内分工的起步时间相对较晚，但是由于劳动力、土地和环境成本优势使中国在开展产品内贸易上拥有巨大的潜力，众多发达国家的跨国企业纷纷在中国进行直接投资以及外包活动。以加工贸易为主要代表的中国产品内贸易发展至今，已经在中国的对外贸易发展进程中占有举足轻重的地位。由于中国在国际产品内分工中主要处于低端的加工和组装环节，这种倚靠自然资源比较优势甚至是环境比较优势的分工模式，其带来的贸易规模扩张必然会造成国内环境污染和资源浪费问题日益严重。中国经过 40 多年的改革开放，已经成为世界上第一出口大国和外汇储备国，2019 年货物进出口总额 315 446 亿元，比 2018 年增长 3.4%。其中，出口总额 172 298 亿元，增长 5.0%；进口总额 143 148亿元，增长 1.6%。进出口相抵，顺差为 29 150 亿元。一般贸易进出口占进出口总额的比重为 59.0%，比 2018 年提高 1.2 个百分点。机电产品出口增长 4.4%，占出口总额的 58.4%。我国对欧盟、东盟进出口总额分别增长 8.0%和 14.1%；与“一带一路”沿线国家进出口增势良好，对“一带一路”沿线国家合计进出口增长 10.8%，高出货物进出口总额增速 7.4 个百分点①。

① 数据来源：中国商务部官方网站。

全年规模以上工业企业实现出口交货值124 216亿元，比2018年增长1.3%。①但同时中国的能源消耗和二氧化硫排放量也高居世界第一，碳排放量也为世界第一。粗放型的生产和贸易增长方式造成国内污染物排放量已经远远超过环境自身可承载的同化能力，给中国的可持续发展战略带来了巨大压力，成为制约中国经济和社会发展的一大难题，并引发了国际社会对中国贸易与环境问题的关注。

1.2 研究的意义

20世纪90年代以来，随着全球化进程的不断深入，产品内分工作为一种新的分工形式在国际贸易领域中开始出现，不同国家在这种分工模式下进行产品生产过程中所包含的不同工序、环节和流程，由这种国际分工形式而引发的中间品贸易促进了世界贸易的大幅增长。产品内贸易到底是恶化了环境还是改善了环境？中国应当如何正确处理产品内贸易和环境保护的协调发展？这是当前中国经济可持续发展进程中面临的重要问题。因此，以国际产品内分工作为视角，对贸易与环境的关系问题进行探析，无论从理论上还是从现实上都具有研究意义。

1.2.1 理论意义

在以往研究国际贸易与环境问题的相关文献中，理论分析框架主要是建立在现有国际贸易理论的基础上，将环境因素引入框架分析中。因此，贸易与环境问题的研究在很大程度上依赖于国际贸易理论的发展。在研究贸易与环境问题时，大部分相关研究的贸易理论基础仍然是以比较优势理论和要素禀赋理论作为一国参与国际分工和进行对外贸易的理论基础。Grossman和Krueger（1991）在研究北美自由贸易区时首次提出贸易环境效应的基本分析框架，将自由贸易的环境效应分解为三种效应：规模效应、结构效应和技术效应，从此它也成为学术界研究自由贸易的环境效应问题中最为典型的基本分析框架。基于自由贸易的“环境三效应”分析框架，诸多学者利用不同的方法和数据研究了自由贸易对环境的影响。然而国际贸易的动力不仅源自要素禀赋差异带来的比较优势，还包括对商品偏好的多样性、生产的规模经济等因素。当前产业内贸易和国际产品内分工飞速发展，基于传统贸易理论的贸易与环境分析框架

① 数据来源：国家统计局官网数据库。

显然难以解释所有贸易模式的环境效应。当前新贸易理论、新新贸易理论以及产品内贸易理论的发展与完善，为研究贸易与环境问题提供了更为全面的理论基础。

本书以产品内分工为视角，以垄断竞争下的产品内贸易模型为理论基础，研究贸易与环境的关系，尽可能全面、深入地分析产品内分工和环境关系、产品内贸易的环境效应、环境规制的贸易效应等方面的问题，并运用多种统计分析方法对中国贸易与环境的关系进行实证研究，对现阶段中国的对外贸易发展与环境现状进行系统评价，为中国协调对外贸易与环境关系、实施可持续发展战略提供了理论依据。

1.2.2 现实意义

由于国内经济结构的转型和国际经贸环境的变化，需要中国进一步对改革开放初期采取的粗放式增长模式进行审视和改变。中国对外贸易的大国地位其背后的代价，是国内巨大的环境成本，协调经济与环境的发展，发展两型社会，是当前迫在眉睫的问题。中国开展产品内贸易究竟带来了怎样的环境效应？贸易与环境三大假说在中国是否成立？中国如何参与贸易与环境问题的相关国际合作？这些都是中国在协调对外贸易与环境关系、实施可持续发展的对外贸易战略进程中必须深入了解的现实问题。本书立足于中国对外贸易以及产业发展的新态势，在现有贸易与环境的理论分析框架上，在彻底厘清对外贸易与生态环境内在联系机制的前提下，通过数据统计、计量分析等实证方法，提出当前国内外环境约束条件变化新趋势下对外贸易可持续发展路径的选择与优化策略。从现实意义而言，一是通过系统深入研究，解答上述我国贸易与环境的复杂关系问题，正确评价贸易对环境的影响效果；二是有助于政府部门选择合理的贸易分工模式和外贸产业发展政策，完善国内环境规制措施的设计机制，促进对外贸易和生态环境的协调发展。

1.3 相关文献述评

1.3.1 产品内分工与贸易理论述评

20世纪后半期以来，国际间分工和贸易格局发生了重要的变化，产品内国际分工模式开始兴起，由此产生的国际产品内贸易迅速发展并成为全球贸易中重要的一部分。从产品内分工这一经济现象出现开始，经济学界便开始关注并进行研究，随着学术界对产品内分工现象的研究不断深入，逐步开始形成产品内分工与贸易的理论。当前学术界对于国际产品内分工的研究主要可以归纳为三个方面：产品内分工与贸易的内涵、产品内分工与贸易的测度、产品内分工与贸易的效应。

1. 产品内分工与贸易的内涵

国际分工是世界市场和世界经济形成的最根本原因，是一国开展国际贸易、参与世界经济的最核心基础，也是经济学界对国际贸易理论进行深入拓展的重要路径。第二次世界大战后国际贸易的持续发展、跨国公司的兴起以及科技的进步，促使国际分工出现了新的变化，产品内分工作为一种新的国际分工形式开始出现在世界经济和全球贸易的发展进程中。因此，经济学界对于国际分工的研究对象从传统比较优势理论的产业间分工转到产业内分工之后，又开始转向产品内分工。产品内分工和贸易的内涵主要有产品内分工与贸易的定义、产品内分工和贸易的成因与基础这两个方面的内容。

（1）产品内分工与贸易的定义。虽然经济学界对于产品内分工的研究主要始于20世纪90年代，但是早在20世纪60年代，就有一些学者的研究开始涉及这种国际分工现象。Vanek（1963）提出一种阶段生产模型，这种模型假定工业制成品均可以作为其他行业的中间投入品，是产品内分工模型的雏形。Balassa（1965）提出垂直化生产的概念并构建了一个垂直化两阶段生产模型。随着产品内分工在世界经济中的重要性不断增加，众多杰出的国际贸易学者从各自不同的角度对这种现象进行了深入研究，并各自对这种新的分工现象进行了定义。目前国际学术界关于这种国际分工新现象出现了多种名称和定义，每种定义都有各自的代表学者，并且有的代表学者在不同时期曾使用过其他名称和定义。因此目前学术界尚不存在一种能够被人们一致接受的定义，学术界对产品内分工的不同命名与定义见表1-1。

表1-1 学术界对于产品内分工的不同命名

英文名称	中文含义	代表人物
international disintegration of production	生产非一体化	R. Feenstra（1998）
fragmentation	片段化生产	H. Keirzkowski（1990）
vertical specialization	垂直专业化	D. Hummels（2001）
slicing the value chain	价值链分割	P. Krugman（1995）
trade delocalization	贸易离散化	E. Leamer（1996）
intra-mediate trade	中间品贸易	W. Antweiler（2002）
intra-product specialization	产品内分工	S. Arndt（1997）
global production sharing	全球生产共享	A. Yeats（2001）
outsourcing	外包	L. Katz、K. Murphy（1992）

虽然学术界对于这种分工新现象在名称和定义上并没有达成字面上的一致，但是实质上这些代表学者研究的对象是一致的。例如，Arndt（1997）将这种分工定义为“在特定的产品生产过程中，将不同的工序、区段和零部件从空间上分配到不同的国家进行，这些国家均处于这种产品的生产价值链上并专业化生产某些特定环节的现象”①，即产品内国际分工，这种分工是在产业间与产业内分工的基础上对国际分工的进一步深化，其本质是同一产品在生产布局上的区位选择问题，这种现象既可以表现为来自不同国家的非关联企业之间通过特定联系进行分工，又可以在跨国公司内部通过对其各国子公司进行生产环节分配来进行分工。

Hummels、Ishii 和 Yi（2001）则认为这种分工现象是 Balassa（1965）提到的垂直两阶段生产模型的进一步深化，即“最终产品从垂直方向被拆分成多个生产工序和环节，这些工序被分布到两个以上的国家进行专业化生产，这些分布在不同生产环节的国家至少有一个是通过进口中间投入品进行生产并将产出进行出口”。② 虽然两者从表述上略有差异，但是实质上无论是“产品内分工”还是“垂直专业化”，其背后所解释的经济现象的实质都是最终产品生产工序在空间上的跨国别分散，以生产价值链为基础进行整合，这种分工产生的贸易行为引发最终产生要素的流动和要素价格的变动、对各国以及世界整体的福利产生影响。因此两者虽然名称不一致，但实际研究对象基本一致。

近年来产品内分工一直是国内学术界关注和研究的一个重要对象，由于国际学术界对于这种新分工现象的定义和名称上并未统一，国内学者对这种新分工现象的定义与名称也表述不一。在国内相关文献中，一般采用“产品内分工”（卢峰，2004；田文，2006）和“垂直专业化”（刘志彪、刘晓昶，2001；盛文军，2002）这两个名称较多。根据前文所述，虽然国内学术界对于这种新分工现象的名称存在表述差异，但内涵基本一致。因此，为了定义和描述这种将不同的工序、区段和零部件从空间上分配到不同的国家进行，这些国家均处于这种产品的生产价值链上并专业化生产某些特定环节的现象，本书采用 Arndt（1997）和卢峰（2004）的关于产品内分工的定义，由这种分工产生的国际贸易即为产品内贸易。除特别指出外，本书在行文中对上述概念不再加以说明和区别。

---

① ARNDS S W. Globalization and the Open Economy [J]. *North American Journal of Economics and Finance*, 1997, 8 (1): 71-79.

② HUMMELS D, ISHII J, Yi K M. The Nature and Growth of Vertical Specialization in World Trade [J]. Journal of International Economics, 2001 (54): 75-96.

（2）产品内分工和贸易的成因与基础。关于产品内分工形成与发展的原因，经济学者从不同角度进行分析并提出了各自的解释。对于产品内分工的决定性形成因素主要有以下四种解释。

第一种是技术说，Jones 和 Kierzkowski（2001）提出促使产品内分工形成和发展的重要推动力是生产技术的不断进步与革新。他们认为即使生产本身规模报酬不变，但随着生产技术的逐步提高，连接各个生产环节的服务成本在不断下降，从而促使生产规模的扩大和边际成本的逐步降低。在两国要素价格存在一定差异的条件下，只要这种成本下降效应抵消并超过由于跨国别生产带来的连接性服务成本的上升效应，企业通过产品内分工便能够获得利益，因此技术进步能够推动企业进行产品内分工。

第二种是壁垒说，Deardorff（1998）认为产品内分工与传统产业间和产业内分工没有本质区别，只是由于存在阻碍产品内分工进一步发展的特定壁垒，这种壁垒主要表现为生产成本壁垒与国际间的要素流动壁垒。随着第二次世界大战后全球贸易壁垒整体下降，贸易和投资自由化的进程在不断深化，有利于企业降低生产成本，降低国际要素流动的壁垒，限制产品内分工的特定壁垒出现大幅下降的趋势，因此促进了产品内分工在世界范围内的形成与发展。

第三种是规模经济说，卢峰（2004）和曾卫峰（2009）认为规模经济是产品内分工的源泉，产品内国际分工的原因是中间产品种类较多而且范围不经济系数较大。中间产品的种类数量由规模经济的成本决定，较小中间产品的交易成本是产品内分工的必要条件，在其他条件相同的情况下，为了提高总利润并保持竞争力，当市场竞争程度提高时，垄断竞争企业进行产品内分工的程度会加深。

第四种是企业边界说，Antras 和 Helpman（2006）以异质性企业贸易模型和企业内生边界模型作为理论基础，认为不同的企业组织形式和所有权结构决定了异质性企业生产中间投入品的区位选择。拥有异质性生产率的企业根据不同条件下契约摩擦的允许程度决定是在生产组织过程中实行一体化还是将生产中间投入品的环节进行跨国外包，并由此决定外包的国别和区位选择。

产品内分工成因与基础的代表性研究进展见表 1-2。

表 1-2 产品内分工成因与基础的代表性研究进展①

研究视角	分工成因和基础	代表性文献	主要结论
传统贸易理论	比较优势 H-O 理论	Dixit 和 Grossman（1982） Jones 和 Kierzkowski（1990）	比较优势是根本原因

① 资料来源：笔者根据相关文献整理而得。

续表

研究视角	分工成因和基础	代表性文献	主要结论
新贸易理论	规模经济	卢峰（2004） 曾卫锋（2009）	规模经济是产品内分工的源泉
新新贸易理论	企业组织理论 异质性模型	Antras 和 Helpman（2004） Antras 和 Helpman（2006）	异质生产率、企业组织形式决定分工选择
其他	技术进步贸易和投资自由化等要素	Deardorff（1998） Jones 和 Kierzkowski（2001）	技术的进步、运输成本、贸易壁垒的降低促进分工形成

2. *产品内分工与贸易的测度*

当前经济学界对于产品内分工与贸易的测度主要有两种思路：第一种是运用较易获得的外贸数据直接进行统计，主要的代表性方法为零部件统计法。例如，Ng 和 Yeats（2001）将国际贸易标准分类（standard international trade classification，SITC）中名称为零部件的产品作为中间产品，通过对此类产品贸易占总贸易的比重来测度产品内贸易。第二种是通过投入产出数据进行计算，分为一国模型和多国模型两种方法。Feenstra 和 Hanson（1997），Hummels、Ishii 和 Yi（2001）都曾使用美国的投入产出数据计算产品内分工的程度。Fujii（2008）对 VS 模型进行扩展，采用亚洲投入产出表对整个亚太地区的垂直专业化程度进行测算。这三种产品内分工测度方法的比较见表 1-3。

表 1-3　三种产品内分工测度方法的比较

测度方法	代表性文献	精确性	复杂性	数据的可获得性
零部件统计法	Ng 和 Yeats（2001） Athukorala 和 Yamashita（2006）	小	低	高（主要使用外贸统计数据）
投入产出法（一国）	Feenstra 和 Hanson（1997） Hummels、Ishii 和 Yi（2001）	中	中	中等（一国的投入产出数据）
投入产出法（多国）	Dietzenbacher 和 Romero（2007） Fujii（2008）	大	高	难（需要国际投入产出数据）

通过比较可以发现，通过外贸数据直接统计这种思路比较直接，数据的可获得性较高，但精确程度低，因为这种方法不能涵盖生产过程中各环节的相互联系；而运用投入产出数据可以追溯生产过程中各个环节之间的相互联系，尤其是多国投入产出模型可以更加全面地了解各国各产业间生产网络的构成状况和链接路径，使用这种方法进行产品内分工的测度，虽然计算过程相对复杂，

但是精确程度最高。多国模型目前最大的限制条件在于数据的可获得性比较低，国际的投入产出数据很少，因此目前大部分对于产品内分工的实证研究主要仍采用零部件统计和一国投入产出模型这两种方法。

3. 产品内分工与贸易的效应

关于产品内分工这种新的分工和贸易模式所产生的效应，经济学者从不同角度进行研究并提出各自的结论。对于产品内分工与贸易的效应研究主要有产品内分工与贸易的贸易效应、经济增长和技术进步效应、福利、就业和收入效应、产业转移和集聚效应、区域合作和边境效应等。

（1）产品内分工与贸易的贸易效应。产品内分工的源泉是比较优势和规模经济，当一国开始参与产品内国际分工并发生产品内贸易时，相对于传统产业间和产业内贸易而言，这种新的贸易形式将会给该国带来各种贸易效应。这种贸易效应首先表现在对外贸易的规模效应。蒲华林和张捷（2007）对中美间贸易结构顺差的原因进行了实证分析，其结果表明产品内分工与贸易是中国和美国之间产生结构性贸易顺差的根源。蒲华林（2011）进一步研究了中国产品内分工与贸易的规模效应，并指出产品内分工对于中国贸易平衡的影响：中国贸易顺差的主要来源是资本密集型产品的加工贸易和外资企业的进料加工，而零部件贸易一直存在比重较大的逆差。

产品内贸易规模的扩张不仅产生了贸易差额的变动，还会引起贸易条件的变化。Arndt（1998）通过构建一个 2×2 的 H-O 模型研究了产品内分工对于发达国家的贸易条件的影响。发达国家的企业为了获取更廉价的劳动力资源，将劳动密集型的生产环节转移到发展中国家，通过降低生产成本提高出口竞争力；在产品内分工下，进口竞争部门为了缓解工资下降的压力，会进行集中于比较优势生产环节的扩张性生产。总体而言，如果发达国家是一个贸易大国，其进口产品的产出增加会降低进口价格，出口产品的产出下降会提高出口价格，因此贸易条件将得到改善。Deardorff（2001a）运用李嘉图模型分析了产品内分工的贸易条件效应。他认为一个开放的大国如果商品需求量很大，可以抵消由于市场价格下降、贸易条件恶化带来的福利下降效应。

（2）产品内分工与贸易的经济增长和技术进步效应。经济的长期增长取决于要素禀赋、产业与贸易政策的作用以及国际知识外溢的范围。最终产品由于将中间生产环节细分到各自具有比较优势的国家或地区，生产分割意味着要素禀赋的进一步发挥，最终产品的产出规模将会提高。规模经济是产品内分工的源泉，产品内分工从本质上将意味着生产区位的调整。Jones 和 Kierzkowski（2001）认为，生产环节可能因为分工而产生集聚，这种集聚主要由劳动力流动可允许范围内形成同一技术的中心地区引发的外部性推动，并且将拉动经济增长。而且产品内分工与贸易的集聚能促使经济发展欠发达地区的政府减少经济发展中的政策限制，加速该地区的经济发展。Gao（2002）认为国际贸易成本的下降引发了特定生产活动区位的重新配置，进而促进了产品内分工的形成与发展，提高了北方国家的创新率，由此带来的产品种类多样化比率的提高使南北国家的经济增长率均会提高。

在产品内分工的条件下，企业进入全球生产链的门槛降低，特定生产环节的企业可以专业化投入自身环节的生产与研发，不需要将企业的资源分散到完整的产品生产链中，生产专门化和学习成本的下降，降低了企业在自身生产环节中的技术创新难度和成本，将鼓励专门从事零部件生产的厂商进行创新活动。因此技术进步是产品内分工形成和发展的基础，这种新的分工形式也促进了技术（尤其是生产环节专门化技术）水平的进一步提升。实证研究的结果也证明了这一点，胡昭玲和赵媛（2008）对产品内分工时技术进步的影响机制进行理论研究，并通过实证研究验证了中国制造业中的产品内分工与贸易存在着技术进步效应。唐海燕和张会清（2009，2011）实证研究发现产品内分工与贸易较大幅度地提高了中国的价值链位置，主要得益于运输成本的降低和偏向于高层次分工的政策激励。中间品出口和进口的技术进步效应分别依赖于熟练劳动力偏向的劳动要素配置效应与技术溢出效应。肖文和殷宝庆（2011）通过对中国制造业进行实证研究，结果表明产品内分工有利于制造业技术进步，其中低集中度、低开放度的高技术行业技术进步效应尤为明显。

（3）产品内分工与贸易的福利、就业和收入效应。产品内分工主要通过以下三个途径对一国的福利产生效应。

1）改变全球生产格局。Krugman（1994）认为产品内分工是一种将产品价值链进行分割的现象，他认为这种将最终产品的各生产工序进行跨国分配的价值链全球性分割现象改变了全球生产格局，中间产品贸易的迅速增长带动了全球贸易的增长，发展中国家通过产品内贸易，对发达国家的非比较优势部门会有一定冲击，然而其在全球价值链中的地位并不会实质上危及发达国家的经济利益。价值链在全球范围内分割对于发达国家和发展中国家而言可以达到双赢的效果。

2）影响一国的贸易条件。Deardorff（2001a）运用李嘉图模型分析了产品内分工的贸易条件效应。他认为一个开放的大国如果商品需求量很大，可以抵消由于市场价格下降、贸易条件恶化带来的福利下降效应。而一个开放的小国是国际市场商品价格的接受者。在劳动生产率不变的条件下，中间投入品的市场价格成为决定生产与贸易模式的主要条件，如果中间投入品价格较高，该国就专业化生产中间投入品，若价格较低，该国就将这一生产阶段转移到国外。这种生产模式充分地发挥了小国的比较优势，因此必然能增加国家的产量与价值。

3）加重关税扭曲。Ardnt（2001）通过运用一个两国两要素模型，对在产品内国际分工条件下优惠贸易协定的贸易与投资效应进行研究，结果表明优惠贸易协定消除或降低了两国间进行产品内分工的贸易壁垒，因而使这种新的分工形式在两国间开始形成。然而如果一国最终产品的关税扭曲仍然存在，即便消除零部件的贸易壁垒，两国的福利变化仍然是不确定的。只有通过贸易自由化，零部件和最终产品的贸易壁垒都得到消除或者降低，才有可能增加该国福利。

现有文献对于产品内分工与贸易的就业和收入效应的研究结果存在着较大的争论，这种争论主要集中在产品内分工这种模式是否为促使一国就业与收入变动的显著性因素，来自不同国家的经验研究结果存在较大出入。Feenstra 和 Hanson（1999，2003）对美国离岸外包的就业效应进行研究，认为低技能劳动力对高技能劳动力的相对工资出现一定程度的下降，其原因是美国企业将中间品生产进行离岸外包，从而导致美国对高技能劳动力的需求在增加。而 Geishecker（2008）通过对德国劳动力市场的研究发现，国际外包对德国国内劳动力市场存在着显著而且负面的效应，而与 Feenstra 和 Hanson（1999，2003）的结果不同的是，这种负面效应对德国高、中、低三种等级的技能劳动力均有影响，但是不存在很大的差异。Egger、Pfaffermayr 和 Weber（2007）利用一个澳大利亚社会安全数据的随机样本，基于微观层面就国际外包对就业的影响进行了研究，发现国际外包显著降低了就业转移到部分制造业部门的可能性。除了上述研究以外，还有一些其他的研究，如 Anderton 和 Breton（1999）以及 Hijzen、Görg 和 Hine（2005）对英国、Kahn（2004）对法国的研究；Munch（2005）对丹麦、Hansson（2000）对瑞典的研究；Hsieh 和 Woo（2005）对中国香港地区的研究。尽管这些文献的研究方法和对象不同，但是研究结果都表明国际零散化生产的增加显著影响高技能劳动力需求的增加。

众多国内学者对中国产品内分工与贸易进行研究，并肯定其对国内收入与就业的显著影响。籍艳丽和席艳乐（2009）利用中国制造业部门的面板数据对产品内分工与贸易的相对就业效应进行了研究。研究结果表明产品内分工这种新的分工形式，在一定程度上影响了中国劳动力市场的需求结构，而且随着产品内分工程度的不断加深，中国制造业对高技能劳动力的相对需求会增加，其相对工资会提高。杨文芳和方齐云（2010）实证考察了产品内分工与贸易对中国劳动需求的总量效应和结构效应，其结果表明产品内分工促进了中国劳动需求总量的增长，对细分行业而言，产品内分工会提高劳动密集型产业、高新技术行业和出口导向型行业的劳动力需求，减少资本密集型行业和进口替代行业的劳动力需求。孙文远和裴育（2012）利用中国省级面板数据研究产品内分工与贸易对中国各地区收入分配的影响，其结论为产品内分工从全国层面上显著恶化了收入分配，东中西部地区在参与产品内分工与贸易的过程中，产品内分工对于收入分配的影响方向一致，但是呈现东部、中部、西部逐渐减弱的态势。

一部分学者通过经验研究认为产品内分工与贸易的就业和收入效应并不显著。Baily 和 Lawrence（2004）研究了美国服务部门外包对就业和收入效应的影响，结果表明，2000—2003 年美国与印度的服务部门离岸外包对国内就业的影响，相比于整个服务部门就业的变化很小。李瑞琴（2008）研究了产品内分工与贸易对中国行业内部熟练和非熟练劳动力的收入分配效应，研究结果发现产品内分工与贸易相对于技术进步而言，对中国收入差距加大的影响并不显著。由于中国熟练劳动力要素禀赋的相对缺乏，国际产品内贸易发生的行业要素密集度不同，对收入分配的影响也不同，其中劳动密集型和资本密集型行业内不同性质劳动者的收入差距会缩小，而技术密集型及兼具资本密集型和技术密集型的行业内收入差距则会拉大。

还有一部分学者认为产品内分工与贸易对一国就业和收入的影响是不确定的。Jones 和 Kierzkowski（2001），Jones（2005）和 Kohler（2004）均假设劳动力在不同部门间可以自由流动，因此一个部门的零散化生产将会对其他所有部门的劳动力产生影响，产品零散化生产中的低技术密集环节对于低技能劳动力工资的变动方向并不确定。Dluhosch（2006）认为开放经济下进行产品内分工，低技能劳动力的工资报酬一般会降低的观点不一定成立。高技能劳动力和低技能劳动力的报酬都可能得到改善。Egger 和 Kreickemeier（2008）的研究结论认为国际产品内分工与贸易的就业和相对工资效应是由相对要素禀赋、国内生产环节的技术密集度、工资均等偏好等诸多因素联合决定的。资本密集型国家将劳动密集型生产环节进行外包对非熟练劳动力的就业效应并不一定为负，因此产品内分工也有可能缓和失业问题。

（4）产品内分工与贸易的产业转移和集聚效应。在产品内分工这种新的分工模式下，最终产品的各个生产环节被分配到不同国家和地区进行专业化生产，生产环节在全球范围内空间上的离散，有可能促成特定生产环节的产业发生转移，最终会引起生产环节出现产业集聚现象。Fujita 和 Thisse（2002）对最终产品生产企业与中间产品生产企业在进行区位选择时的相互影响进行分析，认为当中间投入品的贸易成本超过某一门槛值时，最终产品和中间投入品的生产部门在同一地区发生集聚。吕文栋和张辉（2005）研究表明，产品内分工使最终产品生产链的各个生产阶段在空间上分离，但是各生产阶段本身一般都存在高度的地理集聚现象，即各个生产环节在大区域离散、在小地域集聚。李宏艳和齐俊妍（2008）运用新经济地理学的分析框架对产品内分工条件下的跨国跨产业模型进行分析，其结论为：产品价值链在全球范围内进行分割，不同增值环节在不同的国家或地区进行集聚。要素禀赋的差异决定了最终产品生产链中的高端生产环节相对集聚于发达国家，而低端生产环节则相对在发展中国家发生集聚。钱学峰和陈勇兵（2009）采用中国省级动态面板数据高斯混合模型（Gaussian mixture model，GMM）方法，对国际分散化生产在中国工业中的集聚效应进行实证研究。结果表明产品内分工是中国工业集聚的一个重要影响因素，而且对中国工业集聚的影响存在区域性差异，其影响程度在东部、中部和西部呈现出依次衰减的趋势。其中产品内分工与贸易促进了东部和中部的工业集聚，其中起到重要作用的是"政策租"而不是"集聚租"；而西部的工业集聚受到产品内分工的影响，有瓦解的趋势。

（5）产品内分工与贸易的区域合作和边境效应。产品内分工这种新的分工形式毫无疑问深刻影响区域经济合作的经济效应；而区域经济合作所带来的贸易壁垒下降及投资自由化同时也促进了区域内产品内贸易的进一步发展。Athukorala 和 Yamashita（2006）通过实证分析认为：东亚区域内的产品内分工与贸易的持续发展提高了区域内经济的相互依赖程度，但是并没有明显证据能够证明东亚各国依靠区域内进行产品内分工与贸易而降低了对世界经济的依赖程度。从东亚国家的经验研究来看，区域内产品内分工的形成与发展强烈依赖于区域外的最终产品贸易，而且这种依赖性随着全球化进程的加深在进一步增强。李瑞琴（2008）研究了在存在产品内分工与贸易的条件下，区域经济合作对各成员国的劳动要素和资本要素的影响。结果表明，区域经济合作对两种要素收入的影响取决于成员国的发展水平和参与产品内分工部门的要素密集类型。发生产品内分工的区域经济合作相对于传统的区域经济合作，其成员国的福利水平更有可能得到改善。

产品内分工与贸易不仅影响区域经济合作的效应，对成员国内部各地区的市场分割和地区贸易也存在影响。产品内分工将最终产品的生产环节分散到不同国家，各种生产环节的跨国境次数增加，由此会带来运输成本的增加并放大边境效应。Yi（2005）研究了北美自由贸易区内美国和加拿大之间开展产品内分工与贸易的边境效应。结果表明产品内分工与贸易对边境壁垒的放大效应并不明显，反而削弱了贸易壁垒弹性和产品替代弹性之间的紧密联系。

1.3.2 贸易对环境影响的相关研究综述

学术界对贸易自由化与污染物排放、气候变暖等环境问题之间关系的关注主要表现为贸易自由化和环境问题的因果关系以及不同国家对环境保护义务的分配。发达国家与发展中国家对污染避难假说理解上的差异、对产品加工标准的争议、对环境贸易壁垒以及碳关税征收细则上的分歧，使发达国家和发展中国家在处理环境与贸易问题上存在着较大的矛盾与分歧。贸易与环境的相互作用机制是什么，贸易自由化到底是对环境有利还是有害，贸易自由化会产生怎样的环境效应，这些不仅是世界贸易组织、区域经济组织和各国政府非常关注的问题，也是国际经济学界研究的热点问题。

1. 国际贸易与环境问题的相关假说

学术界关于贸易与环境问题一直存在着争论，即贸易自由化到底是有利环境还是有害环境，贸易有害论者和贸易有利论者围绕在这一问题的争论，产生了几种贸易与环境问题的假说，而这些假说本身又成为争论的焦点对象。

(1) 环境库兹涅茨曲线假说。环境库兹涅茨曲线（environmental Kuznets curve，EKC）假说认为环境污染与收入水平呈倒U形关系。当一国的收入处于较低的水平时，随着该国收入的持续增长，环境的污染水平也在上升，这种污染与收入的正相关变动一直持续到一个特定的收入水平，这个收入水平的点即库兹涅茨曲线的转折点，当该国的收入水平超过转折点的收入水平之后，环境污染开始和收入呈负方向的变动，即收入的增加会降低环境污染的水平。EKC反映了经济增长与环境之间的关系，如果这种假说成立，一国虽然在经济发展之初会带来环境破坏，但随着该国经济发展、经济结构优化和技术进步带来的国民财富逐步积累，最终会改善该国环境质量。

Grossman和Krueger（1991）实证研究了北美自由贸易协议（North American Tree Trade Agreement，NAFTA）成员跨部门的空气污染水平，其结果表明工业二氧化硫的排放量存在一个临界值，在临界值之下其排放量和收入呈同方向增长；当超过这一临界值时排放量随收入的增长而减少。工业二氧化硫的排放与收入存在一定的倒U形关系，不过这种关系取决于污染物的种类。Panayotou（1993）采用54个国家的三种污染物（二氧化硫、氮氧化物和固体悬浮物）的人均排放数据为样本，对经济增长与环境的关系进行研究，发现这三种污染物与人均收入的关系均呈倒U形关系。陈继勇、刘威和胡艺（2005）研究了环境保护与中国经济可持续发展之间的关系，他们认为中国人均收入水平处于倒U形EKC曲线的左侧。

有不少学者的研究结果对环境库兹涅茨曲线提出了质疑。Kaufmann、Davidsdottir 和 Gconham 等（1998）研究了人均收入和二氧化硫排放密度之间的关系，结果表明两者并非呈倒 U 形关系，而是呈正 U 形。Friedl 和 Getzner（2003）以奥地利为样本研究了一个小型开放经济体的经济增长与二氧化碳排放量之间的关系，结果表明二氧化碳排放量与人均收入之间呈现出一种 N 型关系。杜婷婷等（2007）研究了中国二氧化碳排放量与人均收入增长率之间的关系，结果表明中国二氧化碳排放量与人均收入增长率之间并不存在明显的倒 U 形关系，用三次方程比用库兹涅茨二次曲线方程更能反映两者之间的关系。

总体而言，贸易自由化和经济增长在短期内将会加剧环境污染，而由此带来的人均收入水平提高也会引发环保需求的增加和环保技术的提高，对环境污染起到减轻的作用甚至能够改善环境，但也有可能出现收入提高本身不足以扭转环境退化的情况。而且发达国家 EKC 曲线出现转折的原因可能是进行了污染产业的转移，所以对于承接污染产业转移的发展中国家而言，这种假说就难以成立。环境库兹涅茨曲线的适用范围取决于污染物种类、国家发展程度、产业结构等多方面的因素，因而并不适用于所有的环境问题，尤其是全球性的环境问题，而且一国实施有效率的环境政策与法规能够对 EKC 曲线产生显著影响。①

（2）污染天堂假说。污染天堂假说（pollution heaven hypothesis）又称污染避难所假说，这种假说建立在完全自由贸易和产业国际转移的基础上，其主要内容为：假定除了环境标准之外各国的其他条件相同，而且各国间可以进行完全自由贸易与产业转移。污染密集型企业在进行生产区位的选择时会倾向于环境标准较低的国家，因此那些污染密集型的产业最终将从环境标准较高的国家转移到环境标准较低的国家，承接污染密集产业转移的低环境标准国家，成为高标准环境国家的“污染天堂”。一般而言大多数发达国家（北方国家）的环境标准较高而发展中国家（南方国家）的环境标准较低，因此如果这种假说成立，那么南北国家贸易自由化最终会改变全球污染密集型产业的区位分布，导致南方国家成为北方国家污染密集型产业的避难所。因此，污染天堂假说成为南北国家争论最激烈的贸易与环境假说之一。

Low 和 Yeats（1992）对发达国家与发展中国家污染密集型产品的显性比较优势和国际市场占有率进行了研究，结果发现发展中国家污染密集型产品获

① 多数研究证实，与 EKC 曲线相符的环境问题是一些国内的环境问题，如城市环境问题、空气污染以及水污染问题。相比之下，全球性的环境污染问题似乎并不与库兹涅茨假说相符，特别是气候问题。

得比较优势的比率要高于发达国家；东南亚国家污染密集型产品占世界贸易中的比重逐步上升，而美国则呈下降趋势，说明污染密集型产业在南北国家间存在转移。Copeland 和 Taylor（1994）假定各国根据收入加征的污染税是对外贸易的唯一决定因素，通过构建一般均衡模型对南北国家进行分析，结果表明自由贸易会加大全球的污染物排放水平，这种环境恶化主要源自南方国家污染水平的提高，而北方国家的环境会有一定改善。Mani 和 Wheeler（1998）认为污染天堂即便效应短暂，但却真实存在。他们采用 1960—1995 年的相关数据进行研究，发现在这 35 年间亚洲和拉丁美洲发展中国家的制造业产出中，污染密集型产业的比重呈现持续平稳的上升态势，而经济合作与发展组织（Organization for Economic Cooperation and Development，OECD）成员中大部分发达国家的同类数据却在持续下降；而且这 35 年间发展中国家污染密集型产品的出口比重增速很快，同时 OECD 国家的减排成本迅速提高。邓柏盛和宋德勇（2008）采用 1995—2005 年中国对外贸易、FDI 与环境污染的面板数据进行实证分析，发现对外贸易已成为发达国家将污染成本转嫁到中国的途径，恶化了中国的环境，污染天堂假说在中国确实存在。党玉婷（2010）利用投入产出数据，测算了中国制造业对外贸易中的污染物排放水平，结果表明通过对外贸易，中国正在为发达国家承担高额的环境成本。

有不少学者的研究结果对污染天堂假说提出了质疑。Birdsall 和 Wheeler（1993）通过对拉美国家污染密集型产业进行实证研究，认为其在生产过程中的污染物排放水平与对外直接投资的流入和贸易开放政策未有直接联系。Beghin 和 Potier（1997）认为贸易自由化并没有使发展中国家进行污染密集型产品的专业化生产。Wheeler（2001）采用世界吸收 FDI 最多的四个国家（美国、巴西、中国和墨西哥）主要城市的水污染和大气污染数据进行经验研究，结果表明美国和其他三个发展中国家的城市空气污染水平变动趋势是一致的，且均呈下降趋势。彭水军和刘安平（2010）基于一个开放经济系统的环境投入产出模型，利用中国 1997—2005 年可比价投入产出表以及环境污染数据，测算出包含大气污染与水污染在内的四类污染物历年的进出口含污量和污染贸易条件，结果表明中国的出口产品比进口产品含污量更少。李斌和赵新华（2011）在将环境污染的影响分解为经济结构效应、生产技术进步效应、污染治理技术进步效应以及它们之间共同作用效应的基础上，分析了进出口规模、进出口结构变化对中国环境污染的影响，研究结果表明污染天堂假说在中国并不成立。

污染天堂假说确实能解释部分污染密集型产业在国际间进行转移的现象。这种假说的前提是除了环境标准以外各国其他条件相同，但环境标准存在差异的国家往往在其他条件上也存在着不可忽略的差异，尤其在南北国家之间。例如，环境标准较低的发展中国家可能会存在资本与产权制度不完善、基础设施落后、高技能劳动力缺乏等方面的问题，如果这些问题带来的生产成本增加效应超过了较低环境标准的成本下降效应，污染密集型产业有可能不会进行转移，所以污染避难所假说未必能够成立。总体而言，污染天堂假说的假设条件过于严格，而且认为环境标准是外生的，因此会受到不少实证研究的质疑。

（3）向底线竞争假说。向底线竞争假说（race to the bottom hypothesis）又称环境标准竞次假说，其主要内容为：随着经济全球化的不断深入和贸易自由化带来的贸易竞争的加剧，无论是发展中国家还是发达国家，都会竞相降低环境标准以争取或留住投资并增加就业。发展中国家为了促进国内就业与吸引外资，会降低环境标准以得到环境比较优势，而发达国家为了避免资本（尤其是污染密集型产业的资本）过度流出，或者为了缓和国内的就业压力，也会放松甚至是降低本国的环境规制。南北国家都把环境标准作为一种手段以增加国际竞争力，对于环境而言这是一种恶性竞争的博弈，其结果就是都陷入了囚徒困境，最终导致全球的总体环境标准不断下降，呈现一种向环境底线竞争的趋势。

Daly 和 Goodland（1994）认为放松环境规制在一定程度上可以降低污染密集型产品的生产成本，从而促进污染密集型产品的贸易。在国际投资受限的条件下，世界各国尤其是发展中国家为了通过扩大贸易、吸收外资以发展本国经济，均竞相放松国内环境规制，最终导致这些国家环境标准的崩溃，成为世界的污染避难所。Ropke（1994）、Esty 和 Geradin（1997）以及 Dua 和 Esty（1997）等人的研究也支持这种假说，认为这种囚徒博弈确实存在。

有不少学者并不完全支持这种环境标准竞次假说。Copeland 和 Taylor（1994）认为贸易自由化的收入效应会增加一国公民对环境质量的需求并引起政府征收污染税，环境标准与国民收入存在正相关关系，因此高收入国家并不会竞相降低环境标准，反而会加强环境规制。Wheeler（2001）的经验研究发现墨西哥等低收入国家的环境规制即便较为宽松，但随着其国民收入水平的提高，环境危害较重的污染企业也会受到相应的制裁，其结论表明随着贸易自由化带来的国民收入不断增长，国内环境标准的底线也会随之提高。庄惠明等（2009）以中国工业二氧化硫排放量作为研究对象，分析了中国对外贸易的环境三效应。其结果反映中国出口污染密集度有所下降，而清洁型行业的出口份额在持续上升，因此向底线竞争假说在中国不成立。

目前学术界对向底线竞争假说是否成立还存在争议，对这种竞相降低环境规制现象的解释，不仅要对贸易的环境效应进行分析，可能还要从产业经济学以及政治经济学角度进行探究。一般而言，生产的环境效应其反应程度要慢于产业转移，如果已经发生的产业集聚可能带来的成本下降足以维持该产业的国际竞争力，则并不一定要放松对该产业的环境规制。另外，若政府内部的某些小集团的利益源自污染密集型产业，则这一小集团很容易与这些产业利益集团以及相关土地所有者相互达成默契，以增加工作岗位、促进地方经济增长等口号为借口，获取贸易和投资利益，将环境成本转嫁给全部国民。

2. 关于贸易自由化对环境影响的争论

国际学术界普遍认为贸易自由化短期内会恶化环境，但最终会对环境带来有利还是有害的效果，学术界则一直存在着争论，各方在争论的过程中逐渐形成了环境库兹涅茨曲线假说、污染天堂假说和向底线竞争假说，而这些假说本身又成为新的争论焦点，至今尚未解决。总体而言，关于贸易自由化对环境的影响主要有三种基本观点，即贸易有害论、贸易有利论与贸易复杂论。

贸易有害论认为贸易扩大了经济活动规模，不仅过多地消耗了可再生资源，而且增加了对不可再生资源的利用，造成环境恶化。并且贸易自由化使发展中国家为了获得比较优势而不断降低环境标准，这对发展中国家的环境非常不利。污染天堂假说和向底线竞争假说都基本反映了这种观点。

贸易有利论则认为贸易自由化能提高环境资源配置效率、推动经济增长和福利水平的提高，进而增加用于环境保护的资本以促使环保技术扩散，有利于环境问题的治理和改善。这两种截然相反的观点，从贸易的环境成本角度出发，得到了对贸易自由化完全相对的态度，即贸易有害论者主张为了保护环境需要采取一定的贸易保护措施，而贸易有利论者则反对这类贸易保护措施，认为这种保护实际上延缓并限制了贸易自由化对环境的长期改善效应，反而对环境不利。

贸易复杂论认为贸易有害论与有利论虽然过于绝对，但是这两种观点对贸易环境效应的分析框架均值得肯定。贸易自由化的环境效应是各方面相互作用共同产生的综合效应，因此要综合考虑这种环境效应的各种复杂影响因素并将其分解为不同的环境分效应。某些影响因素的环境分效应对环境产生有利效果，而某些影响因素的环境分效应对环境产生不利效果。并且各国在要素禀赋、收入水平、产业结构等条件上存在差异，在不同国家内同一影响因素的环境分效应对环境产生的效果也不尽相同，甚至相反。因此贸易复杂论认为只有对各种环境分效应进行充分研究之后才能得出贸易对环境是有害或者有利的结论，而且贸易自由化和贸易保护措施对于环境效应的影响也是复杂和多方面的，因此在考察贸易与环境的相关政策时不能一概而论。

学术界关于自由贸易对环境影响的三种观点如表1-4所示。

表 1-4 学术界关于自由贸易对环境影响的三种观点①

观点	环境效应	贸易态度	代表文献
有害论	恶化环境	保护主义	Chilchinliksy（1994）、Daly 和 Goodland（1994）、Esty 和 Geradin（1997）
有利论	改善环境	自由主义	Bhagwati（1993）、Barrett（1994）、Torres（1999）、Dean（2002）
复杂论	各种分效应对环境影响都不尽相同	不确定	Grossman 和 Krueger（1991）、Stevens（1993）、Runge（1994）、Panayotou（2000）、Aralas 和 Hoehn（2010）

3. 贸易环境效应的界定

贸易复杂论认为贸易自由化的环境效应是各方面相互作用共同产生的综合效应，不少学者对此从不同角度提出了环境效应的分析框架。Grossman 和 Krueger（1991）在研究北美自由贸易区时首次提出贸易环境效应的基本分析框架，框架指出规模效应、结构效应和技术效应三者构成自由贸易的环境效应。Stevens（1993）从产品生产环节进行分析，认为贸易的环境效应包含规模效应、结构效应和产品效应。Runge（1994）将环境效应进一步细分为五种分效应，即经济规模效应、结构效应、技术效应、产品效应以及规则效应。Panayotou（2000）将收入效应纳入自由贸易的环境效应体系中，由此自由贸易的环境效应包括规模效应、结构效应、技术效应、规制效应以及收入效应。Aralas 和 Hoehn（2010）从垄断竞争贸易模型进行分析，在规模、结构和技术效应的基础上，提出了垄断竞争贸易模型下的选择效应。总体而言，目前学术界对于贸易环境效应的研究呈现出逐步细分之势，随着垄断竞争模型、企业异质性模型、新经济地理学等分析框架逐步被引入贸易与环境的研究中，可以预见贸易的环境效应将会被进一步分解。总体而言，目前相关研究中最具代表性的贸易环境效应依旧是规模效应、结构效应和技术效应。

（1）贸易的环境三效应。Grossman 和 Krueger（1991）在研究北美自由贸易区时首次提出贸易环境效应的基本分析框架，将自由贸易的环境效应分解为规模效应、结构效应和技术效应，从此它成为学术界研究自由贸易的环境效应问题最为典型的基本分析框架。自由贸易的环境三效应如图 1-1 所示。

规模效应（cale effect）是指贸易自由化带来贸易成本的下降与产品需求的增加，从而扩大生产、运输等经济活动的规模，经济规模的扩大虽然可以带

① 资料来源：笔者根据相关文献整理而得。

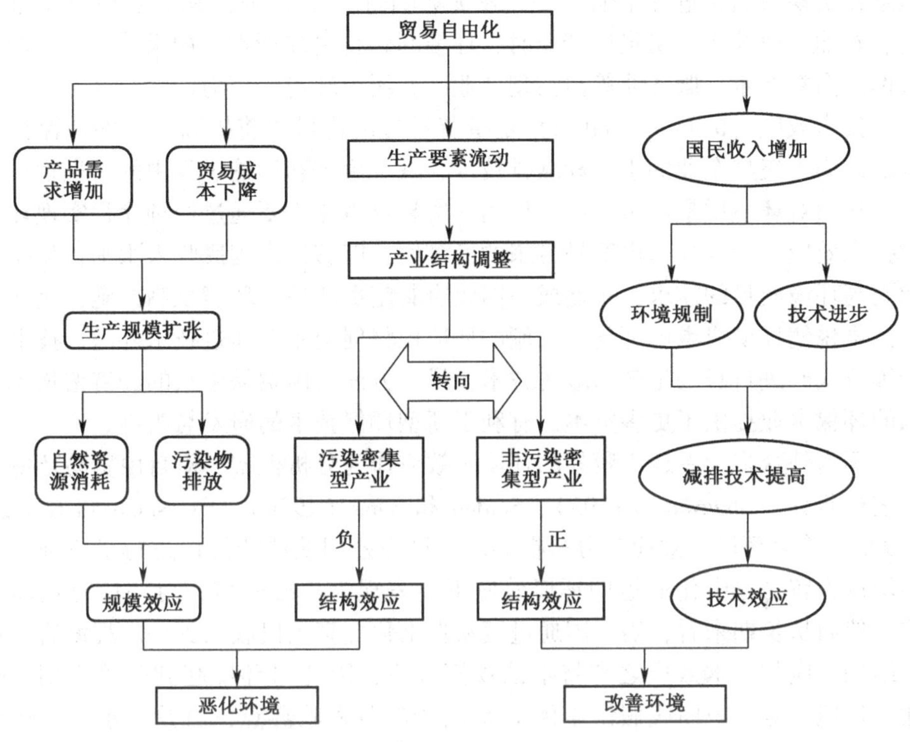

图1-1 自由贸易的环境三效应

来更多的产出，但是在生产技术水平、产业结构等因素不变的情况下，经济活动规模的扩大同时必将消耗更多的自然资源，并排放更多的污染物，给环境带来更大的压力。如果一国环境规制过于宽松，环境成本难以内部化，则经济规模的扩张会进一步加剧环境污染。因此对环境质量而言，贸易自由化的规模效应为负。

结构效应（composition effect）是指贸易自由化将会加速一国与其他贸易伙伴国之间要素禀赋的流动，这种流动将引发国内各部门相对规模发生变化，产业和贸易结构发生变动，这种变动将会对环境带来显著影响。结构效应对于环境质量的影响并不确定，这取决于贸易自由化带来的经济结构调整是倾向于污染密集度更高的部门还是倾向于相对清洁型生产的部门。对环境质量而言，当结构调整主要表现为污染密集型部门的相对扩张时，贸易的结构效应为负；当结构调整主要表现为清洁型部门的相对扩张时，贸易的结构效应为正。结构效应与一国的要素禀赋和经济结构调整政策密切相关，如果劳动和资源密集型国家在贸易自由化进程中陷入“比较优势陷阱”①，产业结构越加侧重于重工业、石油工业等污染密集型产业时，环境问题将更加严重；如果其产业结构调整偏向高新技术、服务业等清洁型产业，会缓解环境的压力。

技术效应（technique effect）是指贸易自由化最终将提高一国的环保技术以及污染密集型企业的生产和减排技术，减少生产和运输过程中的污染物排放量，从而对环境质量产生积极的作用。贸易自由化主要通过两种途径实现环境的技术效应，一方面自由贸易带来的经济增长能够提高国民收入水平，从而增加更高环境质量的需求，将促成一国政府制定更严格的环境规制措施，比如征收污染税使环境成本内部化，高额的环境税将促使企业通过技术外溢、技术创新等方式改进自身的生产与减排技术；另一方面自由贸易带来的经济增长为一国的环保事业提供了更多资本，有利于新型环保技术的研发与改进。

国内外众多学者运用贸易的环境三效应作为分析框架，对自由贸易环境效应进行研究。Bhagwati（1993）、Selden 和 Song（1994）、Grossman 和 Krueger（1995）等以环境三效应为分析框架对环境库兹涅茨曲线假说进行了论证。他们均认为贸易自由化的短期环境效应主要表现为规模效应，对环境有负面影响，然而从长期来看，当一国通过贸易自由化提高国民收入到一定程度后，正的结构效应与技术效应之和将抵消规模效应，因此对环境起到改善作用。因此，环境库兹涅茨曲线假说中倒 U 形曲线的收入临界点，就是表示正结构效应与技术效应之和与规模效应相等的收入水平，临界点左边的曲线表示规模效应起主导作用，右边表示正的结构效应与收入效应起主导作用。Lopez（1994）重点从结构效应角度进行论证，当一国的经济发展程度处于初始较低的阶段时，贸易自由化将调整产业结构，并倾向于扩大污染密集型产业，随着经济不断增长以及政府的产业结构优化策略不断完善，贸易自由化开始使产业结构调整转向于清洁型的产业。因此，在控制规模效应与技术效应两个变量的条件下，贸易的结构效应短期为负并提高环境成本，而长期为正并降低环境成本。

Copeland 和 Taylor（1994，1997）运用南北贸易模型，从理论和实证上研究不同发展水平的国家开展自由贸易之后各自的环境三效应。研究结果表明，南北国家进行贸易自由化的结果是：南北自由贸易拉动了南北国家的国内生产，因此南北国家产生的规模效应提高了国内的环境成本，而且由于南方国家的环境标准较低且要素禀赋更偏向污染密集型产业，南北国家的规模效应短期

① 比较优势陷阱是指发展中国家完全依照比较优势，生产并出口资源和劳动密集型产品，进口技术和资本密集型产品，这种贸易与分工模式使该国陷入一种不利状态，只能获得静态贸易利益，不利于调整贸易与产业结构。

内将导致全球环境恶化。从结构效应分析，贸易和投资自由化将促使南方国家承接更多来自北方国家的污染密集型产业转移，因此从短期而言，北方国家的产业结构偏向清洁型，结构效应为正；而南方国家的产业结构更加倾向污染型，结构效应为负。贸易自由化会促使北方国家向南方国家转移支付更加先进的生产和排污技术，以避免南方国家越加严格的环境税收或其他规制措施，因此双方都会产生正的技术效应，从而缓解全球环境污染的压力。如果双方对环境质量的需求增速超过对收入的需求增速时，规模效应会被技术效应抵消，如表1-5所示。

表1-5 南北国家的贸易三效应①

国家分类	时期	规模效应	结构效应	技术效应	环境质量
北方国家	短期	负	正	正	不确定
	长期	不显著	正	正	改善
南方国家	短期	负	负	不显著	恶化
	长期	负	不确定	正	不确定

相关文献中对于环境三效应的最具代表性的实证研究模型为ACT（adaptive control of thought model）模型。Antweiler、Copeland和Taylor（2001）构建了一个将贸易开放度、人均收入、人口密集度、资本劳动比率等变量综合考虑在内的研究环境三效应的计量回归模型，即ACT模型，并采用GEMS（global environmental monitoring system，全球环境监测系统）数据库的相关环境数据，研究了全球44个国家上百座城市的贸易自由化程度与制造业工业二氧化硫排放密度之间的计量关系。此后，这种环境三效应模型被许多学者进行沿用或者改良，成为研究贸易环境三效应的经典计量模型。Cole和Elliott（2004）研究了不同污染物种类的环境三效应，他们对ACT模型进行了部分修改，采用三种污染物和一种温室气体的相关数据［氮氧化物、二氧化硫、BOD（biochemical oxygen demand，生化耗氧量）和二氧化碳］进行对比研究。结果表明由贸易引起的结构效应相对其他两种环境效应而言显得很小，也远不及由非贸易因素引起的结构效应，且不同污染物的环境效应存在程度上的明显差异。

Managi、Hibiki和Tsurumi等（2008）认为利用ACT模型进行实证研究时，不能忽略自由贸易与收入的内生性问题。他们对ACT模型进行修正，解

① COPLAND B R，TAYLOR M S. North-South Trade and the Environment［J］. Quarterly Journal of Economics，1994，109（3）：755-787.

决了模型中贸易与收入的内生性问题，加入了语言、国别、地理等工具变量，运用GMM估计方法对OECD和非OECD成员国的相关数据分别进行实证研究。结果表明贸易的环境三效应之和是否为正，取决于样本国家的国别类型和污染物种类。

不少国内学者也运用ACT模型研究了中国贸易自由化的环境效应。张连众等（2003）以工业二氧化硫为污染物研究对象，采用2000年中国的省级截面数据，运用ACT模型对贸易自由化的环境三效应进行实证研究。结果表明收入对环境的影响为正，贸易开放程度和要素禀赋对环境的影响为负。周茂荣和祝佳（2008）运用ACT模型，采用中国1992—2004年的省级面板数据，对中国贸易自由化的环境效应进行了实证分析。结果表明中国贸易自由化的结构效应为负，而且技术效应在程度上与规模效应和结构效应之和差距很大，因此贸易自由化恶化了中国的环境质量。其主要原因在于中国粗放型的经济增长方式和极不完善的相关环境法规。

ACT模型将环境三效应纳入一个整体计量分析框架之内，能够在一定程度上解释三种不同的环境效应，然而这种模型还欠缺对影响规模效应、结构效应与技术效应的诸多变量更为全面的考察。当前相关文献中对环境三效应的实证研究方法除了ACT计量模型之外，还有一般均衡模型［CGE（computable general equilibrium）模型］、联立方程模型、投入产出模型等实证研究方法。

Dean（1997）构建了一个基于环境三效应的联立方程模型，采用中国的省级统计数据，对中国贸易的环境效应进行考察。联立方程模型的结果表明：贸易自由化的短期直接效应为负而长期间接效应为正。贸易自由化直接带来了环境在短期内的污染加剧，但是对外开放程度的提高，在长期上会促进收入增长从而间接改善环境。当前不少相关研究均采用这种联立方程模型，试图从更全面细分的角度解释贸易的环境效应。

张连众等（2003）运用联立方程模型研究了中国贸易自由化的环境三效应，其结论为贸易自由化带来的规模效应恶化了国内环境，而结构效应与技术效应将改善国内环境，环境三效应的总效应为正。沈荣珊和任荣明（2006）通过建立联立方程模型对1980—1997年34个发展中国家的数据进行分析，分析发现贸易自由化对环境的影响是多层面的，其中规模效应增加了污染排放，而结构效应和技术效应则降低了污染排放。庄惠明等（2009）通过构建联立方程模型对贸易的规模、结构和技术三效应进行计量研究，其结论认为这三种效应均能改善环境，规模效应的改善效果不明显，而结构效应和FDI能较大程度改善环境，因此贸易自由化的环境效应总体为正。何洁（2010）通过建立联立方程系统，利用1993—2001年中国29个省份的省级面板数据分析贸易自由化对工业二氧化硫的排放影响，结果表明出口增加排放而进口减少排放，对外贸易的规模效应使污染排放增加，结构效应的影响较小，而技术效应提高了二氧化硫的减排技术。

投入产出模型也是贸易的环境效应问题的相关研究中一个重要计量模型。Levinson（2009）利用投入产出模型研究了美国1979—2001年对外贸易对美国进口污染密集型产品的增长效应，从而进一步研究美国贸易的环境效应。结果表明这30年间美国并不存在离岸污染，污染密集型产品的进口指数并没有明显增长。党玉婷（2010）利用投入产出数据，测算了中国制造业对外贸易中的污染物排放水平，结果表明中国制造业各行业的产污系数有所下降，但是与发达国家贸易中的部分污染物排放量呈上升趋势，发达国家通过与中国开展国际贸易，将高额的环境成本转嫁给了中国。匡远配和谢杰（2011）采用1995—2009年中国农产品贸易的相关数据，运用投入产出模型计算了中国农产品贸易的污染密集度系数，结果表明中国农产品出口的环境效应总体为正，但呈现出逐步下降的趋势。

除了ACT模型、联立方程模型与投入产出模型之外，在贸易的环境效应实证研究中被采用的还有一般均衡模型（CGE模型）、向量自回归模型（vector autoregressive model，VAR模型）等分析工具。K. Das和R. Das（2012）运用CGE模型研究了印度的国际贸易、能源消耗与环境之间的关系。其结果表明全球化进程下的印度承接了污染密集型产业的转移，已经成为污染避难所。朱红根等（2008）采用VAR模型的广义脉冲响应函数法（generalized impulse response function，GIRF）构建了一个计量模型对贸易的环境效应进行了实证研究。

（2）贸易的其他环境效应。除了以Grossman和Krueger（1991）提出的规模、结构与技术三效应的基本分析框架之外，不少经济学家从各自的角度对环境效应的结构进行细分，提出了一些其他环境效应。例如，Stevens（1993）提出的环境产品效应、Runge（1994）提出的环境政策效应、Panayotou（2000）提出的政策规制效应与收入效应、Antweiler（2001）提出的环境选择效应。

市场效率效应是指对发展中国家尤其是市场经济不发达的国家而言，现有的市场资源配置无法完成生产要素的最合理配置，因此生产要素的不合理配置扭曲了要素价格，造成市场效率低下。企业经营时很少甚至没有将生产环境成本纳入产品成本的考虑范围，忽略了生产投入的大量环境成本，从而对环境质量起到恶化作用。对外贸易开放程度的提高，有助于国内进行市场经济体制的改革，提高国内市场资源配置的效率，因此市场效率的提高有助于减轻对环境质量的恶化效应。刘林奇（2009）利用中国省级面板数据对贸易开放的市场效应进行了实证研究，结果表明中国对外贸易存在环境的市场效率效应，且对环境污染有改善作用。

政策效应是指贸易自由化引发环境政策的变动从而带来的环境效应，这种效应源自向底线竞争假说与环境库兹涅茨曲线假说。发展中国家在开展对外贸易时，为了降低环境标准、放松环境管制，以环境比较优势增加出口产品的竞争优势和对外资的吸引力，从而扩大污染密集型出口产品的生产规模，并承接国外污染密集型产业的转移，导致环境恶化。另外，一国贸易自由化带来的收入增加可以提高国民的环境需求，促使政府提高环境标准或采用更为严格的环境管制措施，从而改善环境。Lovely 和 Popp（2009）研究了火力发电产业的环境效应，认为除了传统的环境三效应之外，还存在环境的政策效应，且与国内选举年份密切相关。刘林奇（2009）利用中国省级面板数据对贸易开放的环境政策效应进行了实证研究，结果表明中国对外贸易存在环境的政策效应，且对东部地区环境有改善作用，但降低了中西部地区的环境质量。

Antweiler（2001）基于 H-O 模型（Heckscher-Ohlin model），将贸易的环境效应分解为三种：规模效应、技术效应和选择效应。与封闭经济相比，开放经济下的均衡价格和消费量都在下降。当一国发生污染密集型产品贸易后，贸易带来劳动供给的增加，来自海外的竞争会使本国的一些企业退出市场。结果，开放经济中的企业数量小于封闭经济中的企业数量，更少的企业数量会降低污染排放总量，即贸易引发的环境选择效应。Aralas 和 Hoehn（2010）运用垄断竞争贸易模型进一步解释了环境的选择效应，并实证分析了产业内贸易的环境选择效应。

1.3.3 环境规制的经济效应相关研究综述

环境规制是一国政府为了保护环境（包括有效、可持续地利用自然资源和保护人类、动植物的生命以及人类的健康），通过法律、法规或行政命令而设立和实施的对生产企业等经济活动进行调节的一系列政策与措施。环境规制是一种解决环境外部不经济性的有效手段，通过将环境成本内部化的方式促进环境资源的合理配置，然而环境规制在保护一国环境的同时也有可能成为贸易保护主义的工具，比如绿色补贴、绿色贸易壁垒等贸易保护措施的合法化。因此环境规制可以从多个路径产生对经济的影响，比如从国际贸易、国际投资、区域经济合作等多个方面。

1. 环境规制对出口贸易的影响

早期关于环境规制对贸易影响的文献均是以比较优势理论和要素禀赋理论

为主要分析框架，研究一国较为丰裕的环境禀赋和较为宽松的环境规制是否决定了一国在对外贸易中的环境比较优势。Pethig（1976）、Siebert（1992）将具有稀缺性的环境要素纳入要素禀赋模型中，分析了一国比较优势是否会被环境规制扭曲。其结论为：环境要素可以被认为是一种生产要素影响一国的比较优势。环境要素相对丰裕的国家在污染密集型产品的生产上具有比较优势，将出口污染密集型产品；环境要素相对稀缺的国家则主要出口非污染密集型产品。一国的环境规制措施会影响该国的环境要素丰裕程度，从而影响该国的环境比较优势。Copeland 和 Taylor（1994）把环境质量看作正常品，一国随着收入的提高会增加对环境质量的需求，因此会采取更加严格的环境规制措施。在其他条件不变的情况下，两国间收入的差异决定了各自的环境规制程度，从而影响各自的比较优势。因此较高收入国家在清洁品生产上具有比较优势，较低收入国家在污染密集型产品的生产上具有比较优势。在此之后，有经济学者开始从垄断竞争贸易模型、产业内贸易模型以及异质性企业模型等方面研究环境规制对贸易的影响。例如，Sartzetakis 和 Constantatos（1995）用国际寡头模型、Aralas 和 Hoehn（2010）用产业内贸易模型、Foslid 和 Okubo（2011）用企业异质性模型均分析了环境规制对出口贸易比较优势的影响。

实证研究方面，Tobey（1990）采用了1975年23个国家65个污染密集型生产部门的截面数据进行实证研究，回归结果表明环境政策对国际贸易模式的影响不显著，比较优势主要还是由传统的要素禀赋决定。Cole 和 Eliott（2003）通过实证研究也得到相同结果。陆旸（2009）采用了2005年五种污染物的国家层级截面数据，在 HOV 模型（Heckscher Ohlin Vanek model）基础上进行了经验分析，结果表明环境规制并没有影响污染密集型产品出口的比较优势。

Qi 等（2007）利用协整检验方法及误差修正模型进行实证研究，结果发现样本年间中国的排污费用每增加1%，清洁型产品占总出口的比重将提高2.77%，占总进口的比重将下降0.77%，说明中国环境规制程度的提高，影响了清洁型产品的比较优势。傅京燕和李丽莎（2010）通过计量研究发现，中国环境规制对比较优势呈现出一种 U 形的影响态势。在拐点之前，环境规制对中国污染密集型产业的比较优势有负面影响，而在拐点之后有正面影响。

2. 环境规制对外商直接投资与产业转移的影响

污染天堂假说认为自由贸易会导致污染密集型的产业从环境标准较高的国家转移到环境标准较低的国家，承接污染密集产业转移的低环境标准国家成为高标准环境国家的“污染天堂”。如果这种假说成立，那么南北国家贸易自由化最终会改变全球污染密集型产业的区位分布，导致南方国家成为北方国家污染密集型产业的避难所。虽然这一假说存在争议，然而部分污染密集型企业在全球范围内进行转移和集聚已经成为一种确实存在的经济现象，因此各国政府，尤其是发展中国家政府的环境规制程度，从理论上而言将会影响这种以外商直接投资为主要方式的产业转移现象。

Low 和 Yeats（1992）对南北国家污染密集型产品的显性比较优势和国际市场占有率分别进行了研究，结果发现南方国家污染密集型产品获得比较优势的比率要高于北方国家；东南亚国家污染密集型产品占世界贸易中的比重逐步上升，而美国则呈下降趋势，说明南方国家较低的环境规制程度促使污染密集型产业在南北国家间存在转移。Hettige 等（1992）、Mani 和 Wheeler（1998）的研究均认为，环境规制的程度会影响一国污染密集型产品的出口比较优势，且污染密集型产业会从环境规制较严格的发达国家向环境规制较为宽松的发展中国家迁移。Ederington 和 Minier（2003）将环境规制内生化，分析美国制造业 1978—1992 年的进口状况，其结论认为提高环境规制的严格程度会增加美国的进口，同时美国流动性较强的污染密集型产业中存在向外转移的现象。Levinson 和 Taylor（2003）同样采取将环境政策作为内生变量的方法进行研究，认为美国环境规制对产业转移存在显著影响。傅京燕和李丽莎（2010）利用综合指数方法构建中国的环境规制指标，并引入政府效率、政府反腐败程度等指标来建立计量模型进行实证研究。结果表明环境规制与 FDI 的关系显著为负，证明地区环境规制程度是外商在对中国进行区位投资选择时所考虑的一个重要因素。

有些学者的研究结果表明环境规制对产业转移的影响并不明显。Duerksen 和 Leonard（1980）发现污染密集型产业进行海外投资最多的领域并不是环境规制较宽松的欠发达国家，而是环境规制较为严格的工业化国家。Smarzska 和 Wei（2001）对 1989—2004 年 24 个发展中国家中 534 家跨国企业的投资行为进行研究，其结果发现跨国企业的投资行为对东道国环境规制的程度大小并不敏感，环境规制并不影响跨国企业的投资行为。Dean（2008）对 1993—1996 年中国 28 个行业中 FDI 的区位分布进行了经验研究，结果表明来自港澳台地区的投资显著受到内地宽松环境规制的吸引，而这种宽松环境规制对来自发达国家 FDI 的吸引并不显著，说明污染密集型产业进行跨国转移的原因并不一定是环境规制的差异。

3. 环境规制与企业国际竞争力

对于一国的出口企业而言，政府严格的环境规制将迫使企业投入更多的资源以改进生产和减排技术，或者交付高额的环境税，这必然会提高出口企业的经营成本，从而降低其国际竞争力。另外，严格的环境规制激发了出口企业更大的技术创新动力，从而通过技术革新降低了企业的出口成本，抵消了加大投入带来的成本效应，提高了国际竞争力。目前国际学术界对关于环境规制和企业国际竞争力之间的关系问题形成了两种不一致的观点。

Siebert（1974，1977），McGuier（1982），Palmer、Qates 和 Portnery（1995），Simpson 和 Bradford（1996）的研究均认为严格的环境规制增加了企业利润最大化的约束条件，将减少企业利润并降低其国际竞争力。Carrarohe 和 Siniscalco（1992）研究了在不同的市场竞争类型下，一国采取严格的环境规制对其企业国际竞争力的影响。结果表明环境规制强制进行的技术创新会增加产品的边际成本，降低企业的利润并削弱其国际竞争优势。Gray 和 Shadbegian（1995）发现在美国的石油提炼、炼钢业、纸浆与造纸这三个污染密集型产业中，环境规制越严格，企业的污染治理成本越高，生产效率越低。Busse（2004）采用119个国家的钢铁产业数据进行经验研究，结果显示在钢铁行业内，严格的环境规制提高了钢铁企业的环境成本，且环境规制与钢铁行业净出口额显著负相关。

与以上研究相反，Porter 和 Linde（1995）认为以往严格环境规制降低企业国际竞争力的理论仅建立在静态的分析框架之下，从动态方面而言，环境规制会促使企业进行积极的创新与改进，从而提高生产效率并使生产成本下降，提高国际竞争力。Eliste 和 Fredriksson（1998）认为污染企业可以通过游说政府获得额外的补贴，因此可以抵消由于环境规制导致的生产成本上升。肖红和郭丽娟（2006）建立了一个环境规制强度的综合评价指标体系，对不同污染密集程度的产业国际竞争力进行分析，实证结果表明，环境规制的强度与产业的国际竞争力之间并未呈现出一种规律性的变化。就中国而言，严格的环境规制措施并不一定降低相关产业的国际竞争力。吴国松（2007）利用传统相关系数和斯皮尔曼等级相关系数两种检验方法研究了环境规制与中国造纸业竞争力之间的关系，发现造纸业的环境规制程度与造纸业产业竞争力之间存在正相关关系。杨丹萍（2011）通过实证研究认为，严格环境规制的创新效应对出口企业国际竞争力的正面效应最终会抵消成本效应对出口竞争力的不利影响。

1.3.4 产品内贸易与环境的相关研究

20世纪90年代之后随着全球对环境问题日趋关注，贸易与环境问题才成为经济学界研究的一个焦点问题。总体而言，国际学术界对贸易与环境问题的研究起步较晚，当前国际贸易理论的研究进展，在本领域的运用情况相对还比较滞后。目前大部分对于贸易与环境问题的相关研究均是以传统贸易理论中比较优势模型和H-O模型为基本分析框架，因此仅对产业间贸易与环境的问题解释具有说服力。以垄断竞争模型、产业内贸易模型、产品内分工模型为基本分析框架的文献相对较少。由产品内国际分工这种新分工形式引发的国际产品内贸易已经成为全球贸易中重要的组成部分，因此对于贸易环境效应的研究也需要将这种新的国际分工模式纳入分析框架中。目前学术界对于产品内贸易与环境问题的研究还处于起步阶段，尚缺乏完善的理论分析框架。相关文献主要以实证研究为主，一般认为产品内贸易会显著影响环境，但具体是恶化环境还是改善环境，从当前的研究来看，还存在一定的争议。

刘婧（2009）利用ARMA模型（autoregressive moving average model，自回归滑动平均模型）对中国一般贸易与加工贸易的环境效应比较研究，结果表明在工业废水与工业固体废弃物两种污染物上，加工贸易的环境污染效应更大。总体而言，中国加工贸易相比于一般贸易，与环境污染的关系更加密切。李斌和彭星（2011）从全球价值链视角，研究了中国对外贸易中的碳排放效应。结果表明贸易的规模效应、技术效应与全球价值链效应是影响碳排放的三大要素，其中全球价值链效应的影响作用最大。Dean 和 Lovely（2010）实证研究了中国贸易增长、产品内分工与环境之间的关系。结果表明中国对外贸易的规模效应与结构效应均与产品内分工密切相关。

李小平（2010）在基于垂直专业化分工的情况下，构建了中国的环境投入产出模型，并采用OECD提供的中国投入产出表，对中国进出口中隐含的CO_2进行了估算，结果表明在中国出口中隐含的CO_2排放比重逐步增加。戴翔（2010）以产品内分工与贸易为视角，对中国出口贸易的污染密集度进行实证研究。结果表明中国产品内贸易的扩张并非完全基于环境比较优势，同时FDI的流入降低了中国出口污染密集度。在特定层面上，中国产品内贸易的增长期会对提升环境福利起到一定作用。黄娟（2012）基于产品内分工的视角，构建了关于贸易自由化环境三效应的联立方程模型进行实证研究。结果表明产品内分工对环境质量的规模效应显著为负，结构效应和技术效应显著为正，总体效应为正，表明中国产品内贸易有利于减少SO_2污染排放，对环境起到改善作用。田野（2012）以污染密集产业的出口污染水平作为主要研究对象，实证分析在国际产品内分工背景下污染密集产业的出口污染效应。实证结果表明产品内分工在一定程度上促进了出口贸易的环境结构效应和技术效应。

Cole、Eliott和Okubo（2011）基于污染天堂假说，构建了一个将企业规模、生产率、运输成本、环境规制等因素包括在内的环境外包理论模型，研究了企业将污染密集型生产环节进行外包的行为与国内环境规制之间的关系。从日本企业的经验研究来看，确实存在环境规制的环境外包效应。黄德春和陈洁（2007）运用Hamilton的垂直型结构模型，研究了垂直化合约与产业环境贸易政策之间的关系。其结论是在垂直合约能够达成的条件下，数量竞争和价格竞争的最佳非合作环境政策均是庇古税，且政府之间存在非合作环境政策。

1.3.5 相关研究的进展与简要评述

从逻辑上看，国际贸易与环境污染之间具有紧密联系，因为环境污染物是对外贸易引发的生产性排污的产物，它内生于对外贸易的发展过程。20世纪90年代以来，诸多学者（Cole，1998；Joseph，2002；刘林奇，2009等）通过实证研究，证明了国际贸易与环境污染之间的密切关系。当前国内外学术界对于贸易与环境问题的研究主要集中在以下几个方面。

1. 国际贸易与环境污染之间的直接联系

此类文献主要研究经济增长、贸易自由化与环境污染的关系问题，结论并不一致，分歧主要集中在经济增长以及对外贸易与环境污染是否存在倒U形非线性关系。Grossman和Krueger（1991）、Panayotou（1993）率先提出了倒U形EKC曲线，认为贸易引发的经济增长与环境污染之间存在密切联系。其后有诸多学者跟进研究，主要集中在以下三个方面。

（1）EKC曲线的形状。大量实证研究认为，贸易自由化带来的人均收入增长与环境污染存在倒U形EKC曲线（Selden and Song，1994；陈继勇等，2005）；也有不少学者对EKC曲线的形状提出争议，有的研究认为二者应该呈正U形关系（Richmond and Kaufmann，2006）；有的认为二者应该呈正N形关系（Friedl and Getzner，2003）；还有研究认为并不存在明显的倒U形关系，用三次方程更能反映二者之间的关系（杜婷婷等，2007；Brajer等，2011）。

（2）EKC曲线的拐点值的测算。不同文献研究的结论呈多样性（Galeotti，2006；Wagner，2008；彭水军、包群，2006；魏龙、潘安，2016）。

（3）EKC曲线的内在形成机制及其他运用（Jones and Manuelli，2001；Brock and Taylor，2010；杨振兵等，2015）等方面。

2. 国际贸易对环境污染的影响评价

对于如何评价国际贸易对环境污染的影响后果，现有研究普遍认为贸易自由化短期内会恶化环境，国际贸易最终会对环境带来有利还是有害的效果，则一直存在争论，各方在争论的过程中逐渐发展了环境库兹涅茨曲线假说、污染天堂假说和向底线竞争假说，而这些假说本身又成为新的争论焦点，至今尚未解决。对于环境质量而言，评价贸易的影响后果主要有以下三种基本观点。

（1）贸易有害论。这种观点强调贸易引发的生产性污染规模扩张、污染天堂假说与向底线竞争假说（Esty and Geradin，1997；Abay等，2010；张根能等，2014）。

（2）贸易有利论。这种观点强调贸易引发的生产和环保技术的创新与扩散（Barrett，1994；Atici，2012；代丽华、林发勤，2015）。

（3）贸易复杂论。这种观点强调对贸易环境各种影响因素进行分解，提出贸易的环境总效应与分效应，只有对各种环境分效应进行充分研究之后才能得出贸易对环境影响的最终评价（Grossman and Krueger，1991；Aralas and Hoehn，2010；唐剑、周雪莲，2017）。

3. 国际贸易对环境污染的影响效应及测算

贸易复杂论认为国际贸易的环境效应是各方面相互作用共同产生的综合效应，不少学者从不同角度提出了环境效应的分析框架。Grossman 和 Krueger（1991）提出贸易环境效应的基本分析框架，提出构成环境总效应的三个分效应：规模效应、结构效应和技术效应，即环境三效应理论；也有部分学者认为除了上述三效应之外，环境分效应还有产品效应（Stevens，1993）、规则效应（Runge，1994）、收入效应（Panayotou，2000）。总体而言，环境三效应理论是现有研究中最具代表性、最被广泛接受的理论分析框架，其后有大量的国内外学者基于该理论框架进行实证研究。近年来，垄断竞争因素开始引入贸易与环境分析框架中（Aralas and Hoehn，2010），尤其是以新新贸易理论为代表的国际贸易理论的新发展，促使传统环境三效应理论进行完善与改进。

环境三效应的实证研究主要有以下三种方法。

（1）ACT 模型。Antweiler、Copeland 和 Taylor（2001）构建了一个将贸易开放度、人均收入、人口密集度、资本劳动比率等变量综合考虑在内的研究环境三效应的实证模型，被许多学者进行沿用或者改良（Cole and Elliott，2004；Taghvaee，2014）。不少国内学者也以 ACT 模型实证研究了我国对外贸易的环境效应（周茂荣和祝佳，2008；代丽华等，2015）。

（2）投入产出模型（IO 法）。因为数据限制和研究目标的关系，很多研究（Wachsmann 等，2009；彭水军等，2010；张云等，2011；杜运苏和张为付，2012）仅用到了本国 IO 表，称为单区域投入产出模型（single-regional input-output model，SRIO 模型）。随着基础数据构建工作的开展，关心全球环境的研究开始采用包含多个国家（或地区）的多区域投入产出模型（multi-regional input-output model，MRIO 模型）（Peters and Hertwich，2006；闫云凤等，2013；Sun and Ang，2014）。

（3）联立方程模型。不少国内外学者用联立方程模型实证分析贸易的总效应与各个分效应之间的联系（Dean，2002；何洁，2010；黄娟，2012）。

4. 国际贸易对环境污染的作用机制

国际贸易对环境污染的作用机制主要体现为两个层面：贸易层面和产业层面。

（1）贸易层面。已有研究主要集中在以下几个方面。

1）分工形式与贸易模式。已有文献大部分集中在以比较优势为基础的产业间贸易模式（Abay 等，2010；Omri 等，2015；唐剑、周雪莲，2017 等）；还有部分学者开始研究其他分工形式对环境的影响路径与效应，如以国际产业内分工为基础的产业内贸易模式（Aralas and Hoehn，2010；田野、程婷，2017）、以垂直专业化（李小平，2010；戴翔，2010）和国际产品内分工为基础的产品内贸易模式（Dean and Lovely，2010；张少华、蒋伟杰，2014），以及从全球价值链（McAusland and Millimet，2013；李斌、彭星，2011）或国际外包（Cole 等，2011）的视角进行研究。

2）贸易政策。此类文献包括对关税壁垒、出口补贴（Fujiwara，2011；洪丽明、吕小锋，2017）与环境政策的研究；区域经济合作对环境的影响作用（Mao 等，2015；宋鹏等，2017），以及其他政治与政策因素（Cole 等，2010；阚大学、吕连菊，2015）。

3）环境分效应。此类文献研究贸易对单个环境分效应的影响机制，对技术效应的研究包括国际贸易对技术溢出与转移的影响路径（刘舜佳、李霞，2016）；国际贸易对减排效率的作用（Li and Lin，2014；林伯强、刘泓汛，2015）。对结构效应的研究包括结构效应的影响机制与程度测算（彭水军等，2013）。

（2）产业层面。已有研究主要集中在以下几个方面。①特定产业的环境效应。此类文献主要以污染密集型产业的出口贸易为研究对象，研究其对环境的影响作用（Yang，2012；梁红岩等，2016）以及环境规制对污染密集型产业出口的影响（Grether 等，2012；傅京燕、赵春梅，2014）。②FDI 的作用。此类文献包括外资参与程度（Pan and Phillips，2008；唐杰英，2014）、FDI 与污染产业转移的关系（Ren 等，2014；魏龙、潘安，2016）；FDI 主导产业转移的区位选择和空间分布（Jalil and Feridun，2011；周长富等，2016）；FDI 的技术溢出与转移效应对环境的作用（Taniguchi 等，2015；徐圆、陈亚丽，2014）。③企业层面的考察。对微观企业层面的研究还刚起步，当前此类研究的切入点有企业主体性质（Lin and Matsumara，2012；谢申祥等，2015）以及异质性企业贸易模型对一般贸易模式下企业的运用（Cui 等；刘晴等，2014）。

5. 环境规制对国际贸易的影响与选择

环境规制对经济的影响是多方面的，主要包括对出口贸易、产业转移和产业的国际竞争力等方面的影响。

（1）环境规制对出口竞争力的影响。部分学者认为环境规制会提高企业成本、降低生产率和市场竞争力（Becher，2011；王灿等，2005）；另一部分学者认为环境规制能够刺激创新，从而提高企业生产率和市场竞争力（Kuosmanen 等，2009；Ambec 等，2011；张成等，2011；王兵、刘光天，2015）；还有研究表明环境规制对出口竞争力的影响并非线性（唐杰英，2014；宋文飞等，2014），其关联程度受到经济发展水平（任力、黄崇杰，2015）、市场竞争程度（杨振兵，2015）等因素的影响。

（2）环境规制对 FDI 与产业转移的影响。环境规制对 FDI 区位分布存在显著负面影响（Taylor，2005；周长富等，2016）。有部分学者认为环境规制对污染密集型产业外移作用明显（Levinson and Taylor，2003；傅京燕、李丽莎，2010）；也有部分学者认为环境规制对污染密集型产业转移的影响并不明显（Dean，2008；陆旸，2009）。

（3）环境规制的措施与选择。此类文献包括：命令-控制型（Mohareb 等，2011；包群等，2013；王金南等，2015）；市场激励型（Wright and Christopher，2008；Wnscher 等，2008；沈能，2012；张复明，2013；涂正革、谌仁俊，2015）；公众自愿参与型（Loomis，2000；史兴民，2013）。

6. *研究趋势与述评*

对外贸易与生态环境的关系较为复杂，对外贸易对生态环境的影响最终表现为正外部性还是负外部性，其影响机制最终该如何确定，尤其是对于我国这种发展中国家而言，目前在学术界还没有形成一个统一明确的答案。

总体而言，现有研究在理论与政策研究层面可能存在以下三点不足：①理论框架问题。研究贸易的环境效应要依托于国际贸易理论的发展，但是国际贸易理论在本领域中的应用相对而言存在一定的滞后。现有研究缺乏系统性、多样性的理论模型支持，大多数文献均在 Copeland-Taylor 模型的基础框架上加以拓展分析贸易的环境三效应。②研究程度问题。现有研究主要集中于分析产业集聚与生态环境的直接关联，而较少关注对外贸易对生态环境影响的内在传导机制。而且现有研究多关注总体贸易对环境污染的因果关系，却相对忽略不同贸易模式和外向型产业集群或集聚对环境的影响作用。③政策研究问题。已有文献主要是从贸易对环境的影响作用为切入点，从环境保护的角度，从宏观层面进行贸易政策、环境政策的设计和评价。一方面，缺乏微观层面的研究；另一方面，相对缺乏在环境约束下，从外向型产业集聚、产业布局角度进行的政策设计。

在实证研究层面，现有文献可能存在以下三点不足：①研究维度问题。在实证研究对外贸易与生态环境之间的直接关系时，多从纵向时间维度进行分析，而较少研究在空间上是否存在差异。②切入视角问题。现有研究大多以贸易结构、贸易政策、FDI 为研究视角，而较少选择以产业集群与集聚为角度对外向型产业进行研究，贸易对环境污染影响的微观机理研究也相对较少。③内生性问题。现有研究大多使用面板数据进行回归分析，可能存在遗漏变量等内生性问题，会对估计结果产生干扰。

贸易与环境问题领域今后的研究趋势可能有以下三个方向：①理论模型的改进。今后的研究将更加致力于如何将新的贸易与经济理论更好地引入现有的理论分析框架中，比如产业集聚模型、企业异质性模型等，在更完善的理论框架下去构建实证模型。②环境分效应的再探讨。将新新贸易理论等国际贸易前沿理论纳入贸易与环境问题的研究中，对建立在传统贸易理论基础上的环境三效应模型进行再探讨，不同的贸易模式与外向型产业发展路径，可能存在新的环境分效应。③微观层面研究的深入。结合企业异质性模型，运用企业层级数据，分析贸易引发的企业生产和排污行为。

1.4 研究内容和方法

1.4.1 研究思路和内容

本书主要的研究思路为从产品内分工视角出发，采用垄断竞争贸易模型，对贸易和环境问题进行研究。首先对实证研究的相关理论框架进行阐述和分析，包括传统国际贸易模型和垄断竞争贸易模型下贸易与环境的相关理论、产品内分工和贸易的相关理论以及产品内贸易与环境关系的模型；其次介绍了国际社会关于贸易与环境问题的冲突与合作；再次结合具中国产品内贸易与环境保护发展的现状，构建计量模型对其进行实证研究；最后提出本书结论和相关的政策建议。本书的主体结构如下。

第1章：导论。首先介绍了文章选题的研究背景，包括国外背景和国内背景；其次阐述选题的意义，包括理论意义和现实意义；再次对贸易与环境问题及产品内分工的相关文献进行了详尽的梳理和综述；最后介绍了本书的研究内容、研究方法和主要创新点。

第2章：产品内分工下贸易与环境关系的理论分析。本章在相关研究文献的基础上，主要对本书实证研究的相关理论框架进行阐述和分析。其主要理论框架包括传统国际贸易模型和垄断竞争贸易模型下贸易与环境相关理论、产品内分工和贸易的相关理论以及产品内贸易与环境关系的模型，通过对相关理论模型进行详尽分析，为在实证研究中构建计量模型提供理论基础。

第3章：产品内贸易与环境问题的国际冲突及合作。本章主要介绍在产品内国际分工的新模式下，各国对于贸易和环境问题的冲突与合作。本章首先对产品内分工下南北国家对于贸易与环境问题的关注现状进行阐述，并分析南北矛盾的原因；其次提出了南北国家协调贸易与环境关系的途径；最后介绍了协调贸易与环境的国际合作实践。

第 4 章：中国产品内贸易与环境问题的现状分析。本章首先介绍了产品内分工背景下中国贸易发展的基本状况和中国环境保护问题现状；其次提出了中国目前在开展对外贸易中所遇到的环境约束问题。

第 5 章：产品内贸易与环境关系的实证分析。本章首先构建了一个贸易的环境效应联立方程模型，从总体上对中国产品内分工的环境效应进行经验研究；其次选取中国和主要贸易伙伴国之间的污染密集型产业作为研究对象，以产品内分工作为变量构建计量模型，从行业角度研究在产品内分工视角下中国污染密集型产业的环境效应。

第 6 章：结论与政策建议。本章在前文理论与实证分析的基础上，提出本书的主要结论，并依据结论对中国在协调对外贸易与环境关系中存在的问题进行总结，借鉴区域经济组织环境协调机制的经验和启示，为实现中国对外贸易与环境协调发展提出相应的对策建议。

第 7 章：后续研究方向与展望。本章总结中国产品内贸易的环境效应领域的研究目前存在的不足与今后的主要研究方向。

1.4.2 研究方法

本书研究的是中国产品内贸易与环境的关系，这是一项国际贸易学与环境经济学的交叉性研究，因此需要综合运用相关学科的各种研究方法才能完成本书的研究目的。在理论分析中，除了主要运用到环境经济学、国际贸易学的相关理论进行经济学分析之外，还需要涉及产业经济学、空间经济学等学科的知识。在实证研究中通过构建计量模型，收集和处理面板数据来获得最终的实证结果。本书主要的研究方法有以下 4 个。

（1）文献研究法。文献研究法是通过查阅国内外相关研究文献以及各种环境、贸易数据库来掌握理论知识和实证所需的统计数据，通过阅读文献充分全面地了解本领域的研究现状，为理论分析和实证研究打下基础。其主要的手段是利用 Citespace 软件，就研究中涉及的相关文献进行计量分析，结合其他材料的归集整理，全面厘清现有文献研究框架相关内容的逻辑联系及变化趋势。

（2）数理分析法。数理分析法包括数理模型分析与数理统计分析。构建垄断竞争下的产品内分工与贸易的模型，嵌入污染物排放要素，进行数理分析。

(3) 计量经济学研究方法。本书不仅将对贸易与环境问题和产品内分工与贸易理论的相关文献进行梳理和归纳，还将在现有理论模型的框架下构建一个符合现实状况的计量经济模型，运用计量经济学软件对模型进行回归并获得结果。

(4) 定性研究和定量研究综合运用方法。本书运用定量研究方法来探讨中国产品贸易和环境之间的内在逻辑联系，在此基础上得出具有经济学意义的结论，并提出具有针对性的政策建议。

本书的研究技术路线如图1-2所示。

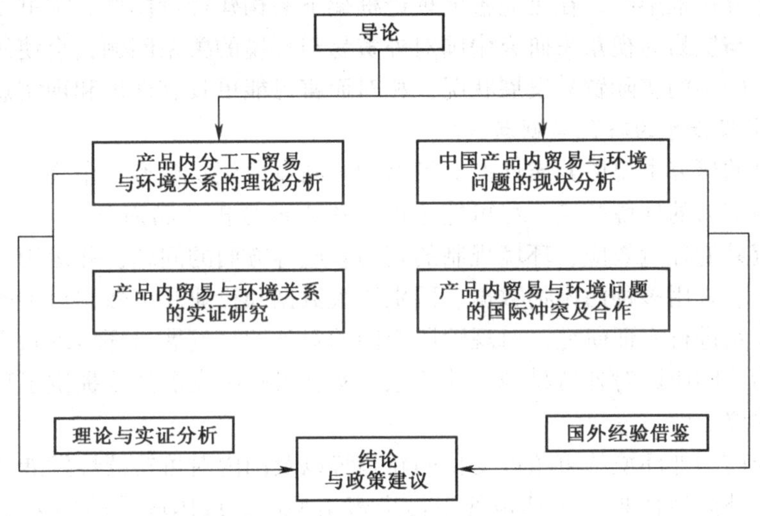

图1-2 本书的研究技术路线

1.4.3 主要创新点

本书的选题是跟踪国际国内前沿和结合前期相关项目的研究基础，深入系统地研究我国对外贸易对环境的影响机制问题，其特色与创新之处在于以下4个方面。

1. 研究视角的特色与创新

以往对于贸易与环境关系问题的研究绝大多数从整体贸易的角度去分析污染密集型产业出口带来的生产性排污或者碳排放程度，然而我国对外贸易的主体类型是以加工贸易为代表的国际产品内贸易，非污染密集型产业中的污染密集型生产环节同样与环境污染联系紧密，因此需要从产品内分工视角分析贸易引发的生产性排污行为；另外以往对于贸易的环境技术效应的研究主要以FDI为视角切入探讨技术溢出效应，较少讨论国际分工引发的产业集聚性问题对环境的影响，本书将产品内分工与贸易作为一个重要研究视角，深入研究贸易影响环境的环境机制。

2. 理论和实证研究方法的特色与创新

以往对于贸易与环境关系问题的研究绝大多数仍以传统贸易理论为主要理论分析框架，本书结合国际贸易理论发展的最新成果，将产品内分工与贸易理论、新经济地理学与环境经济学理论紧密结合，集中探讨垄断竞争下贸易与环境关系问题的理论分析模型，将产业集聚模型和企业异质性模型引入贸易与环境的理论分析框架中，在更完善的理论框架下去构建计量模型。本书专门以产品内分工与贸易为视角来研究中国对外贸易与环境的关系问题，会使研究结果更加符合中国的实际贸易发展状况，相对而言可能更具有理论和现实意义。

3. 实践指导的特色与创新

本书的研究主要以异质性产品模型和垄断竞争贸易模型为主要分析框架研究产品内贸易的环境效应，尽可能全面、深入地分析产品内分工与环境关系、产品内贸易的环境效应、环境规制的贸易效应等方面的问题，并运用多种统计分析方法、采用多种污染物数据、国别层级数据和行业层级数据对中国贸易与环境的关系进行实证研究，对现阶段中国的对外贸易发展与环境现状进行系统评价，为中国协调对外贸易与环境关系、实施可持续发展战略提供了理论依据和政策建议。

在当前国外环境约束条件变化的新趋势以及国内对可持续性发展要求的新形势下，外向型企业（尤其是处于污染密集型产业或国际产品内分工中污染密集型生产环节的企业）提高生产减排效率和选择减排创新模式的新思路，并提出政府部门推动外向型产业提高减排效率的制度创新对策，旨在为统筹对外贸易与生态发展，优化对外贸易可持续发展路径提供依据与对策。

4. 研究具有可延续性

本书是教育部人文社科青年项目“产品内贸易环境传导性的形成机制与扩散效应”的阶段性研究成果①，本身具有研究的可延续性。本书的研究通过构建计量经济模型，利用各级调查数据可以测度对外贸易对环境污染的总效应以及分效应，进一步地度量不同对外贸易类型对环境污染的效应大小。以此作为深入研究产品内贸易环境传导性的形成机制的基础，进一步研究对外贸易与外向型企业生产性污染物排放的内在关联。

① 教育部人文社会科学研究青年基金项目（18YJC790151）。

第2章

产品内分工下贸易与环境关系的理论分析

2.1 产品内分工与贸易理论

当前国际学术界对于国际产品内分工与贸易的理论研究主要分为在现有国际贸易理论分析框架中进行宏观理论分析和基于不完全契约理论分析微观贸易主体这两大范畴。前者是运用现有国际贸易理论（传统贸易理论、新贸易理论和新新贸易理论等）对产品内分工的成因和影响因素进行解释，并对产品内贸易这种新贸易模式的各种经济效应进行研究。后者则运用产业经济学等理论，研究微观企业的跨国生产组织方式选择，即选择跨国外包还是一体化。本书主要从宏观角度对产品内分工与贸易的理论进行研究，分别基于比较优势理论和新贸易理论进行分析。

2.1.1 传统理论框架下的产品内分工与贸易

传统的贸易理论是国际贸易学界在进行产品内国际分工与贸易成因和决定因素的相关研究中所最先采用的理论分析框架。早期 Sanyal 和 Jones（1982）、Dixit 和 Grossman（1982）等学者以比较优势理论和 H-O 理论作为理论分析框架，将贸易品的生产过程分割成不同阶段，建立产品内国际分工与贸易的理论模型。此后的相关研究中也有众多学者认为将比较优势细分到贸易品的生产环节中之后，比价优势仍是产品内国际分工的最主要决定因素，Arndt（1998）、Deardorff（2001）、Jones 和 Kierzkowski（2001）、卢锋（2004）等都是基于比较优势理论和 H-O 理论构建相应的理论分析框架用以解释产品内国际分工的决定因素和产品内贸易的模式。传统贸易理论作为对产品内分工与贸易进行研究的最初理论分析工具相对而言已经趋于成熟，典型的理论分析过程如下。

假定世界贸易为一个 2×2×2 的典型传统贸易模型，即存在两种产品、两个国家和两种生产要素，其中 A 国为资本要素相对丰裕的国家，B 国为劳动要素相对丰裕的国家。两种产品的市场均为完全竞争、两国对这两种产品的需求偏好相同、两国的生产技术水平相同且都不存在规模经济、资本和劳动力要素在国内均可以自由流动但不能在两国间自由流动且不考虑贸易的交易和运输成本。图 2-1 反映了在传统贸易理论框架下比较优势如何影响两国的产品内分工与贸易行为。如图 2-1 所示，AA'与 BB'分别为 A、B 两国的等成本线，且这两条等成本线表示相等价值，其斜率的不同反映了两国要素富裕程度的差异。这两条等成本线的交点为国际分工的临界点，在该点上两国生产两种产品的要素密集度相同，A 国和 B 国的等产量线在此点相交，即相同的生产成本生产出等量同价的产品，从原点过该点的射线 OS 表示国际分工临界线。X_0 和 Y_0 分别表示 X、Y 这两种最终产品的单位价值等产量线，OX、OY 分别为产品 X 和 Y 的生产扩张线，位于国际分工临界线 OS 的两侧。

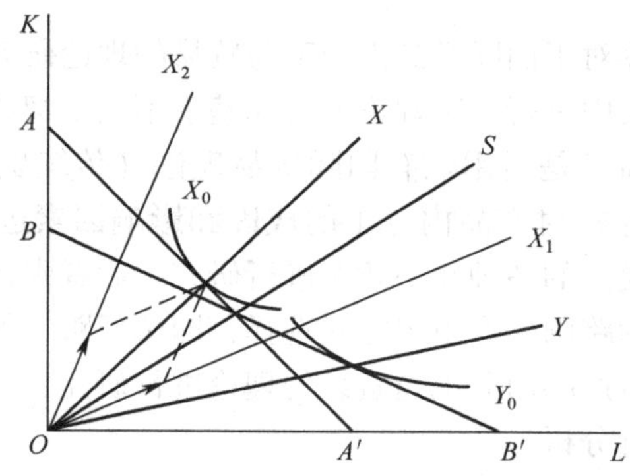

图 2-1　发生产品内国际分工之后的传统贸易模型①

若没有发生产品内分工，两国将会按照要素禀赋理论各自专业化生产本国具有比较优势的最终产品，即 A 国专业化生产资本密集型产品 X 并出口、B 国专业化生产劳动密集型产品 Y 并出口。如果在 A 国发生产品内分工，即分散化生产 X，假定将最终产品 X 的生产过程分散成两个相互独立的工序 X_1 和 X_2，这两种工序的要素密集度存在差别，工序 X_1 为劳动密集型而工序 X_2 为资本密集型，由于 A 国在劳动密集型生产环节具有比较劣势，所以 A 国会把最终产品 X 生产过程中的劳动密集型工序 X_1 转移到劳动力要素相对丰裕的 B 国进行生产，从而得到该环节的中间产品，这种将最终产品生产环节进行细分

① 胡昭玲，张蕊. 中国制造业参与产品内国际分工的影响因素分析［J］. 世界经济研究，2008（3）：3-8.

后的分工模式将使两国的比较优势更加细化，从而获得产品内分工带来的贸易利益，射线 OX_1 和射线 OX_2 分别为这两道生产工序的生产扩张线，其斜率的不同反映了两道工序投入的要素密集程度的差异，因此射线 OX_1 和 OX_2 分别位于国际分工临界线 OS 两侧而不是同侧。X 生产的扩张线 OX 上的实际生产点为两道生产工序生产扩张线的矢量相加来确定。相对于传统的最终产品分工模式，产品内分工使产品 X 的总体要素密集度发生了变化，将由生产的工序 X_1 工序 X_2 要素密集度的加权平均来决定。

由此可见，与产业内分工与贸易不同，产品内分工与贸易并没有从根本上改变比较优势和 H-O 理论传统贸易理论的理论分析基础。实质上产品内国际分工可以被看作将比较优势和要素禀赋的比较从最终产品之间细化到最终产品的各个生产环节之间，各种生产环节的要素禀赋决定该环节的比较优势，从而决定最终产品在全球的生产布局并引发了最终产品生产所需要的中间投入品的国际贸易。在不考虑运输等额外成本的前提下，由于最终产品的不同生产环节需要投入的生产要素比例存在差异，传统贸易理论模型下同一产品的不同要素密集度的生产工序被分散到具有各自比较优势的国家进行生产，与仅对最终产品进行分工相比，这样能够更合理地配置各国的生产要素，节约生产成本并提高生产效率，因此基于比较优势的产品内分工与贸易可以创造经济利益。

2.1.2　新贸易理论框架下的产品内分工与贸易

产品内国际分工与贸易能够创造经济和贸易利益的原因不仅是最终产品的不同生产环节进行细分并按照各自比较优势进行跨国境配布，还是最终产品的不同生产环节和区段的产品有效产量存在着差异。基于不完全竞争和规模经济的新贸易理论分析，如果把这些具有不同有效规模的生产环节和区段在不同的空间甚至各个国家进行分配，每个生产环节和区段都集中生产，由此带来的规模效应将会提升资源配置效率并降低最终产品的生产总成本，所以规模经济也是产品内国际分工和贸易创造经济与贸易利益的主要因素之一。在新贸易理论框架下，根据来源不同从内部规模经济和外部规模经济两个角度分析其对产品内分工与贸易模式和贸易利益的影响。

1. 内部规模经济主导的产品内分工与贸易

随着企业内部生产规模的不断扩张，企业平均成本不断下降的现象被称作内部规模经济。一般而言，在企业内部的生产规模扩张过程中，会先后出现规模经济与规模不经济的现象，因此企业的长期平均成本曲线呈现出先下降后上升的 U 形形状，其中内部规模经济表现为长期平均成本曲线的下降阶段，企业处于该阶段时可以通过深化内部的专业化分工以逐步扩大生产规模，从而提高生产效率、降低生产成本。内部规模不经济表现为曲线的上升阶段。U 形曲线的最低点反映的是最佳生产规模，即最小平均成本所对应的产量水平。假定某种最终产品有四道生产工序，每道工序的最佳生产规模由各自不同的成本特性决定，如图 2-2 所示。

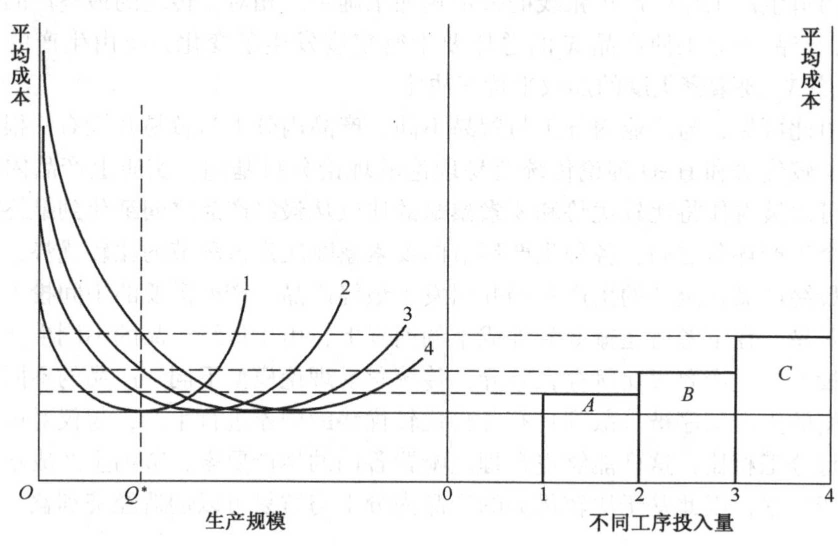

图 2-2 内部规模经济与产品内分工①

图 2-2 中，左边的坐标轴表示四道生产工序各自的平均成本曲线及其最佳生产规模；横轴右边部分用间隔宽度反映这四道生产工序在最终产品生产价值链中相对数量的比例关系；纵轴表示平均生产成本。这四道生产工序各自的特性决定了其最佳规模水平各不相同，因此图 2-2 中 1~4 这四道工序的平均成本曲线最低点所对应的产量水平各不相同。最终产品的生产总成本由图 2-2 右半部分中不规则多边形的面积来表示。如果不进行分散化生产，则整个最终产品过程中的最佳生产规模只能由其中一道生产工序的最佳规模来决定，用 *A*、*B*、*C* 的面积表示每道工序没有在其最佳规模上进行生产的机会成本最大值。如果整个生产过程的最佳规模由第一道工序的最佳规模来决定，则其他三道工序在生产过程中就会偏离各自生产的最佳规模标准，因此在这三个生产环节中造成了生产效率的损失和成本的增加。如果进行产品内分工，则四道生产工序均能达到各自生产的最佳规模，与不进行分散化生产相比，节省了上述机

① 卢峰．产品内分工：一个分析框架［R］．北京大学中国经济研究中心，2004.

会成本，即图2-2中A、B、C的面积，节约的这部分成本就是内部规模经济主导下的产品内分工与贸易的经济收益。

2. 外部规模经济主导的产品内分工与贸易

外部规模经济是指当市场处于完全竞争状态时，一个产业由众多相对较小的厂商构成，这种产业具有地区意义上的产业集聚特征，产业集聚可以产生规模经济，从而降低整个行业的生产成本。这种地区性的产业集聚具有以下优势：①为专业技术劳动力提供了一个更加完善的劳动力需求市场；②行业内部可以进行资源共享，比如共享由辅助行业提供的专业化设备和配套服务以及区域性的基础设施等生产条件，通过这种资源共享能够降低在生产过程中各个环节的成本；③有利于生产技术和交易信息的外溢。

在外部规模经济主导下的外向型产业也可以通过进行产品内分工来降低生产成本，从而获得出口竞争优势。外部规模经济对产品内国际分工与贸易的作用主要体现在那些生产中间投入品的产业：一方面由于一些生产成本较低的国家通过大规模生产某一行业的中间投入品而成为某类部件的生产供应者，而中间投入品贸易需求的增加又进一步促使同类部件产品的生产企业发生地区性集聚，贸易与生产的规模通过中间投入品的产业集聚相互促进；另一方面中间投入品产业的集聚现象又为最终产品生产企业寻找零部件的供应企业提供了便利，同时中间投入品供给市场的充分竞争也有利于国际贸易与合作的风险控制。中间产品生产企业的外部规模经济会显著影响最终产品的生产与贸易成本，进而影响其开展国际贸易的竞争优势，这主要表现为中间产品的生产企业通过外部规模经济降低了中间产品的生产与交易成本，从而降低了最终产品的生产边际成本和平均成本，促使最终产品获得更大的竞争优势，而且由于平均成本的下降幅度要大于价格的下降幅度，从而带来了超额利润。

2.1.3　产品内分工与贸易的决定因素

除了比较优势与规模经济，产品内分工与贸易是否发生或者发生的程度还受到其他因素的影响。卢峰（2004）认为不同的产业和产品根据自身的特性在生产过程中发生产品内国际分工与贸易的相对强度，主要由五种因素决定：①最终产品在生产过程中的不同工序或环节在空间上具有的可分离性。在其他因素不变的条件下，不同生产环节在空间上的可分离性由生产过程的技术属性所决定，并且与产品内分工的潜在可能性和分工强度呈正相关关系，可分离性越大，产品内贸易程度可能越高。②不同生产工序或环节的生产过程中所投入的各种生产要素比例的差异程度。在其他因素不变的条件下，生产过程中各区段或环节的要素比例差异程度越大，发生产品内国际分工的密集程度可能就越高。③最终产品生产过程中不同生产区段或环节的有效规模差异度。在其他因素不变的条件下，这种有效规模的差异程度越大，该产业越可能以分散化生产的方式优化资源配置，因此产品内分工与贸易的密集程度越高。④中间投入产品单位价值的运输成本。运输成本与产品内分工的密集度呈反方向关系，在其他因素不变的条件下，中间投入品的运输成本越高，产品内分工与贸易的强度应当越低，甚至可能使贸易模式发生扭曲。⑤跨境生产交易成本的大小。与运输成本一样，这种跨境交易成本会对产品内贸易起到反作用，在其他因素不变的条件下，跨境生产交易成本越低，产品内贸易的程度就可能越高。综合这五种决定因素，产品内分工的强度可以由表达式（2-1）来反映：

$$\mathrm{INT(IPS)}_i = F(\mathrm{DIV}_i,\ \mathrm{COM}_i,\ \mathrm{SCA}_i,\ \mathrm{TPC}_i,\ \mathrm{TSC}_i) \tag{2-1}$$

$\mathrm{INT(IPS)}_i$ 表示最终产品 i 在生产过程中发生产品内分工的可能性或强度。DIV_i、COM_i、SCA_i、TPC_i 和 TSC_i 分别表示这种产品生产过程中不同生产环节在空间上的分离可能程度、生产要素投入比例的差异程度、有效规模的差异程度、中间投入产品单位价值的运输成本和跨境生产交易成本。DIV 为定型变量，决定了产品内分工与贸易是否有可能发生；COM 和 SCA 决定了产品内分工与贸易潜在会产生经济效益的多少；TPC 和 TSC 实际上为产品内分工与贸易面临的约束作用程度。

图 2-3 反映了基于以上分析的产品内分工与贸易的决定机制。横轴表示生产环节可分的最终产品生产过程中出现产品内国际分工的程度或强度，纵轴

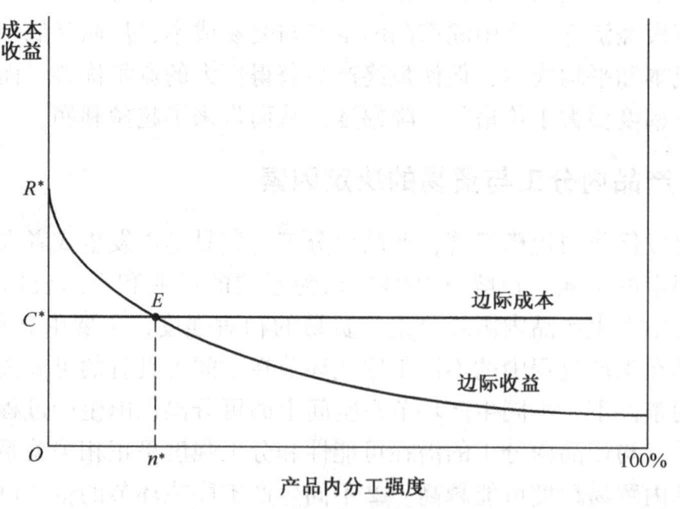

图 2-3 产品内分工与贸易的决定机制

表示产品内分工与贸易带来的收益和成本。在成本一定的条件下，在 COM 或 SCA 程度最大的产品上将会发生产品内分工与贸易，只有在这些潜在经济收益最高、发生可能性最大的产品上出现之后，产品内分工才会扩展到 COM 或 SCA 程度较低的产品上。因此在其他条件不变的情况下，随着产品内分工程度的不断提高，新出现的产品内分工面临的分工约束较高，因而预期的分工收益较低，所以新分工的边际收益线是一条向右下方倾斜的曲线。最终产品不同的生产工序出现产品内分工的顺序由边际收益因素决定。边际成本线可能存在多种形状，卢峰（2004）假定在临界水平上新出现产品内分工的边际成本保持不变。特定条件下产品内国际分工的边际成本和边际收益决定了产品内分工与贸易在均衡时的程度。图 2-3 中给定某种最终产品的生产工序或环节进行国际分工的边际收益曲线和成本线，两线的交点 E 反映了该产品生产过程中采用产品内国际分工的程度。

2.2　贸易与环境问题的理论探源

2.2.1　贸易与环境问题的本质

1. 贸易的环境外部不经济

贸易与环境问题的本质是贸易引发的生产与消费的外部不经济性问题。产生这种问题的根源在于有形和无形的贸易品价格中并没有纳入环境成本，而这种环境成本由生产者或者消费者转嫁给了第三方来承担，因此贸易以牺牲市场外部的生态环境质量为代价获取经济收益，产生了贸易的外部不经济性，使市场的各种资源要素无法得到最优配置甚至市场失灵。贸易的环境外部性主要表现为贸易品生产、运输和消费过程中产生的环境外部不经济性，尤其在贸易品生产过程中表现得最为明显。

环境资源是一种公共物品，所以具有非排他性、非竞争性以及无偿性等公共物品一般性特点。基于这种特性，市场内各主体在生产或消费过程中会过度使用和消耗环境资源，“搭便车”现象以及“公地的悲剧”现象都容易出现。例如，由于空气、河海等自然资源的非排他性，在无外部约束的条件下，生产者将无节制地使用水资源并肆意地将废气和废水排放到大气与河海中，因此将导致水资源枯竭、大气污染和水污染、河流与海洋生态系统破坏等环境问题。

图 2-4 反映了贸易的环境外部不经济性。其中 P、Q 分别表示贸易品的价格与产量，MB 线为边际收益线，SMC 和 PMC 两条向右上方倾斜的曲线分别

表示社会边际成本和私人边际成本。厂商在确定生产成本时若考虑外部环境成本，则应该选择 SMC 与 *MB* 两条线的交点作为均衡生产点，该点的产品价格为 P_2，产量为 Q_2，社会的资源在该点得到最优配置；如果厂商将生产的环境污染转嫁给整个外部，即在确定生产成本时不考虑环境成本，则选择 PMC 与 *MB* 两条线的交点作为均衡生产点，该点的产品价格为 P_1，产量为 Q_1，大于社会资源最优配置点的产量 Q_2，市场出现环境的外部不经济现象。

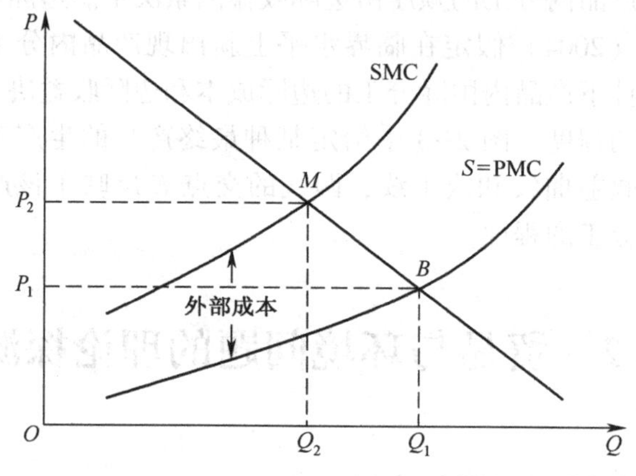

图 2-4　外部不经济性

这种外部不经济现象是一种市场失灵，若市场没有政府的环境规制，则这种市场失灵会导致市场本身无法进行调节来降低环境成本，因此为了降低市场失灵带来的社会环境成本，只有通过政府制定相关环境规制措施来干预市场。政府的环境规制政策在一定程度上能够缓解和纠正市场失灵现象，但是如果政府对市场干预过度可能会加剧市场失灵从而导致政府失灵。而且不同时期政府在制定市场干预政策时的侧重目标不同，仅单方面出于促进贸易目的或者保护环境目的制定政策可能会带来更多问题，因此需要协调这二者的关系。另外，国内利益集团等因素的干扰也会影响政府的市场干预措施。

2. 环境成本内部化

解决市场失灵的一种方法是将环境成本内部化，即把环境因素看成一种生产要素，把环境成本纳入贸易品的总成本中，从而建立产品的环境成本受价格反应的机制，最大限度地消除产品市场的环境外部性影响。在自由贸易条件下，贸易品市场通过环境成本内部化措施，使贸易品的价格能够真实反映生产过程中投入的所有社会成本，从而合理配置社会资源，避免出现市场失灵的现象。环境成本内部化是从根本上解决贸易与环境问题的一种有效方法。

假定国际市场是一种存在垄断或垄断竞争的市场，图2-5中的两图分别表示不存在外部性和存在外部性的市场均衡。图2-5（a）反映了环境外部性不存在的情况。如果政府没有进行市场干预，根据均衡条件：MPB（私人边际收益）= MPC（私人边际成本），市场达到均衡时产品的价格为P_P，均衡产量为Q_P。图2-5（b）反映了存在环境外部性的情形，如果存在环境的外部性，则社会边际成本MSC就等于私人边际成本MPC与边际环境成本MEC之和，即MSC = MPC + MEC。对于整个社会而言，得到最优产量Q_S的条件为MPB=MSC，此时均衡价格为P_S；对于生产厂商而言，得到其收益最大化对应的最优产量Q_P的条件为MPB=MPC，此时均衡价格为P_P；两者的比较关系为：$Q_P > Q_S$，$P_P > P_S$。因此在存在外部不经济性的条件下，厂商生产的实际过剩使其生产经营活动带来的外部环境成本EF由整个社会承担，带来整个社会的经济损失，其大小为面积DEF，此时环境资源没有达到帕累托最优配置状态。

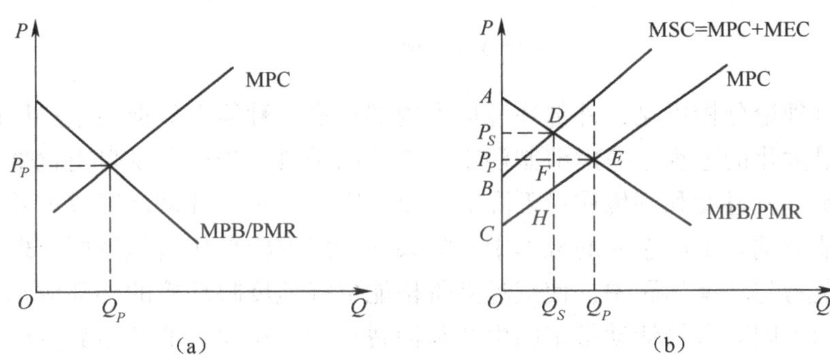

图2-5　不存在外部性和存在外部性的市场均衡

若政府通过采用对产品征收污染税的环境规制措施使环境成本内在化，假定政府对这种产品征收税额为DH的污染税，被征收污染税使厂商的边际成本线从MPC上升到MSC，根据最优产量条件MSC = MPB，厂商在新的均衡点$D(Q_S, P_S)$上组织生产，Q_S即为社会资源配置最优水平时的产量。可见政府可以通过对生产企业征收污染税实现外部的环境成本内部化，使价格能够充分体现出产品的外部环境成本，从而使社会资源得到最优配置。

图2-6反映了一种更加符合现实的情形。在现实生产过程中，随着产量的不断增加，生产过程中排放的污染物总量也不断增大，若污染物的排放量达到并超过环境自身净化能力的临界点时，污染密度会加速提高。因此随着产品需求量的不断增大，MPC和MSC两线之间的距离也随之增大，这说明外部的环境成本与需求水平呈现出一种正向关系。如图2-6所示，较低的需求水平

对应较小的外部环境成本，而当自由贸易带来的生产规模效应不断扩大时，需求曲线由 D_1 向右移动到 D_2，环境外部的负效应也进一步增大。因此开展国际贸易之后，从环境角度而言，更需要环境成本内部化的手段来降低环境污染程度。

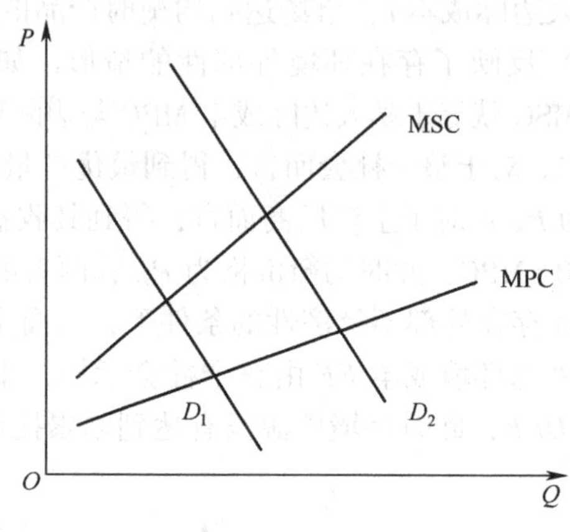

图 2-6　现实情形

通过理论分析可见，外部环境成本内部化是一种能有效促使生产厂商在追求利润最大化的过程中考虑节制污染物排放的手段。当前贸易自由化带来世界总体资源开发过度和环境质量下降的重要原因之一正是外部环境成本并未能适当合理地被纳入生产企业的成本中。如果环境成本内部化措施被更合理公平地运用到贸易与环境问题中，使贸易品价格能更好地反映环境的外部成本，就能显著影响由国际贸易活动带来的生产和消费行为，从而降低贸易品生产等过程中的污染密集程度，减轻由贸易带来的全球环境压力。

2.2.2 引入环境要素的 H-O 模型

1. 环境要素禀赋

在讨论贸易与环境问题时，可以将环境作为一种要素禀赋纳入 H-O 模型中进行分析。一般而言，一国的环境要素禀赋主要由以下几个因素决定：①该国的自然属性。其主要包括该国自然资源的丰裕程度、可更新与可替代程度、对污染物的同化吸收能力，以及用以处理环境污染的国际环境媒介物的可获得量与人口稠密程度等要素。②该国对环境要素密集型产品的需求状况。若一国对此类产品的需求较大，则与其他需求较小的国家相比，该国家的环境要素较为稀缺。③该国国内对环境质量的需求。一般而言社会对环境质量的需求受到国家收入水平的约束，人均国民收入较高的国家对环境质量的需求相对较高，因此该国的环境资源相对更加稀缺。④该国政府的环境政策。政府通过制定环境政策来规定环境资源的价格，从而使环境资源可以被度量。政府的环境政策对该国环境要素丰裕程度的影响力最大，甚至能扭曲或逆转该国的环境要素禀赋。以上四种因素决定了一国的环境要素禀赋。在分析贸易与环境问题时，把环境要素作为一种新的生产要素考虑，可以使该国在决定本国的国际分工模式和贸易结构时能够充分考虑到本国的环境目标。

2. 环境比较优势

当环境因素作为一种生产要素被纳入一国的生产要素禀赋体系中时，这种新的生产要素会决定该国的环境比较优势，从而会改变该国的比较优势结构。如果一国的环境要素禀赋相对比较丰裕，则该国开展国际贸易就具有相对较低的环境成本，因此该国具有环境比较优势；相反，如果一国的环境要素禀赋相对比较稀缺，那么该国在国际贸易中的环境成本较高，不具备环境比较优势。

一国的环境比较优势分为由真实环境要素禀赋决定的环境比较优势和由事实环境要素禀赋决定的环境比较优势。前者是一种可持续的比较优势；而后者的获得是以降低环境质量为代价的，因此会逐步减弱直至不可持续。如果一国并不具备真实环境要素禀赋决定的环境比较优势，而是通过较为宽松的环境政策降低出口产品的环境成本获得环境比较优势，随着该国国内资源的消耗日趋增加、环境质量的日益下降以及国际社会对贸易环境问题的越加重视，该国的这种环境比较优势最终将难以为继。

3. 贸易与环境的 H-O 模型

将环境因素看作一种要素禀赋，并将其纳入 *H-O* 理论框架中进行分析，是国际贸易学界运用传统贸易理论研究贸易与环境关系的主要方法。传统的 H-O 模型所考虑的生产要素禀赋中没有环境要素，把环境要素纳入一国的生产要素禀赋体系中时，这种新的生产要素会决定该国的环境比较优势，从而改变该国的比较优势结构。在其他条件不变的情况下，根据 *H-O* 理论，如果一国的环境要素禀赋相对丰裕，则该国将出口环境要素密集型（污染密集型）产品；如果一国的环境要素禀赋相对稀缺，则将出口非环境要素密集型（非污染密集型）产品。

在一个 2×2（两个国家两种产品）的 H-O 模型中，假定 A 国为环境要素禀赋相对丰裕的国家，而 B 国的环境要素禀赋相对稀缺。P_A 和 P_B 分别表示 A、B 两国环境因素的影子价格①，A 国的环境要素禀赋相对丰裕，这表明 A

① 从经济学意义上来讲，影子价格不是价格，是资源投入的潜在边际效益。影子价格反映了产品供求状况和资源稀缺程度，资源越丰富，其影子价格越低，反之亦然，即资源的数量和产品的价格影响影子价格的大小。

国生产污染密集型产品的成本要比 B 国低，所以环境因素的价格较低，即有 $P_A<P_B$，则两国的分工模式为：A 国将专门生产污染密集型产品并将其出口到 B 国，而 B 国将生产非污染密集型产品并将其出口到 A 国。

考虑到环境成本内部化，如果 A 国政府为了保护本国环境而采取征收污染税的环境规制措施，污染税额为 T，则相当于提高了 A 国污染密集型产品的价格，A 国的环境比较优势开始削弱，而 B 国的环境比较劣势会减小。当 $P_A+T>P_B$ 时，A 国的环境规制措施将逆转两国的比较优势，B 国获得环境比较优势，开始专门生产原本为 A 国专门生产的污染密集型产品，并将其出口到 A 国。从国内环境质量的角度而言，A 国的环境改善，而 B 国的环境恶化。由此可见，一国政府的环境规制措施能改变该国的环境比较优势。原本环境要素禀赋丰裕的国家为了保护本国环境，可以采用税收等环境规制措施来提高本国污染密集型产品的生产成本，从而限制其专业化生产。对整个该污染密集型产品的世界贸易而言，成本的上升导致价格上涨，需求降低，从而全球产量下降，全球贸易的收益下降，而全球的环境质量则得到改善。

从环境质量的角度来看，一国单方面的环境规制措施改变了原有的贸易模式，通过国际贸易将环境污染转嫁给贸易伙伴国。一般而言，两国开展国际贸易会促进两国的福利，若把环境因素看成一种社会福利，如果两个劳动生产率相同的国家均采取环境规制措施，则两国贸易模式由两国环境规制措施的强度决定，环境规制较为宽松的国家将专业化生产污染密集型产品并出口，会降低该国的环境水平，带来福利的负效应，使贸易的净收益下降。

2.2.3 贸易与环境的一般均衡模型

基于将环境因素纳入分析框架中的 H-O 理论，Antweiler、Copeland and Taylor（2001）在此理论上引入环境要素，建立了一个贸易与环境问题的一般均衡模型（ACT 理论模型）。该模型是一个主要研究生产性污染问题的一般均衡模型，是目前本领域研究中最为经典的一个理论分析框架，为研究贸易的环境效应提供了一个较为全面的理论基础。

1. ACT 模型的基本框架

假定在开放经济条件下，一国为小国，运用劳动力 (L) 和资本 (K) 两种生产要素，在国内组织生产 X 和 Y 两种产品，劳动力要素和资本要素的报酬分别为工资率 w 和利息率 r；其中定义 X 产品为资本密集型产品，而且其在生产过程中会进行环境污染物排放，定义 Y 产品为劳动密集型产品，在生产过程中无污染物排放；产品 X 相对于 Y 的市场价格为 p，两种产品的生产规模报酬不变，不存在规模经济且污染型生产厂商对环境的污染没有外部负效应，即对其

他厂商的生产行为没有影响。产品 Y 的生产函数为

$$Y = S(K_Y,\ L_Y) \tag{2-2}$$

生产函数是单调齐次线性凹函数，可以将生产 X 过程中的污染排放量 Z 看成一种产出，即 X 产业的产出不仅有产品 X，还有污染排放物 Z，由于厂商在生产过程中同时可以进行节能减排或者污染治理等环保措施，则其污染物排放密度是一个选择变量。假定 θ 为企业在总产出中用于节能减排或污染治理方面那部分产出的投入比例，θ 与企业排污量成反比，则可以得到

$$X = (1 - \theta) F(K_X,\ L_X) \tag{2-3}$$

$$Z = \varphi(\theta) F(K_X,\ L_X) \tag{2-4}$$

其中，$\frac{\mathrm{d}\varphi}{\mathrm{d}\theta} < 0$，$0 \leqslant \theta \leqslant 1$，$\varphi(0) = 1$，$\varphi(1) = 0$。若 $\theta = 0$，则表示企业没有任何节能减排或污染治理行为，在这种情况下企业在市场上销售的产品 X 最大，用 $F(K_X,\ L_X)$ 表示没有进行污染治理条件下的最大产量，则有 $Z = X = F(K_X,\ L_X)$。若 $\theta \neq 0$，表明企业将部分产出用于污染治理措施的投入。假定节能减排或污染治理的函数为

$$\varphi(\theta) = (1 - \theta)^{1/\alpha},\ 0 < \alpha < 1 \tag{2-5}$$

将式（2-5）代入式（2-3）、式（2-4），可以得到

$$X = Z^{\alpha}[F(K_X,\ L_X)]^{1-\alpha} \tag{2-6}$$

用 X^A 表示企业用于节能减排或治理污染的投入，Z^P 表示生产的潜在污染量，$A(Z^P,\ X^A)$ 表示减排或污染治理技术的函数，潜在污染量中扣除节能减排或污染治理的投入产出量即为生产的污染物排放量。

$$Z = Z^P[1 - A(1,\ X^A/Z^P)] \tag{2-7}$$

若政府对企业每单位污染物征收价格为 τ 的排放税，用 $C^F(w,\ r)$ 表示为产出 F 的单位成本，X 产品的生产总成本为 $C^F(w,\ r)F + \tau Z$。由于生产不存在规模经济，企业为了实现成本最小化，需要加大生产或减排技术的研发，以确定成本最小时企业的产出与减排投入比例，假定 e 为单位净产出的最优排放量，则污染排放量与排放税成反比，与产品价格成正比，即

$$e \equiv Z/X = \alpha p/\tau \leqslant 1 \tag{2-8}$$

因此可以得到污染型企业的产出为生产要素、价格和环境政策的函数：

$$x = X(p,\ \tau,\ K,\ L),\ y = Y(p,\ \tau,\ K,\ L) \tag{2-9}$$

2. ACT 模型的一般均衡分析

（1）消费者均衡。假定市场上的消费者总数为 N，且每个消费者对产品的偏好是同质的，而且消费者对消费品的效用函数和对环境质量的效用函数相互独立，每个消费者都在给定污染水平的约束下寻求自身效用的最大化，其效

用函数为

$$U(x,\ y,\ z)=u(x,\ y)-h(z) \tag{2-10}$$

其中，消费品效用函数 $u(x,\ y)$ 为单调凹函数，环境效用函数 $h(z)$ 为单调凸函数。在给定污染物排放量、产品价格和单位资本收入的条件下，可以写出消费者的间接效用函数：

$$V(p,\ I,\ z)=v[I/\beta(p)]-h(z) \tag{2-11}$$

其中，以 I 表示人均资本收入，β 表示价格指数，v 是效用函数 $u(x,\ y)$ 对应的间接效用函数。由此可见，消费者获得的效用大小取决于收入的多少。在ACT 理论的一般均衡模型中，收入是所有生产要素的报酬和排放税的综合，它由产品的要素投入比例、市场价格和政府的环境政策综合决定，是一个内生变量。

（2）节能减排或污染治理的边际成本。在给定劳动要素 L、资本要素 K 和污染水平 z 的条件下，用 $T(K,\ L,\ z)$ 表示纳入环境要素的生产可能性组合，则国民收入函数 G 可以表示为

$$G(P^x,\ P^y,\ K,\ L,\ z)=\max_{\{x,\ y\}}\{P^x x+P^y y\},\ (x,\ y)\in T(K,\ L,\ z) \tag{2-12}$$

因此，可以发现完全竞争市场的均衡条件即为国民收入函数最大化的一阶条件。排放税可以由国民收入对污染求偏导得到

$$\tau=\partial G(P^x,\ P^y,\ K,\ L,\ z)/\partial Z \tag{2-13}$$

由式（2-13）可以发现，企业生产时多排放 1 单位污染物所增加的国民收入等于其排放这 1 单位污染物所缴纳的排放税，$\partial G/\partial Z$ 即为一般均衡模型企业节能减排或污染治理的边际成本，即减少 z 单位的污染物排放量将减少 $\partial G/\partial Z$ 的国民收入。

图 2-7 所示为企业的最优污染选择。一般均衡条件下企业的节能减排或污染治理的边际成本线为一条向下倾斜的曲线。由于 G 为最大值的函数，它对要素禀赋是凹的，因此要素需求曲线也是向下倾斜的，而产出供给曲线向上倾斜。Z 是市场对政府征收排放税的 τ 反映，政府可以确定 τ，Z 由市场因素决定。

（3）污染需求曲线。通过以上一般均衡分析可知，污染需求曲线可以由减排或污染治理的边际成本曲线和国民收入函数推导得到

$$\tau=G_Z(P^x,\ P^y,\ K,\ L,\ z) \tag{2-14}$$

式（2-14）表明污染需求曲线向下倾斜，污染需求由产出总量和污染物排放密集度共同决定，排放税的污染权利函数可以表示为

$$z=e(p/\tau)x(P^x,\ P^y,\ K,\ L,\ \tau) \tag{2-15}$$

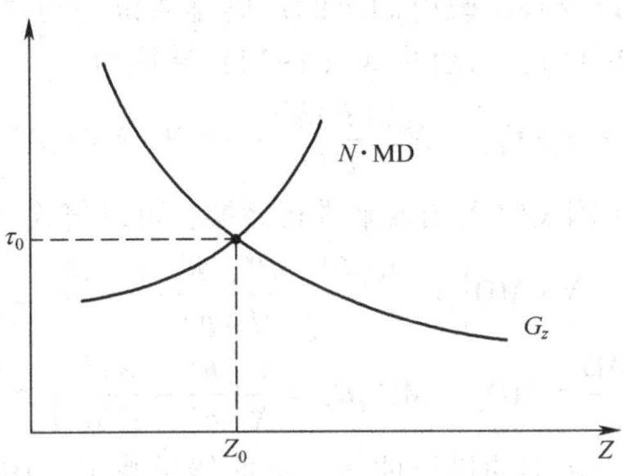

图 2-7　最优污染选择

$$dz/d\tau = e_\tau x + ex_\tau < 0 \tag{2-16}$$

从式（2-16）可以得到污染需求曲线向下倾斜的两个原因：第一个原因是节能减排或污染治理的利润随着排放税 τ 的上升而增加，因此相比于缴税增加产量和污染物排放量，企业更愿意通过改进生产和节能减排技术减少污染物的排放；第二个原因是严格的环境政策，比如更高的排放税将提高非污染密集型产品的竞争优势。

（4）污染供给曲线。假定市场上的消费者总数为 N，且每个消费者对于产品的偏好是同质的，每个消费者的效用函数相同，为了使消费者效用最大化，政府的最优选择为

$$\max_x \{V(p, I, z) \quad \text{s. t. } I = G(p, K, L, z)/N\} \tag{2-17}$$

V 为间接效用函数，假定每个消费者具有相同的收入，V 的一阶条件为

$$V_p \frac{dp}{dz} + V_I \frac{dI}{dz} + V_z = 0 \tag{2-18}$$

污染排放会通过影响产品价格、收入等因素进而影响消费者的决策。由于在开放经济条件下，一个小国国内环境污染的变动并不会显著影响产品在国际上的相对价格，所以 $dp/dz = 0$，由式（2-18）可以得到

$$dI/dz = - V_z/V_I \tag{2-19}$$

用 MD 来表示式（2-19）右边的边际损失，即

$$MD = - V_z/V_I \tag{2-20}$$

又通过式（2-17）可以得到

$$dI/dz = G_z/N = \tau/N \tag{2-21}$$

将式（2-20）和式（2-21）分别代入式（2-19），可以得到

$$\tau = N \cdot MD \tag{2-22}$$

式（2-22）可以反映出政府制定的污染排放价格与总边际损失之间的对等关系。根据式（2-11），可以将式（2-22）转换为

$$\tau = N[-V_z/V_I] = N\frac{\beta(P)h'(z)}{v'(R)} = N \cdot \mathrm{MD}(p, R, z) \tag{2-23}$$

真实收入可以用国民收入函数来进行替换，可以将式（2-23）改为

$$\tau = N \cdot \mathrm{MD}\left[p, \frac{G(P^x, P^y, K, L, z)}{N\beta(p)}, z\right] \tag{2-24}$$

$$\frac{\mathrm{dMD}}{\mathrm{d}z} = \mathrm{MD}_z + \mathrm{MD}_R R_z = \frac{\tau}{N}\left[\frac{h''}{h'} - \frac{\tau v'}{v' N\beta}\right] \geqslant 0 \tag{2-25}$$

式（2-24）即为污染的供给曲线，该曲线反映了一国对国内环境污染程度的意愿，如图2-8所示，污染供给曲线向上倾斜。从式（2-25）可以发现，两个因素决定了污染供给曲线向上倾斜：一是污染排放量的增加会提高边际环境污染程度；二是污染排放量的增加会提高国内真实收入水平。

污染的市场均衡点即为污染的需求曲线和供给曲线的交点，即图2-8中的（Z_0，τ_0）点，当污染的供需相等时：

$$G_Z(P^x, P^y, K, L, z) = N \cdot \mathrm{MD}\left[p, \frac{G(P^x, P^y, K, L, z)}{N\beta(p)}, z\right] \tag{2-26}$$

由式（2-26）可知，政府可以通过制定税额为 τ_0 的排放税或者规定排放量为 z_0 的生产污染物排放指标来令国内生产该产品时的污染达到均衡。

3. 自由贸易的环境三效应

Grossman 和 Krueger（1991）首次提出贸易环境效应的基本分析框架，将自由贸易的环境效应分解为规模效应、结构效应和技术效应。Copeland 和 Taylor（1994）从理论上分析了环境三效应，在一般均衡模型内引入总产值，假定世界市场价格固定，定义规模的测定值 S 为

$$S = p_x^0 F + p_y^0 Y \tag{2-27}$$

其中，p_x^0 和 p_y^0 分别表示两种商品基期时的世界价格。总污染水平的表达式可以写成

$$Z = eX = e\varphi_x S \tag{2-28}$$

其中，φ_x 表示污染型产业占经济总体中的比重，且 $\varphi_x = p_x^0 X/S$，e 表示生产过程中污染物的排放密度，S 表示经济规模，总污染水平 Z 由 φ_x、e 和 S 共同决定，对式（2-28）微分后可以得到

$$\hat{Z} = \hat{S} + \hat{\varphi}_x + \hat{e} \tag{2-29}$$

其中，$\hat{Z} = \mathrm{d}Z/Z$，$\hat{S} = \mathrm{d}S/S$，$\hat{\varphi}_x = \mathrm{d}\varphi_x/\varphi_x$，$\hat{e} = \mathrm{d}e/e$。

（1）规模效应。$\hat{S}$ 为环境的规模效应，表示由于生产、运输等经济规模的扩大带来污染物排放或能效消耗加剧，从而导致的环境污染程度。如图 2-8 所示，第一象限表示企业的生产最优决策，第四象限表示不同生产决策对污染排放的影响，在给定产业结构和技术水平的条件下，Z_b ~ Z_a 为环境的规模效应。

（2）结构效应。$\hat{\varphi}_x$ 为环境的结构效应，表示由于产业结构调整，污染密集型产业和非污染密集型产业的比例发生变化，从而引起的生产排污水平的变动。如图 2-9 所示，P_0 线表示不需要被征收污染税时的成本线，q 线表示被征收污染税时的成本线，e_0 为生产的污染物排放密度。将节能减排或污染治理成本内部化之后，企业的成本线由 P_0 线变成 q 线，此时 A 点为企业的最优生产决策点。随着资本 K 的投入量不断增加，生产可能性边界逐渐外移。如果资本密集型产业 X 同时为污染密集型产业，在 e_0 给定的条件下，企业的生产决策点由 A 点转到 C 点。若经济规模给定时，由于要素投入比例不同产出结构出现变化，A 点最终转到 B 点，Z_b ~ Z_a 为环境的结构效应，而 Z_c ~ Z_b 是环境的规模效应。

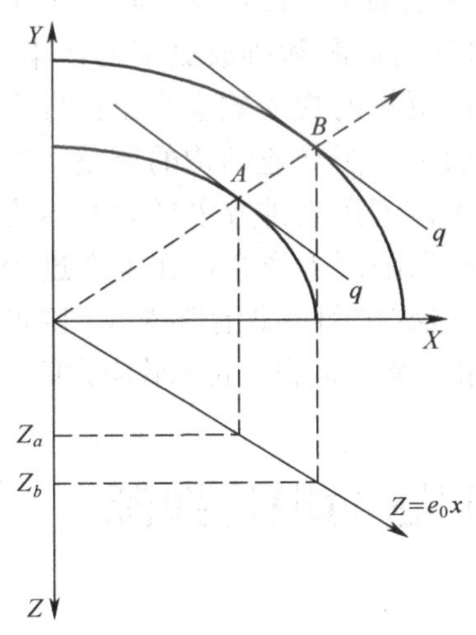

图 2-8　环境的规模效应

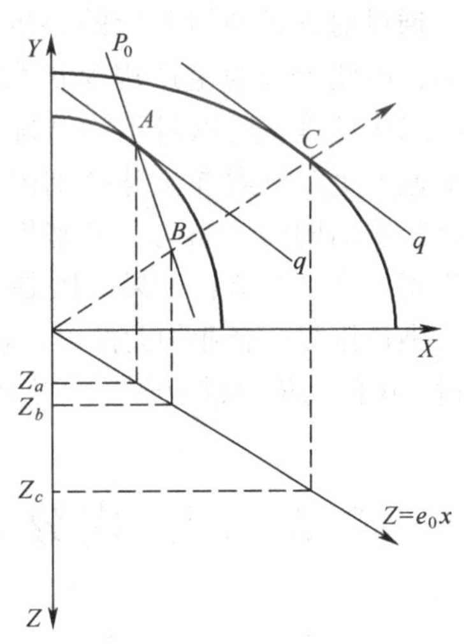

图 2-9　环境的结构效应

（3）技术效应。$\hat{e}$ 为环境的技术效应，表示由于更先进的生产和减排技术降低了生产中污染物排放密度而带来的对环境质量的正向作用程度。如图 2-10 所示，政府更为严格的环境规制措施会促使企业加大投入以获得更先进的节能减排和污染治理技术，将生产的污染物排放密度从 e_0 下降到 e_1，Z_a ~ Z_1 为环境的技术效应。

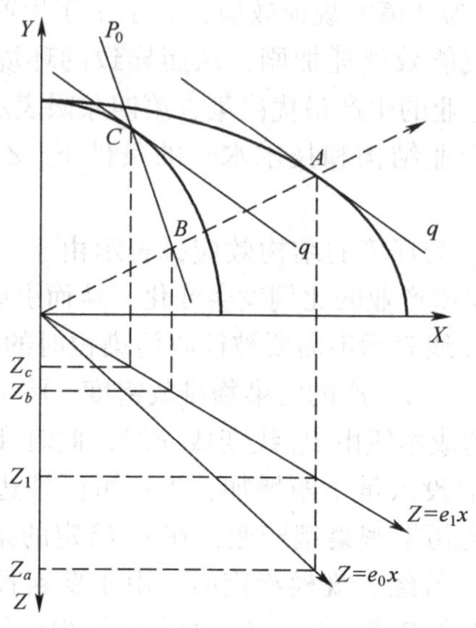

图 2-10 环境的技术效应

通过对三种环境效应的分析可知：自由贸易增加了产品需求、降低了生产成本，由此带来的生产规模扩张将消耗更多的自然资源和排放更多的污染物，从而恶化环境，所以对于污染排放水平而言自由贸易的规模效应为正；自由贸易加速了生产要素在全球范围内的流动，从而引发一国产业结构的调整，如果这种产业结构调整朝向污染密集型产业，则对于该国污染排放水平而言结构效应为正，反之为负；如果一国制定环境规制措施来限制生产企业在生产过程中的污染物排放，企业加大投入以获得更先进的节能减排和污染治理技术，降低生产过程中的污染物排放密度。因此，对于污染物排放水平而言，技术效应为负。

2.3 产品内分工与环境问题的理论探源

2.3.1 产品内分工与贸易的环境影响机制

产品内分工与贸易对环境的影响和一般最终产品贸易对环境的影响相比存在异同之处。对产品内分工与贸易的环境效应进行理论分析时可以在产品内贸易理论的基础上，将环境因素纳入理论分析框架中。产品内贸易的环境效应也可以被分解为规模、结构和技术三效应。两者的最显著差异之处在于，由于产品内国际分工将最终产品的比较优势细分到各个生产环节或区段，并依据各环节的要素投入特性将其分配到不同要素禀赋的国家，将环境要素纳入考虑之后，整个最终产品生产过程中的污染物排放相应地也随着生产环节的细分被分布到不同国家，因此产生的环境效应与单纯的最终产品贸易相比会有所变化。环境要素作为一种新的生产要素，同其他生产要素一起综合决定产品内分工是否发生和进行分工的密集程度。

假定生产一种污染密集型的最终产品需要两道生产工序，每道工序需要两个环节，则生产这种最终产品一共需要四个环节。当产品内国际分工没有发生时，*A*、*B*、*C*、*D*、*E* 五个国家均生产这种产品。由于这种产品的生产存在污染物排放，因此在没有产品内分工的条件下，这种最终产品的生产在五个国家进行，由此产生的环境污染也由这五个国家分担，在技术等其他因素相同的条件下，每个国家承担环境污染的比例由其生产规模决定。

如果发生了产品内国际分工，如图 2-11 所示，假定最终产品的四个生产环节分别在 *A*、*B*、*C*、*D* 四个国家进行配布，在 *E* 国进行组装。图中两条竖线表示国境，箭头表示出口，即国际产品内贸易。一般而言，污染密集型产品的生产环节如果可分，则其污染物排放总量中的较大部分只存在于少数生产环节中。这里假定工序 1-2 是最主要的污染型生产环节，由于各国都不断专业化生产各自分配到的生产环节，这种污染密集型生产环节的集聚，最终会导致 *B* 国的环境恶化，各国与没有发生产品内分工之前的情形进行对比可以发现，产品内分工使 *B* 国由于专业化生产污染环节而环境恶化，当然产业集聚有可能带来减排技术效应。其他四个国家则通过向 *B* 国转移了最污染的生产环节，自己进行相对非污染型生产环节的专业化生产，从而改善了国内环境。

2.3.2　产品内贸易与环境的一般均衡模型

Copeland 和 Taylor（2004）构建了污染供给与需求之间的一般均衡模型，提出了基于代表性公民福利最大化的政府行为下的污染供给模型构建方法，但并没有涉及产品内分工等一系列因素。戴翔（2010）将产品内分工和外资引入该模型，本书主要沿用改进后的模型，做出进一步拓展。在此模型中，政府的环境规制是内生的，消费者对环境质量的要求会随着人均收入水平的增加而相应提高，这会促使政府提高对环境的管制标准。政府对环境污染管制政策的选择，实际上就是要通过确定污染税来达到一个最优的污染水平，以期实现代表性公民的福利最大化，即政府确定的最优污染水平如下：

$$\max_{x}\{V(p, I, z) \quad \text{s. t. } I = G(p, K, L, z)/N\} \tag{2-30}$$

在此模型中，间接效用函数 *V* 是以实际收入水平和环境污染水平（污染

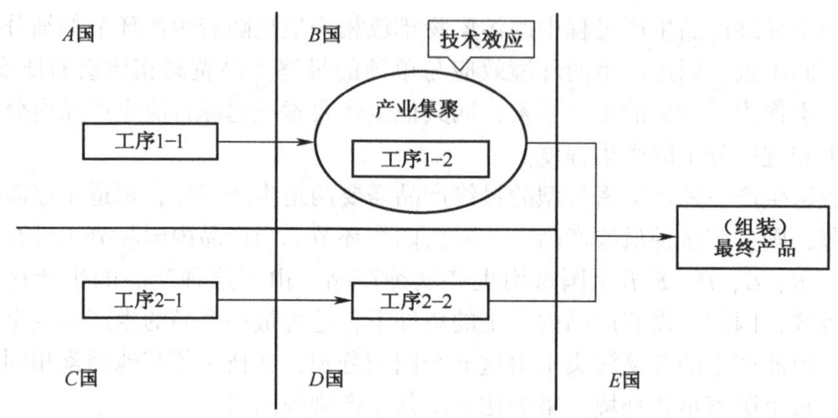

图 2-11 产品内分工的环境效应

供给）表示的函数。① I/p 反映一国的实际收入水平；Z 为环境污染水平；$G(p,\ \tau,\ \nu)$ 为一国总收入水平，G 是产出的价格指数 p 、最优污染税 τ 和该国的要素禀赋状况 ν 三者的函数；而 N 为该时期本国的公民总数。基于以上模型，如果一国参与国际产品内分工，在新的分工模式下，一国的产品 Y 的生产函数可以表示为

$$Y=(1-g)F(L,\ K,\ m) \tag{2-31}$$

其中，$F(L,\ K,\ m)$ 为在没有环境规制下的产品 Y 的最大产出，而 g 表示在有环境规制后生产产品 Y 的要素用于环境治理或者污染减排上的比率。其中产品 Y 的生产要素主要有三种，$m\in[0,\ 1]$，表示产品 Y 在生产中所需要投入的中间投入品，L 为劳动投入，K 为资本投入。由于资本投入分为国内资本投入 K_d 和国际资本投入 K_f 两部分，而且假定一国的资本投入尤其是国际直接资本投入是由国际产品内分工程度 VS 所引发的，则资本投入 K 可以表示为 K_d、K_f 和 VS 的函数。

由式（2-31）得到污染排放水平 $Z=\varphi(g)F(L,\ K,\ m)$，其中 $g\in[0,\ 1]$。如果令 $\varphi(g)=(1-g)^{1/\alpha}$，则产品 Y 的生产函数可重新写为

$$Y=Z^{\alpha}[F(L,\ K,\ m)]^{1/\alpha} \tag{2-32}$$

如果把 Z 和 F 看作生产 Y 时的两种 投入要素，则式（2-32）为一个 Y 关于 Z 和 F 的柯布－道格拉斯生产函数。若政府征收的污染税为 τ，产品 Y 的国

① 在 Copeland 和 Taylor 污染供给模型中，代表性公民的福利水平可以用间接效用函数表示为：$V=u\ (I/p)-\gamma z$，间接效用函数 V 是以实际收入水平和环境污染水平表示的一阶线性函数。

内相对价格为 $p=tn$（其中 $1/t$ 是对贸易壁垒的衡量，n 是该国的贸易条件），在产出既定的条件下，生产者要满足成本最小化的条件是 $Z/Y=\alpha p/\tau$。由于 Z 代表污染水平而 Y 代表产品产出量，因此 Z/Y 即单位产出的污染排放量，可以反映生产 Y 的污染效应，用 z 来表示。则

$$z \equiv Z/Y = \alpha p/\tau = z_Y(L,\ K,\ m,\ \tau) = z_Y(L,\ K_d,\ K_f,\ \mathrm{VS},\ m,\ I,\ n,\ t) \tag{2-33}$$

式（2-33）为发生产品内分工之后一国出口贸易污染效应的方程。从中国实际的现状考虑，本书以国民收入水平来替代政府的环境规制，则出口的污染效应便可以由该国的要素禀赋、中间产品贸易、人均收入水平、贸易条件以及贸易壁垒等为主要解释变量的函数进行估计。

2.3.3　垄断竞争模型下环境约束的产品内分工模型

基于传统贸易模型的国际贸易与环境关系的理论均以比较优势模型、要素禀赋模型等为研究基础，其假设前提是规模报酬不变条件下的同质最终产品的产业间分工。随着研究的深入，在垄断竞争条件下对产品内分工与环境的关系进行研究，更加符合当前世界经济和贸易的实际状况。

在垄断竞争模型下，假如一国生产和出口一种工业制成品 X 并在这种产品上具有比较优势，生产这种产品需要投入劳动 L 和资本 K 两种生产要素且其生产环节是可分的，则最终产品 X 的生产函数为

$$X = AL_X^{\alpha}K^{1-\alpha},\ 0 < \alpha < 1 \tag{2-34}$$

若用中间投入品来衡量最终产品的资本投入，且这些中间投入品均为污染密集型产品，则可以得到

$$K = \left[\int_0^N m(j)^{1-\alpha}\mathrm{d}j\right]^{1/(1-\alpha)} \tag{2-35}$$

假如最终产品生产需要投入 N 种中间投入品，$m(j)$ 表示第 j 种中间投入品的使用量，假如代表性消费者的消费支出为 E，最终产品 X 的价格为 P_X，则消费者进行最优消费决策时的消费量为：$(1-\rho)E=P_XX$。假如 $P_m(j)$ 为第 j 种中间投入品的价格，则最终产品的生产决策为

$$\max_m P_YY - \int_0^N P_m(j)m(j)\mathrm{d}j \tag{2-36}$$

最终产品的生产对中间投入品的逆需求函数可以由一阶最大化条件得到

$$P_m(j) = P_YA(1-\alpha)L_Y^{\alpha}m(j)^{-\alpha} \tag{2-37}$$

由于中间投入品为污染密集型产品，假定每单位中间投入品生产的污染成本（政府对其生产过程征收的污染税）为 φ，则中间投入品企业的决策为

$$\max_{P_m} P_m(j)m(j) - \varphi m(j) \tag{2-38}$$

由于污染成本与政府施行环境规制的程度成反比，所以政府的环境规制措施越严格，中间产品生产企业的污染成本就越高。将式（2-37）代入式（2-38）可以得到中间产品的价格：

$$P_m(j) = \varphi/(1 - \alpha) \tag{2-39}$$

由式（2-39）可知生产中间产品的企业的垄断利润为 $\alpha_{\varphi}/(1-\alpha)$，因此环境政策越严厉，中间产品企业的垄断利润越低。定义 $\theta = A(1-\alpha)^2$，将式（2-39）代入式（2-37）可以得到最终产品生产中的中间产品需求为 $m = L_X[P_X\theta/\varphi]^{1/\alpha}$，则最终产品产量的表达式可以改写为

$$X = ANL_X(P_m\theta/\varphi)^{(1-\alpha)/\alpha} \tag{2-40}$$

由此可见政府环境规制的强度和最终产品的污染成本呈正相关关系，和最终产品的供给呈反相关关系。可得污染税和最终产品相对价格之间的关系：

$$\partial P_X/\partial\varphi = (1-\alpha)(P_X/\varphi) > 0 \tag{2-41}$$

如果一国环境规制程度比较宽松，一方面会提高最终产品生产链中的劳动边际效率，这种产出效应将增加劳动报酬，另一方面却降低了最终产品的相对价格，价格效应会减少劳动报酬，两种效应会相互抵消，在均衡时环境规制程度和劳动力资源的配置不存在关系。

对于中间产品而言，根据其需求函数可以得到

$$\mathrm{d}m/\mathrm{d}\varphi = \partial m/\partial\varphi + \partial m/\partial P_m \cdot \partial P_m/\partial\varphi = - P_m^{1/\alpha}\varphi^{(1-\alpha)/\alpha} < 0 \tag{2-42}$$

由此可见，一国环境规制程度越高，用于制造最终产品的中间产品产量就越大，将会提高本国整个生产价值链中的资本投入量，从而提高最终产品的产量。在用以生产最终产品的劳动投入 L_X 不变的条件下，最终产品中的资本密集度在上升，从而这种产品的要素禀赋结构发生变化。

第3章 产品内贸易与环境问题的国际冲突及合作

3.1 贸易与环境的南北问题

3.1.1 南北国家开展国际产品内贸易的现状

1. 北方发达国家的产品内贸易现状

发达国家经历了人均收入提高、产业结构优化、技术能力革新等发展阶段，在社会财富增长的同时也带来了资源、劳动等生产要素成本的上涨。为了降低经济活动成本、获取更大的经济利益，发达国家在经济全球化背景下，通过对外贸易从发展中国家获取相对廉价的资源和劳动要素，并转嫁环境成本。在传统的一般贸易与投资方式条件下，发达国家只能采用最终产品贸易或整个生产过程一揽子转移的方式，与产品内分工相比，这种方式不能完全发挥比较优势。产品内分工为发达国家在全球范围内进行资源合理配置和产业结构调整提供了可行性。目前，欧美发达国家已纷纷加入国际垂直化生产网络中，发达国家依靠其在资本和技术上的比较优势与要素禀赋优势，在国内保留某些附加值较高的资本或技术密集型生产环节，把产品生产过程中相对劳动密集型和技术密集度较低的工序环节转移到南方发展中国家。发达国家的产品内贸易一般又通过对发展中国家进行直接投资来实现，因此这种分工形式扩大了国际直接投资规模。发达国家处于全球产品价值链中的高端环节，在全球范围内依据各国比较优势对经济活动加以重新改组和布局，相对减少了南北国家的贸易摩擦和利益冲突，对发达国家自身合理配置资源和调整产业结构更加有利。

2. 南方发展中国家的产品内贸易现状

自产品内分工这种分工形式在国际经济中出现时，众多南方发展中国家便开始凭借自身的比较优势参与到这种分工模式中。在产品内分工体系下，南方发展中国家主要承接来自跨国公司的生产或经营中间环节的转移，这些低成本、低附加值的生产或经营环节的转移主要通过直接投资和外包的方式实现。发展中国家进口中间产品并将其作为出口的中间投入品，这种产品内贸易迅速增长，并成为发展中国家国际贸易中的重要组成部分。和传统贸易形式相比，产品内分工为发展中国家提供了融入国际经济网络的新切入点，在比较优势的基础上，南方国家可以通过融入全球产品内分工体系来寻求更多的贸易机会和更重要的贸易地位。目前在国际制造业领域中，发展中国家作为最终产品的组装与出口基地，其在国际产品内贸易中的战略地位日趋重要。发展中国家仍以丰裕的资源和劳动禀赋参与产品内分工，所以处于全球产品价值链的中低端环节，比如中国的产品内贸易主要以低附加值加工贸易方式为主，与处于高端环节的发达国家相比，发展中国家获取的贸易利益较少。虽然近年来发展中国家逐步在提高本国产品内贸易中资本、技术密集型产品的出口比重，但是在国际产品内分工体系中，发展中国家处于中低端环节的现状仍未发生本质改变。

3.1.2 贸易与环境问题的南北矛盾

随着经济全球化程度的不断加深，经济发展与环境保护已成为一个全球性问题。尤其在低碳经济背景下，南北国家在经济发展程度、国际经济中的地位等方面的差异，导致在贸易与环境问题上的南北国家矛盾日益尖锐。当前南北国家在贸易与环境问题上的矛盾主要体现在以下几个方面。

1. 环境责任的分担问题

当前南北国家对于环境责任的分担标准存在很大的分歧。发达国家认为当前环境质量的下降是一个全球性问题，无论是发达国家还是发展中国家都应共同承担全球环境恶化的责任；发展中国家认为大部分的环境责任应由发达国家来承担。因为发达国家率先完成了工业化进程，而其带来环境恶化的后果却要由发展中国家以牺牲其经济发展为代价来共同承担，发展中国家没有理由承担发达国家对环境污染的历史责任。而且发达国家通过贸易和投资等手段，低价进口来自发展中国家的原材料和初级产品，将污染密集型和资源密集型产业与生产环节转移到发展中国家，发达国家所谓的保护环境措施导致发展中国家承接了由发达国家转嫁而来的环境成本，这种单方面保护自身环境的行为，其代价是加剧了发展中国家乃至全球环境的恶化。因此发展中国家没有任何理由与发达国家共同承担本质上主要由发达国家带来的全球环境责任。

2. 绿色贸易壁垒问题

由于发达国家和发展中国家国内的环境规制程度存在差别，一般而言，发展中国家的环境规制程度较低，导致某些发达国家企业认为发展中国家较低的环境管制标准使该国企业生产的产品具有不公正的成本优势，会对发达国家企业的国际市场地位带来不利影响，所以对政府施加压力，要求本国政府对这类发展中国家的产品设置绿色贸易壁垒。发展中国家认为发展中国家和发达国家处于不同的经济发展阶段，经济发展程度的差异决定了发展中国家不应该制定达到发达国家水平的高环境规制程度，发展中国家应该制定符合自身经济发展要求的环境管制标准。发达国家对进口产品制定的高环境标准名为环境保护，实际上是一种不符合 WTO（World Trade Organization，世界贸易组织）贸易自由化原则的贸易保护主义行为。这种在国际贸易中借环境保护和人类健康之名向发展中国家单向执行的绿色贸易壁垒措施，实则是对发展中国家的产品出口设置障碍以达到保护本国市场的目的，严重影响了发展中国家贸易的发展。随着关税等传统贸易保护措施的逐渐消退，这种具有隐蔽性的绿色贸易壁垒对发展中国家国际贸易的负面影响日趋严重。

3. 资金支持和技术转让问题

在南北国家关于经济发展和环境保护问题的博弈中，南方发展中国家认为北方发达国家具有较大的经济资本和较高的技术能力，发达国家若要求发展中国家共担全球环境责任，就应该向发展中国家提供用作环境保护的资金支持，并向发展中国家转移先进的环保技术，以提高发展中国家保护全球环境的能力。发达国家对此虽然做出过一定承诺，但并没有做出具有建设性的实质性行动。在资金援助方面，发达国家往往不兑现曾承诺给予发展中国家的环境基金，或兑现值远没有达到承诺值；在技术转让方面，由于发达国家所掌握的先进环保技术往往属于能够对维持其国际市场竞争优势起到决定性作用的关键技术，所以发达国家不会轻易以失去竞争优势为代价将这种关键技术转让给发展中国家，一般情况下转让给发展中国家的技术都是被淘汰的技术。所以资金支持和技术转让是南北国家对能否实现共担环境责任的一个关键问题。

4. 统一环境标准问题

是否制定统一的国际环保标准，是南北国家一直以来争议最大的问题之一。发达国家认为环境保护是全球性问题，防止全球环境的进一步恶化，经济发展阶段不应该成为制定全球统一环境标准的障碍，所有国家应在多边贸易体制框架下，采用全球统一的环境标准。发展中国家一直激烈反对无条件地制定这种统一的环境标准。因为相比于发达国家，发展中国家无论是经济实力还是技术水平都远远落后，国内面临的首要问题是经济发展而不是环境保护。制定严格的、统一的全球环境标准，对发达国家而言，正符合国内较强的环保需求，而且也比较容易达到；而对发展中国家而言，国内对经济发展的需求相对高于环境质量，而且发展中国家也缺乏能达到这种严格标准的资本和技术实力。所以发展中国家不赞成统一的全球环境标准，主张应适当放宽发展中国家的环境标准。环境保护不能单纯以牺牲发展中国家的经济利益为代价。

5. 环境标志问题

环境标志①问题也是南北国家存在极大争议的问题之一。发达国家主张建立环境标志制度，因为环境标志制度符合 WTO 的贸易非歧视性、开放、透明、公平等基本原则②，可以限制污染型产品的国际贸易、促进清洁型产品的国际贸易，从而优化全球贸易结构；而且环境标志制度促使企业加大生产和减排技术的投入，有利于提高产品的国际竞争力。发展中国家坚决反对这种环境标志制度，由于其出口企业很难达到环境标志制度所制定的较高环境标准，所以这种制度实际上损害了发展中国家的出口贸易。而且环境标志规定了产品从研制开发、生产使用以及回收利用的整个过程都要符合环境标准，因此限制了当前发展中国家参与国际产品内分工的程度。对发展中国家而言，环境标志制度本质上是由发达国家针对发展中国家的一种不可接受的绿色贸易壁垒。

3.1.3 贸易与环境南北矛盾的原因

1. 经济发展阶段与要素禀赋差异

经济发展阶段差异是造成南北国家关于贸易与环境矛盾的根本原因。这种经济发展阶段的差异也造成了南北国家在要素禀赋上的差异，建立在这种要素禀赋差异下的国际贸易，在给双方带来贸易利益的同时，也引发了南北矛盾。由于北方发达国家凭借其在资本和技术上的巨大领先优势占据了国际贸易的支配地位，主导全球自然资源的消费格局。众多发展中国家的资本与技术劣势决定了其国内环境承载容量远不如发达国家，通过与发达国家开展国际贸易，反而加剧了这些发展中国家的环境成本。由于经济发展阶段的差异，在自然资源的开采与消耗方面、环境的污染与保护方面，发达国家和发展中国家存在严重的不平等现象。建立在这种不平等现象上的全球贸易与环境问题的对话，不可避免地令南北国家之间出现关于责任和义务方面的极大分歧。

2. 经济和环保需求差异

由于南北国家处于不同的经济发展阶段，在收入和需求方面都存在巨大的差距，这种差距决定了南北国家对于经济和环保需求的差异。处在较高收入水平的发达国家，其环保需求相对优于经济需求。因此发达国家认为任何经济发

① 环境标志是由政府管理部门或民间团体根据一定的环境标准向有关厂商颁发证书，证明该厂商生产的产品或服务在研制开发、生产使用以及回收利用的整个过程中均满足环境保护的要求。

② 郑玉琳．多边贸易体制下的贸易与环境［M］．北京：中国社会科学出版社，2008.

展都不能以牺牲环境为代价；而处于较低收入水平的发展中国家，基于生存的需要，其经济需求优于环保需求，因此发展中国家只能以国内自然环境为代价来优先谋取经济发展。对于发展中国家而言，现阶段资本和技术的不足，使环境保护也存在极大困难，只有先发展经济以获得充足的资本和技术，才有可能在实质上进行环境保护。南北国家对经济和环保需求优先权的差异，也决定了双边对于全球贸易与环境合作的基本态度。

3. 生产和贸易结构差异

南北国家在要素禀赋上的差异决定了双方在生产和贸易结构上的差异。在发达国家的贸易结构中，出口主要是以附加值较高、非污染密集型的工业和服务业为主，初级产品出口比重较低；而发展中国家的出口主要是以资源型初级产品以及附加值较低的污染密集型工业制成品为主。在经济一体化背景下，这种生产和贸易结构将引发发达国家向发展中国家转移污染型产业。对于发展中国家而言，由于生产和贸易结构的差异使自身从发达国家承接了环境污染的转移，这种污染转移的获利者是发达国家，发达国家不对此进行补偿反而要求发展中国家承担和其一样的环境保护责任，这种不平等做法必然会激化南北矛盾。

4. 资本和技术差异

资本和技术差异是造成南方国家无法承担共同环境责任的重要原因。发达国家凭借其在资本和技术上的优势，在制定与环境相关的贸易政策方面具有主动权。一方面，发达国家凭借在资本和技术上的优势获得国际市场上的竞争优势，这种竞争优势也决定了当前由发达国家和跨国公司主导的全球贸易格局，资本和技术的领先优势是发达国家在全球贸易中居于领导地位的关键要素；另一方面，发展中国家在国内资本和高新技术欠缺的条件下很难达到经济发展与环境保护的平衡，因此资金支持和环保技术转让成为发展中国家愿意共同承担全球环境成本的前提条件。对于发达国家而言，这种以环保为目的的转让行为有可能使其丧失在国际市场上对发展中国家的竞争优势，因此面临两难的选择。发达国家在资本和技术转让问题上的态度反复问题成为南北合作无法取得突破的重要原因。

5. 旧的国际经济秩序的影响

旧的国际经济秩序使南北方国家表现出相互依赖、共同发展的关系，但实质上这种和平的关系下隐藏着不合理、不平等以及不公正。北方发达国家凭借资金和技术上的优势使其处于支配地位，并享受这种地位带来的巨额贸易利益，所以他们极力维护这种旧的国际经济秩序，这不仅影响南北国家间的贸易关系，同时也影响南北国家间的环境关系。在贸易与环境关系上，旧的国际经济秩序产生的影响主要表现在以下几个方面。

第一，若这种旧的不平等国际经济秩序不被新的平等的国际经济秩序所取代，那么自由贸易将会加剧发展中国家的环境恶化，从而对全球环境产生不利影响。

第二，正如我们前面分析的，南北国家在生产和贸易结构上的差异，导致南北之间不合理、不平等的资源转移。发展中国家出口到发达国家的产品主要以初级产品为主，这些产品成本中没有包括环境成本；而发达国家出口的产品以工业品为主，这些产品成本中已经纳入环境成本。在这种贸易模式下，发达国家无论在经济上还是在环境保护上，都占有有利地位，保护本国环境不受污染的同时还获得了高额的利润，而那些不利的代价都由发展中国家承担。

第三，在旧的国际经济秩序下，国际贸易为发达国家提供了转移对环境不利的物质、产品和技术的渠道，发达国家将污染严重的产业和技术通过贸易方式转移到发展中国家，从而造成发展中国家的环境恶化。

从以上分析可见，环境保护离不开经济发展的支撑，而全球的环境问题与南北关系息息相关。在国际经济活动中，南北国家不平等的地位受旧的国际经济秩序的影响，旧的国际经济秩序使贸易利益分配不均衡，对发展中国家的经济发展和环境保护都产生了深远的影响，从而进一步影响了全球的环境保护。南北国家之间的发展差异使双方在环境保护上存在分歧，并阻碍了全球环境保护行动的实施。为了促进全球经济的可持续发展和保护生态环境，南北双方应该积极寻求国际合作，多沟通多交流，协调好南北贸易与环境的关系。

3.2 协调南北国家贸易与环境关系的途径

3.2.1 环境成本内部化

大多数相关文献指出，国际贸易并不是造成全球环境恶化的根本原因，贸易与环境矛盾的核心在于贸易品的世界市场价格中没有包含环境成本，所以造成了环境成本的外部化现象。环境成本内部化是解决贸易与环境问题的根本途径，即要从根本上解决国际贸易中的环境问题，就必须将环境成本纳入产品成本中，由此通过价格机制对贸易和环境产生影响，协调南北国家关系。

首先，从长远来看，环境成本内部化将转变现有的贸易格局，这种转变主要体现在不同国家间的贸易格局和不同产业间的贸易格局。南北国家之间由于处于经济发展的不同阶段，一般情况下，发达国家采取较为严格的环境标准，而发展中国家则采取较为宽松的环境标准，从而导致发达国家的环境成本比发展中国家的要高，形成同一产品的国际价格差异，改变了国家之间的贸易格局。从产业结构来看，环境成本的影响力取决于产业的污染密集程度。环境成本在污染密集型产业的生产总成本中所占的比重要大于非污染密集型产业，环境成本内部化将提高污染密集型产业的价格，削弱其比较优势，而对非污染密集型产业的影响相对较小。

其次，环境成本内部化取代了发达国家设置的以保护环境为名义的贸易壁垒，以价格机制取代数量限制，是贸易自由化程度加深的重要表现。另外，环境成本内部化很大程度上提高了资源密集型产品的价格，能源产品消费成本的提高会抑制发达国家对资源密集型产品的过量消费，从而促使贸易向更均衡的方向发展。

另外，环境成本内部化将促使生产与减排技术的提升。因为环境成本内部化一定程度上增加了产品的成本，提高了产品的价格，为了避免产品价格上升导致竞争优势的下降，在无政府补贴的条件下，企业自身只有通过改进生产技术提高生产效率或改进节能减排技术以降低单位产品的环境成本这两种技术革新手段来降低产品的总成本以抑制价格上涨，从而保持企业原有的竞争优势。

由于环境成本内部化通过价格机制促使贸易结构从污染密集型产业向非污染密集型产业转移，并促使企业提高生产和减排技术，对贸易的环境效应而言，这种环境成本内部化方式提高了贸易的环境结构正效应和技术效应，减少了环境规模负效应，从而有利于减少贸易带来的全球环境污染，实现贸易和环境的可持续发展。而且环境成本内部化纠正了市场失灵现象，使市场恢复对资源的合理配置作用，有利于提高资源利用效率、减少资源浪费。

3.2.2 多边贸易体制下的国际合作

环境成本内部化理论上是解决贸易与环境问题的根本途径，在现实中，环境成本内部化对南北国家产生的影响不同，单靠各国政府制定促进环境成本内部化的政策不能全面解决环境问题。因此要协调南北国家关于贸易与环境的矛盾，还需要寻求有效的南北国际合作。对国际环境保护而言，国际合作具有特别的意义。当前全球环境问题使每个国家都不能置身事外，很多环境污染具有流动性、扩散性，诸如酸雨、温室气体等环境和气候问题。因此虽然发达国家和发展中国家在承担全球环境责任方面存在分歧，但是全球环境问题单靠少数国家是难以解决的，南北国家在坚持自身立场的同时，也存在对话与合作的需求，共同促进经济社会的可持续发展。

随着全球环境问题越来越引起人们重视，贸易与环境的矛盾日益尖锐化，

WTO 作为全球唯一的多边贸易机构，在协调贸易与环境问题上起着举足轻重的作用。作为 WTO 的前身，GATT（General Agreement on Tariffs and Trade，关税及贸易总协定）虽然刚开始并未重视环境问题，并怀疑环境保护对贸易的影响作用，但从 1971 年至今，环境问题经历了从 GATT 被动应对到 WTO 主动协调的转变过程，目前 WTO 在贸易与环境问题上仍在进行不懈的探索和努力。

1971 年，GATT 缔约方同意成立一个环境措施和国际贸易工作组（the group of Environmental Measures and International Trade，EMIT），专门负责研究环境政策对国际贸易的影响，环保政策对执行 GATT 规则的影响，多边贸易规则与多边环境规定中有关贸易条款之间的关系以及对贸易产生影响的国家环境规则的透明度等问题的研究，但可惜这个工作组并未正式运转，没有一个缔约方提议召开工作组会议。不过，随着国际贸易的发展，贸易与环境的关系问题在 20 世纪 90 年代再次受到各国重视，经过一系列国际政策议程后，EMIT 于 1991 年正式开展工作。

1995 年 WTO 成立了对所有成员国开放的贸易与环境委员会（committee on Trade and Environment，CTE），其主要职责是促进贸易和环境的持续协调发展，为修改与多边贸易体系相适应的贸易条款提供适当的建议。WTO 在 GATT 基础上给予环境问题更多的关注，但是无论是 GATT 还是 WTO 都没有单独专门的环境政策文本，而是以条款的形式出现于一些贸易协议中，这些条款在国际贸易实践中为解决贸易与环境的争端起到了一定的积极作用。具体条款内容如表 3-1 所示。

表 3-1 GATT/WTO 与环境相关的基本条款

贸易协议	涉及环境问题的相关条款
GATT 1994	GATT 第 20 条的 b 款和 g 款是与环境保护有关的条款。 第 20 条“自由贸易的一般特例”中规定，在某些特殊情况下可以对最惠国待遇和国民待遇原则的适用进行豁免； 第 20 条 b 款允许把那些“为了保护人类、动植物的生命或健康采取必要的措施”作为特例； 第 20 条 g 款规定：“为有效保护本国可能用竭的自然资源，以及与国内限制生产与消费的措施相结合而采取的措施”也可以作为特例
马拉喀什协定	协定序言明确规定：“缔约方在处理他们的贸易与经济关系方面，应基于提高生活水平、保证充分就业和大幅度稳步提高实际收入与有效需求，扩大货物与服务的生产与贸易，同时按照可持续发展目标使世界资源得到最优利用，并以与处于不同经济发展水平的成员方的各自需要相适应的方式，求得既保护和保存环境，又增强保护和保存环境的手段。”

续表

贸易协议	涉及环境问题的相关条款
技术性贸易壁垒协定（Agreement on Technical Barriers to Trade，TBT）	协定第2条第2款规定："不得阻止任何成员方按其合理的水平采取为保护人类健康或安全、动物或植物的生命或环境的健康的必需的措施。"这些措施可以作为为合法目的使用的技术规定而得到豁免
农产品协议	该协议附录二第3条、第12条规定："对于政府对与环境保护项目有关的研究和基础工程建设所给予的服务与支持，对于按照环境规划给予农业生产者的支持支付等与国内环境规划有关的国内支持措施，即属于'绿匣子政策'范畴之列的国内支持措施，可以不按照'农业综合支持量'的国内支持和出口补贴分阶段削减要求承担削减义务。"
卫生与植物检疫措施协议（Agreement of Sanitary and PhytoSanitary Measures，SPS）	该协议在序言中规定："不应阻止各成员方采纳或实施为保护人类、动物或植物的生命或健康所必需的措施。"各成员方政府有权采取必要的卫生和检疫措施保护人类与动植物的生命和健康，使人畜免受饮食或饲料中的添加剂、污染物、毒素和致病生物体的影响，只要这类措施"不在情况相同或类似的成员方之间造成武断或不合理的歧视对待"
补贴和反补贴措施协议（Agreement on Subsidies and Countervailing Measures，SCM）	协议第8条第2（c）款规定："在某些特定条件下，所有成员方为促使现有的生产设施适应新的能对公司企业加重制约和经济负担的环境法规可以给予补贴，但这类不可申诉补贴不得超过适应性调整成本的20%。"
服务贸易总协定（General Agreement on Trade in Servies，GATS）	该协定第6条"国内规定"、第7条"承认"以及第14条"一般例外"规定："允许成员方采取或实施为保护人类、动植物的生命和健康的限制措施。"
与贸易有关的知识产权协议（Agreement on Trade-Related Aspects of Intellectual Property Rights，TRIPs）	第27条第2、3款规定："各成员方为了保护人类、动植物的生命或健康，或避免对环境造成严重损害，可以拒绝对某些发明授予专利权，以阻止对这些发明的商业利用。另外，对人类或动物的诊断、治疗和外科手术方法，除微生物外的植物和动物，以及除非生物和微生物外的生产植物和动物的主要生物方法，也可以拒绝授予专利权。"

目前，南北国家实现贸易与环境问题的国际合作，最重要的途径是在WTO多边贸易体制下进行的。从总体上来看，随着贸易自由化的发展和环境问题的日益突出，WTO对贸易与环境问题也越加重视，在此问题上WTO一直秉持一个基本立场和四个原则，其中一个基本立场是指一个公平、公开和非歧视性的多边贸易体制和以环保与可持续发展为目的采取的措施之间不应有任何政策性的相互抵触。四个原则：①WTO规则建立在多边贸易框架下，这一性质决定了多边贸易自由化是WTO的主要目标，环境保护目标不能超越WTO框架，而且WTO只限于协调对成员国之间的贸易产生重大影响的环境政策。②WTO要求成员国在自主制定本国的环境政策时必须遵循WTO规定的非歧视

原则。③WTO 认为对于发展中国家而言，市场准入机会是重要而且必要的。④WTO 坚持成员国之间进行国际合作与政策相协调的原则。WTO 这一系列的相关规则旨在尽力协调成员国之间贸易与环境的关系，具体表现为 WTO 明确规定成员国在不使之成为歧视性或贸易保护手段的前提下，以保护自然资源、人类和动植物健康、生态环境为目的而采取的必要政策和法规。因此，WTO 多边贸易体制为南北国家进行贸易与环境问题的对话和协调提供了一个最为可行的平台。但是 WTO 对保护环境制定的有关条款规则过于原则化，而且某些与环境相关的贸易法规和与贸易相关的环境法规相互矛盾。因此南北国家在 WTO 多边贸易体制下完全协调和解决贸易与环境问题存在较大的制度性和法律性困难。

从总体上来看，随着贸易自由化的发展和环境问题的日益突出，WTO 对贸易与环境问题也越来越重视，但是 WTO 对保护环境制定的有关条款规则不够全面、较为零散以及太原则化，其环保条款的原则和精神只有通过司法判例借助争端解决机制才能得以逐步确立与拓展，因此在一定程度上难免使其有效实施受到影响。而随着世界经济的发展，区域经济一体化成为当今世界经济发展的一个重要的现象并处于快速发展阶段，目前已有的区域经济组织正在探索和尝试协调贸易与环境问题，也取得了一定的成果，并为 WTO 提供了可参考的样板。无论从所要解决的根本问题还是从所追求的根本目的上来看，区域经济一体化和 WTO 都是保持一致的，区域经济组织所做出的各种安排可以为 WTO 扩大调整范围提供思路，一定程度上推动了多边贸易体制的发展，可以说，在协调贸易与环境问题上，区域经济组织可以成为 WTO 的实验场①。

3.2.3 区域贸易协定中的环境合作

南北国家在 WTO 多边贸易体制下进行的贸易和环境合作迟迟难以突破，因此南北国家在区域贸易协定框架下进行区域性的国际合作成为另一种国际合作途径。区域贸易协定框架下的国际环境合作与多边贸易体制下的合作相比，最大的特点在于前者具有一定程度的排他性，因为合作国限制为区域经济合作组织的成员国，其合作的目的在改善区域内环境而非全球环境。而且区域贸易协定框架下的国际环境合作内容更加微观、具体，如以能力建设项目为基础开展区域内环境合作，推动区内成员国尤其是南方国家在环境管理领域的资本与技术能力。在南北国家参与的区域经济合作组织中，贸易创造效应带来的巨大

① 莫莎．贸易、投资与环境协调发展——基于区域经济合作的视角［M］．北京：中国经济出版社，2006.

经济收益以及往往对北方成员国国际竞争力更有利的区域合作内容会在一定程度上缓解北方成员国在资本和技术转让上的顾虑，有利于在区域合作组织范围内环保资本向南方成员国的流动和先进生产、减排和环保技术向南方成员国的转让。

1. 欧盟的环境合作与协调机制

迄今为止，欧盟已经形成了一个具有欧盟特色的较为完善的环境政策法规体系，为欧盟成员国提供了协调贸易与环境关系的标准和政策指导，有利于实现欧盟环境保护与可持续发展。欧盟的环境政策涉及资源保护、环境保护以及与工农业生产相关的环保等各个领域。环境政策从制定阶段开始，欧盟就鼓励各种利益相关集团、环境 NGOs（Non-Governmental Organizations，非政府组织）以及广大公众积极参与，提出建议和意见，并要求其监督和评估政策的实施过程及效果，从而提高环境政策的透明度和民主性。欧盟成员国以环境政策为导向，携手共同治理环境污染并积极主动预防污染，逐渐形成了一套完善的环境合作与协调机制。

（1）环境合作机制的建立。1970 年，欧共体提出“环境无国界”口号，这也是欧共体提出的第一个环境口号。早期颁布的环境法令主要集中在保护饮用水和地表水、测定和标志危险化学制品以及空气污染的控制方面。自从第一届人类环境问题会议于 1972 年由联合国召开以后，欧共体提出了一个环境政策计划来保证经济和贸易的发展。欧共体第一个环境行动计划于 1973—1977 年实行，在这个计划中，规定了欧共体未来的优先领域和政策原则。

1987 年，《单一欧洲法令》出台，将环境保护纳入其中，第 100A 条授权共同体发布环境法规以完善共同市场，第七编（130R2130T 条）对共同体的环境使命做了规定。

1993 年生效的《马斯特里赫特条约》修订和完善了《单一欧洲法令》的相关内容，明确规定“注重环境保护的非膨胀性和持续的增长”是欧盟的使命之一，进一步提升了环境保护的地位。

1999 年生效的《阿姆斯特丹条约》正式确立可持续发展为欧盟的优先目标，把环境保护和可持续发展作为欧盟未来发展的基本原则。与环境有关的各种条例、条约、决定、指令逐渐得到统一，《欧洲环境法》越来越受到人们关注并成为欧洲法律体系中的独立领域。欧盟是通过法律手段进行环境合作与约束机制的，目前，欧盟已经制定了两百多部与资源和环境保护相关的法律、产品标准和生产加工过程的标准、有关环境质量标准的基本法令。《单一欧洲法令》《马斯特里赫特条约》和《阿姆斯特丹条约》都是欧盟环境法律的基础。

欧盟的环境政策法规体系涉及的面非常广，包括环境执法、环境污染、环境信息、环境影响评价等多方面，并以环境政策和环境法律为主要形式。欧盟的环境政策以保护人类健康，改善和维持环境质量，合理利用自然资源，解决全球范围内或区域的环境问题为最终目标。另外，欧盟的环境政策是靠成员国自愿实施的。

在欧盟日益完善和严格的环境合作与协调机制保障下，其环境政策法规体系在推动欧盟区域内环境保护发展的同时，也影响着世界其他国家。

（2）欧盟的环境保护原则。《单一欧洲法令》第 100 条 A 款与第 130 条 R 款对欧盟的环境保护行动所要遵循的主要原则进行了规定，主要由以下四个原则组成。

1）源头原则（the source principle）。这一原则是指保护环境不应被动地进行污染治理，而应该采取各种方法从源头上防止污染产生，全面监管有可能产生污染的产品的研发设计过程、生产过程、运输过程以及销售过程等。

2）预防原则（the prevention principle）。这一原则是指若科学上怀疑某种活动具有导致环境恶化的可能，那么应该采取预防措施提前预防这种不利影响的发生，而不是等到事后再采取措施进行补救。一般情况下，国际社会只有在环境问题已经出现时才采取相应的措施，而此时进行补救付出的代价要高昂得多，所以应该要变被动为主动，在确定有可能存在对环境造成不可逆转的损害时，积极采取预先防范措施。

3）污染者付费原则（polluter pays principle）。这一原则是指对污染负责任的法人或自然人应支付为实现环境质量目标或不存在这一目标的情况下为遵守有关标准而采取的相关措施的费用，支付为遵循相关标准减少或避免污染而必须采取的措施费用，支付为采取由公共权利规定的相关措施的费用。简单来说，污染者付费原则就是要求任何在对环境和资源进行开发利用时造成环境恶化的人，有义务承担其活动造成的环境损害和污染治理费用。这一原则有利于体现法律明确责任的公平性，是实现环境成本内部化的重要原则，也是贸易与环境问题的关键协调措施之一，并已经成为国际环境立法的一项基本原则。

4）高水平保护原则（the high level of protection principle）。《单一欧洲法令》第 130R 条第 2 款规定实现高水平的环境保护是环境政策的目的所在，而且第 100A 条第 3 款还规定欧共体委员会必须以实现高水平的环境保护为基础提出立法建议。可是，所谓的高水平的保护并不意味着就是最高水平的保护。为了实现共同的环境政策并减少各成员国在环境标准制定上的分歧，共同体以相对较高水平而不是最高水平的保护为目标制定政策。

（3）欧盟协调贸易与环境的主要特征。

1）在处理贸易自由化与环境保护之间的关系时，强调环境保护的重要性，明确“环境保护的要求必须纳入其他共同体政策的制定与实施之中”，坚持环境保护能够作为贸易自由化的例外。

2）通过一致适用性、必要性和比例原则，确定各成员国所采取的环境政策措施的合法性。所谓一致适用性，就是成员国所采取的环境政策措施必须对本国和其他成员国的产品一视同仁，不得构成武断的或任意的贸易歧视与限制。必要性是指成员国所采取的环境政策措施必须是贴切的，为特定环境目的所必需，且与追求的目标之间存在因果关系。比例原则要求所采取的环境政策措施不能为其他对贸易自由流动限制更少的措施所代替，是实现特定环境目标的最优政策措施。也就是说，为实现环境保护而采取的贸易限制措施只要满足“一致适用性”“必要性”和“比例原则”的要求就是合法的。

3）通过环境标准灵活而有效的协调确保相关产品的自由流动。各成员国产品环境标准的差异很容易成为非关税壁垒，影响成员国之间的自由贸易和投资。除进行成员国间产品标准的互认之外，欧盟还针对不同行业、不同产品的具体情况采取了灵活的环境标准协调方法：有的直接适用欧盟统一标准，有的规定最高标准，还有的只规定欧盟认可的“基本要求”，甚至有的规定最低工艺标准。1998年，欧盟又推出了统一产品政策，试图通过经济激励、环境标签和产品设计指南等措施，鼓励产品生命周期有关各方共同降低产品对环境的不利影响；现阶段的实施重点在于提高涵盖产品的现行措施的一致性，并开发对环境改善有较大意义的产品。

4）行政手段和经济手段有机结合。既允许成员国根据本国的具体情况采取必要的环境措施，又通过欧盟自身的环境立法减少成员国之间环境法规差异对贸易的影响。同时，通过给予相对落后的成员国资金和技术上的援助，时间、标准及责任上的宽限，更好地调动他们参与集体贸易与环境合作的积极性，有效规避“搭便车”行为，促进贸易与环境的协调发展。

2. 北美自由贸易区的环境合作与协调机制

对于北美的环境问题是存在争议的，一直到1993年，美国、加拿大、墨西哥三国签署NAFTA和NAAEC（North American Agreement on Environmental Cooperation，北美环境合作协定），才把环境问题正式纳入NAFTA，NAFTA和NAAEC为三国间的环境合作奠定了法律基础，北美自由贸易区是世界上第一个在成立之初就将环境问题纳入贸易发展中一起考虑的区域经济一体化组织。NAAEC还创建了环境合作委员会（Committee for Environment Conservation，CEC），CEC以加强北美环境合作为宗旨，是促进北美环境合作的核心机构，它主要由三国环境部长级代表组成的理事会、专业人士组成的秘书处以及三国各派五名环境和工商界人士组成的联合公众咨询委员会组成，各司其职，共同负责促进环境合作事宜。

环境合作的核心是协调贸易与环境问题，1996 年 CEC 创立了北美环境合作基金（the North American Environment Cooperation Fund，NAFEC），利用美国和加拿大在资金与环保技术上的优势向墨西哥提供帮助，以此激励墨西哥积极参与对环境有利的集体行动。接着又通过具体的项目《北美 2000—2002 年行动计划议程》加深理解和评价贸易与环境的关系，从而为北美自由贸易环境效应形成一个基本的评价框架。

NAAEC 第 14 条规定，成员国的任何公民或非政府组织都可以向 CEC 秘书处投诉，控告某一成员国未能对环境法规进行有效执行。这一条款确定了在环境问题方面，北美自由贸易区首创的公众参与制度是公众参与环境合作的有效手段，有利于改善北美的贸易与环境关系。

NAFTA 和 NAAEC 中有关环境的规定是北美自由贸易区内环境合作与 CEC 进行环境协调工作的法律依据，具体内容如表 3-2 所示。从 NAFTA 和 NAAEC 的相关环境规定可以看出，NAFTA 在区域经济合作框架内对贸易与环境问题的管理机制。北美自由贸易区以 NAFTA 及其附属协定 NAAEC 为基础，在区域经济一体化的贸易自由化进程中成功地纳入环境合作，还设立了专门协调贸易与环境问题的 CEC，并构建了一整套包括公众参与制度在内的比较完善的协调机制。区域经济一体化对北美贸易的发展起到了推动作用，NAFTA 和 NAAEC 有关环境合作的条款又为解决贸易与环境矛盾提供了法律保障，促进了贸易与环境的协调发展。

表 3-2 NAFTA 和 NAAEC 中有关环境的基本规定

协议相关条款	条 款 内 容
NAFTA 宗旨	谋求自由贸易与环境保护相一致的可持续发展，加强并执行环境法规，还设立了一系列目标："加强建设环境法规""通过经济政策和环境政策的合作共同促进可持续发展""为防止环境污染实施必要的措施""避免新的贸易壁垒和贸易扭曲"
NAFTA 第 2101 款	允许为了保护人类、动植物安全以及稀有的自然资源免遭破坏而实施必要的贸易限制政策
NAFTA 第 904 条第 1、2 款 第 907 条第 1 款	各国有权利根据自身的实际情况决定本国环境保护的水平及其相应的环境法规，并且这种权利应得到保护
NAFTA 第 713 条第 3 款	成员国可采用各自认为合适的环境保护标准，但需要向环境保护程度高的国家靠齐

续表

协议相关条款	条 款 内 容
NAFTA 第 712 条第 1 款	各成员国为保护本国的公民及动植物，可以实施包括比国际标准更为严格的健康保护措施
NAAEC 第 3 条	确保每个成员国有优先制定、采用及修改本国环境发展和环境保护政策的权利，成员国应确保提供高水平的环境保护并不断提高标准
NAAEC 第 5 条	每个成员国应通过适当的政府行为加强其环境法律法规的实施，以达到更高的环境保护水平，确保在符合司法、公平、公正的管理执行程序下进行制裁和违法补救行为
NAFTA 第 11 章第 1114 条	禁止任何成员国通过放松环境法规和保护程度、降低环境标准来吸引外国投资，成员国应保证各自的法律法规，严格保护好环境
NAAEC 第 10 条第 6 项 b 款	成员国应避免通过放松环境标准或损害环境的办法提高竞争力，若一方认为另一方存在这种行为，可以通过互相协商解决并避免再次发生
NAFTA 第 1106 条第 2 款	成员国要求外国投资者遵守本国的环境保护标准以及技术规定

当前对于全球产品内贸易与环境问题而言，主要存在欧洲联盟、北美自由贸易区和 ASEAN（Association of Southest Asian Nations，东南亚国家联盟）10+3 这三大重要的区域经济合作组织。欧盟的环境政策分为自然资源与环境保护、生产性环保、消费服务性环保等多个层次。从环境政策的制定阶段开始，欧盟鼓励各种相关利益集团、ENGO① 以及广大公众积极参与，发挥社会各界的建议和监督功能。北美自由贸易区是第一个建立时就将贸易与环境问题纳入合作框架中的区域经济一体化组织。北美自由贸易区以 NAFTA 及其附属协定 NAAEC② 为基础，设立了专门协调贸易与环境问题的 CEC③，并构建了一整套包括公众参与制度在内的比较完善的协调机制，是南北国家在区域经济合作组织中进行贸易与环境国际合作的最主要实践。目前 ASEAN10+3 才刚起步，关于区内贸易与环境问题已逐渐成为成员国之间争论与合作的焦点问题，作为亚太地区最为重要的区域合作，ASEAN10+3 是区内贸易和环境问题尤其是国际产品内贸易与环境问题南北国际合作的重要途径，而且成员国多为全球重要的

---

① ENGO（Environmental Non-Governmental Organization）即以提倡环境保护为目的、不属于政府、不由国家建立、独立于政府的组织。

② NAAEC（North American Agreement on Environmental Cooperation）是由美国、加拿大、墨西哥三国在签订北美自由贸易协定时签订的有关环境协定的附属协定，该协定于 1994 年 1 月正式生效。

③ CEC（Commission for Environmental Cooperation）是在 NAAEC 协定下北美自由贸易区三国成立的环境合作委员会，负责成员国提交的区内重要环境议题。

初级产品、中间产品的生产和加工基地，与欧盟相比，亚太地区的区域贸易与环境问题的合作会更大程度上受到来自区外因素的影响。

3.3 其他国际合作问题：中国与东盟的环境规制

在经济全球化和区域经济一体化的推动下，世界贸易迅速发展，环境污染的外部性通过贸易等方式在国际间转移，成为国家之间或地区之间贸易摩擦的重要原因。2010 年 1 月中国和东盟如期完成自由贸易区（China and ASEAN Free Trade Area，CAFTA）的建设，正式步入零关税时代。贸易自由化带来的贸易壁垒的降低和产品内分工程度的深化，将进一步扩大中国和东盟之间的贸易，而在低碳经济背景下，由污染密集型产品贸易引发的资源消耗和污染转移问题将会给双边带来贸易与环境问题上的争论和摩擦。中国-东盟自贸区的建立给各成员国带来了怎样的环境压力？中国和东盟双边就贸易与环境问题存在哪些方面的争论和摩擦？在中国-东盟自贸区区内环境压力日趋增大的情况下，中国该如何从政府和企业两个层面上去协调双边贸易关系？这将是本节重点研究的问题。

3.3.1 中国-东盟自贸区区内贸易与环境问题合作现状

中国和东盟就区内环境问题展开了一系列的合作，2007 年的第 11 次中国-东盟领导人会议将环境保护列为该会议机制下的第 11 个重点合作领域。2009 年，中国与东盟联合制定并通过了《中国-东盟环境合作战略（2009—2015 年）》，确定了环境无害化技术、环境标志与清洁生产等 6 个双边优先进行合作的环保领域。2010 年中国和东盟双方在第 13 次领导人会议上发表了《中国和东盟领导人关于可持续发展的联合声明（2010）》，在《中国-东盟环境合作战略（2009—2015 年）》框架下，进一步深化双方在环境领域的合作。目前，双方正在抓紧磋商制定《中国-东盟环境合作行动计划》，并探讨建立中国-东盟环境合作部长会议机制。

但就目前而言，中国-东盟自贸区还没有专门建立区内关于贸易与环境问题的合作机制。联合国环境署报告中指出，如果发展中国家没有正确而适当的环境政策，单纯的贸易自由化反而会给这些国家带来负面效应。作为发展中国家缔结的自由贸易区，目前双边有关贸易与环境的规定仅限于《中国-东盟全面经济合作框架协议》中的“一般例外”条款：只要不在情形类似的有关缔约方之间构成任意或不合理歧视的手段或构成对国际贸易的变相限制，缔约方就可以采取“为保护人类、动物或植物的生命或健康所必需的措施”。对此条款的解释和操作，双方还存在一定的分歧，因此给不合理的环境规制留下了空间。目前在中国-东盟自贸区框架下，还缺乏能够约束成员国内部不合理环境规制的相关协定。

3.3.2　中国-东盟自贸区建立后贸易自由化带来的环境问题

随着中国和东盟自由贸易程度的不断深化，贸易规模不断扩大尤其是污染密集产品贸易规模的扩张，必然会给双边带来环境污染的转移问题，双边相互投资便利化的进程又进一步加大了双边环境压力。贸易的环境效应会引发成员国内部各自实施环境规制，而这种环境规制将会引起双边的贸易摩擦。另外，在产品内国际分工的背景下，中国和东盟还必须面对来自自由贸易区外的通过贸易带来的诸如废弃物进口和外商直接投资污染转移在内的环境威胁。在东亚及东南亚生产网络化与一体化的大背景下，区域内国际分工所带来的环境污染问题可能会更加严重。

1. 中国-东盟自贸区区内贸易带来的污染转移问题

中国-东盟自贸区建立之后，区内贸易尤其是污染密集型产品贸易给双边带来了污染转移问题。本书通过计算 2001—2017 年中国和东盟之间各类污染密集型产品的贸易差额数据来反映双边的污染转移情况，污染密集型产品分类及双边贸易差额如表 3-3 所示。

表 3-3　污染密集型产品分类及双边贸易差额①

<table>
<tr><th>章序号</th><th>产品名称</th><th>分类名称</th><th>HS 编码类别</th><th>贸易差额</th></tr>
<tr><td>27</td><td>矿物燃料、矿物油及其蒸馏产品；沥青物质、矿物蜡</td><td>矿产品</td><td>第 5 类</td><td>逆差</td></tr>
<tr><td>28</td><td>无机化学品；贵金属、稀土金属、放射性元素及其化合物</td><td rowspan="2">化学工业及其相关工业产品</td><td rowspan="2">第 6 类</td><td rowspan="2">顺差</td></tr>
<tr><td>29</td><td>有机化学品</td></tr>
<tr><td>39</td><td>塑料及其制品</td><td rowspan="2">塑料及其制品；橡胶及其制品</td><td rowspan="2">第 7 类</td><td rowspan="2">逆差</td></tr>
<tr><td>40</td><td>橡胶及其制品</td></tr>
<tr><td>72</td><td>钢铁</td><td rowspan="3">贱金属及其制品</td><td rowspan="3">第 15 类</td><td rowspan="3">顺差</td></tr>
<tr><td>73</td><td>钢铁制品</td></tr>
<tr><td>74</td><td>铜及其制品</td></tr>
</table>

① 污染密集型分类来自 HS 编码 2017 版。

续表

章序号	产品名称	分类名称	HS 编码类别	贸易差额
84	核反应堆、锅炉、机械器具及零件	机电、音像设备及其零件、附件	第 16 类	逆差
85	电机、电气、音像设备及其零附件			

计算结果表明 2001 年中国与东盟开启自贸区的建设之后，污染密集型产品的贸易规模不断扩大。其中，中国在 HS 编码（海关编码）第 5 类、第 7 类和第 16 类污染密集型产品贸易中一直存在逆差，表明中国从东盟净进口这些污染密集型产品，将自身的一部分环境污染通过这三类产品贸易转嫁给了东盟。而在 HS 编码第 6 类和第 15 类污染密集型产品贸易中，中国一直存在贸易顺差，表明中国承接了东盟通过这两类产品贸易带来的环境成本。从污染密集型产品整体贸易差额而言，中国与东盟的贸易呈逐步增长的逆差趋势，这表明自由贸易协定之后，通过双边贸易，中国从东盟获得了一定程度的环境利益。

另外，中国和东盟双边投资的便利化也带来了环境污染的转移。东盟对中国的投资主要集中于纺织服装、电子电器组装、家具、石化产品等存在污染密集型产品的产业；而中国对东盟的投资主要集中在橡胶和塑胶制品、矿产品、电子电气产业。双边对于污染密集型产品的投资带来的产出效应会导致自贸区内环境污染的转移。

2. 中国-东盟自贸区承接来自区外的污染转移问题

中国和东盟不仅要面对区域内各国环境规制带来的贸易问题，而且也受到来自区域外贸易的环境压力。这种环境压力来自两个方面：首先，在国际产品内分工的大环境下，东亚及东南亚地区的国际贸易结构中，中间产品贸易规模已经超过了制成品的贸易规模。中国和东盟均处于国际产品内分工的产品制造链条中，双边通过签订自贸协定降低或取消了亚太地区中间产品贸易的壁垒，由此拉动了来自区域外的产品内贸易规模，而电子、化工产品等污染密集型的中间产品贸易规模的扩张将会给中国-东盟自贸区区内带来新的环境压力。

其次，区域外的发达国家通过废弃物出口和外商直接投资等手段向中国和东盟各国进行污染转移，其中最具代表性的为发达国家出口电子垃圾和转移污染工业。根据 SVTC（the Silicon Valley Toxics Coalition，硅谷毒物联盟）的报告，美国每年出口的电子垃圾有 50%~80%的目的地为亚洲国家，英国的电子垃圾中有大约 40%出口到中国和印度尼西亚。另外，在低碳经济新背景下，发达国家可能把本国碳排放密集型产业转移到中国或者东盟国家，从而将碳排放的部分责任转嫁给中国和东盟国家。

3.3.3　中国和东盟各国内部环境规制对贸易的影响

对于经济发展尤其是对外贸易带来的环境困扰，中国与东盟各国国内均实施了一定程度的环境规制，这种国内环境政策在实际上形成了中国与东盟之间的绿色壁垒。而且中国和东盟自2001年开始建设以来，双边贸易尤其是初级产品和原材料贸易增速非常快，另外中国对东盟的投资主要集中在污染密集型产业和资源密集型产业，因此引发东盟各国担心自身通过贸易会成为中国经济发展的资源仓库。双方由于绿色壁垒而引起的贸易纠纷，已经屡见不鲜。截至2019年12月，东盟各国出于内部环境规制或者资源节约而对中国实施的反倾销调查累计达到37起，中国出于国内环境规制或者资源节约而对东盟国家实施的反倾销调查累计达到26起。由此可见，环境和资源等非传统安全问题，在中国和东盟贸易中所扮演的角色越来越重要，内部环境规制对于中国-东盟自贸区区域内贸易的负面影响正在逐步显现。

3.3.4　中国-东盟自贸区内环境规制问题的协调路径

中国和东盟双方均应该重视贸易自由化带来的环境问题，进一步加强区内各成员国的协调，采取相应的措施，主要通过国家层面和企业层面来进行拓展协调路径。

1. *国家层面*

（1）完善相关协调机制，建立适当合作规则。双边应完善自由贸易协定中关于贸易和环境问题的运行机制，建立适当的规则来协调区域内贸易与环境的冲突。目前中国和东盟自由贸易区内并没有形成关于贸易与环境问题的协调机制，仅仅通过少数成员国自行协调是不足以应对来自区域内外的环境压力的，需要所有成员精诚合作，并且通过一定的制度化安排对环境问题合作加以必要的约束与激励。另外，目前某些有中国和东盟国家共同参与的国际环境协定，其对贸易的限制条款与中国-东盟自由贸易区的贸易自由化协定是相悖的，因此中国和东盟双方需要进一步深化区域经济合作的层次，建立对应的机制以协调国际环境协定与自贸协定的冲突。

（2）借鉴其他区域经合组织经验，寻求合作式争端解决机制。中国-东盟自由贸易区要借鉴其他区域经济组织应对贸易与环境问题的先进经验。中国-东盟自贸区应该借鉴欧盟在面对贸易与环境问题时遵循的适用性、必要性原则，即成员国内部的环境规制是针对特定且必要的环保目的，而且必须适用于其他所有成员国，不得存在歧视性，确保区域内的公平性。北美自由贸易区允许成员国制定适合本国环保水平的规制措施，在此基础上建立起一套强调有关各方共同努力寻求合作方式处理问题的争端解决机制，这种争端解决机制强调的是合作而非制裁，制裁只是对成员国持续采取不合理环境规制的最后手段，这种兼顾协调和约束的争端解决机制也是中国-东盟自贸区值得借鉴的。

(3) 转变贸易发展方式，推进绿色贸易结构。要积极转变贸易发展方式，调整贸易结构，推进绿色贸易。中国长期以来的数量扩张型的贸易模式导致国内的环境和资源压力，针对这种情况，应及时转变贸易模式，坚持贸易结构优化，由数量型出口转向质量型和绿色型出口，尽量避免与中国-东盟自贸区其他成员国之间由于环境问题而引起贸易摩擦。另外，在国际产品内分工不断深化的背景下，如果中国和东盟各国仍然仅仅依照原有的参与国际产品内分工的方式，将有可能被锁定在全球价值链分工的低端部分，这种低端部分往往也是污染或资源密集型部分。所以中国和东盟各国应该通过更深层次的区域经济合作，增加中间产品加工环节的技术含量，推动以加工为代表的产品内贸易向价值链上游延伸，提升双方在国际分工中的地位，实现贸易规模扩大的同时，贸易和产业结构不断地向清洁型优化。

(4) 提高区外引资质量，发展外资清洁型导向。要提高来自区域外的外资质量，引导外资导向，发展环保产业。中国在引进外资时，应该把环境要素纳入考虑范围，不能仅仅考虑外资对经济的拉动作用而忽略其对环境的影响，引导外资流向清洁型的产业或者清洁型的产品生产阶段，从而增强外商直接投资对环境的结构效应使其抵消或超过规模效应给环境带来的负面影响。在中国-东盟自贸区区内投资自由化的背景下，中国投资东盟国家的资源或者污染密集型产业时，应当同时输出相应的资源节约及污染治理的技术与设备，也可以共同开发环保产品和适用性的环保技术。

(5) 完善环境贸易法制，提高执法力度。在坚持贸易自由化的同时，中国应完善与环境相关的法律法规，并加强执法部门的建设，提高执法效率，使国家环保法律政策落实到位。与发达国家相比，中国的环境标准本来就比较低，与贸易相关的环境法律法规还不健全，环境管理、环保执法都很困难，还远远不能满足贸易对环境保护的要求。因此，必须尽快完善环境贸易法制并提高执法力度，通过完善中国环境贸易法制，努力提高本国的环境标准，使其在经济和技术能力范围之内尽可能与国际标准接轨，从而保障中国出口产品竞争力的提升，尽可能使其免受绿色壁垒的影响。

2. 企业层面

(1) 加快技术更新幅度，提升应对绿色壁垒能力。中国出口企业要加快技术更新，提高出口产品的竞争力，应对绿色贸易壁垒。大部分中国企业出口产品的附加值较低且具有环境敏感性，容易遭受绿色贸易壁垒，这些劣势很难能让企业在绿色贸易中立足。中国出口企业必须在原有竞争优势的产业或产品生产区段内进行技术更新，引进和开发环保技术，改造传统产品，增强其产品的技术含量和附加值，降低原材料和能源的消耗，降低出口产品污染密集度，发展绿色产品的出口，使自身产品符合东盟各国国内环保标准，从而形成可持续的出口竞争力，这样才能在面对绿色壁垒时更加主动。

（2）提升环保技术水平，争取国际绿色认证。中国出口企业在提高自身生产技术的同时，也要注重进行环境技术创新，这是应对绿色贸易壁垒的最有效途径。出口企业应不断提升环保技术水平，提高产品的环保标准、技术标准、卫生标准和安全标准，将高环保标准贯彻于产品开发和生产的每一个环节，同时还应加强与科研机构的合作，参照国际环境标准来要求出口产品的制造工艺、质量标准和产品认证，从而提高出口产品的国际竞争力。另外，企业可引进国外先进污染治理技术和工艺，做到清洁生产、清洁出口，尽量争取国际绿色认证。

（3）及时掌握自贸区内信息，提高应对规制反应速度。中国企业应该及时收集和了解有关东盟各国内部环境政策的信息，以提高绿色壁垒发生时的反应速度。当遭遇到东盟各国由于国内环境规制而设置的绿色壁垒时，中国企业要积极应对，一方面要检讨自身产品是否存在环境问题，另一方面要拿起法律武器，面对不合理的绿色壁垒，合理利用世界贸易组织和中国-东盟自贸区框架内的争端解决机制，维护自身的合法权益。

第4章 中国产品内贸易与环境问题的现状分析

本章的主要目的是通过数据分析中国的国际产品内贸易与环境问题的现状，尤其是中国的加工贸易与中国贸易发展、区域经济合作以及环境保护等问题的联系，揭示中国在国际产品内分工中所处的地位，从而为研究中国国际产品内贸易的环境效应提供必要的经验证据。本章首先对中国的国际产品内贸易的发展现状进行总体概述，运用BEC、VSS等产品内分工测度方法，分析中国产品内贸易的总体现状和发展趋势；其次界定中国的加工贸易与国际产品内之间的关系，将加工贸易作为本书对中国产品内贸易的主要研究对象，对中国加工贸易的现状进行介绍，并对加工贸易的地位、主体、区位地理方向特点进行概述；最后介绍当前中国贸易自由化进程中面临的环境问题。

4.1 中国对外贸易发展的总体现状

20世纪90年代以来，中国对外贸易迅速发展，特别是加入WTO以后，中国对外贸易总体上主要呈现以下特点。

4.1.1 对外贸易总额情况

1. 对外贸易规模不断扩大，贸易地位不断提升

表4-1是近年来中国对外贸易的规模数据。由表4-1可见，从1996年到2018年，即便经历了东南亚金融危机、美国金融危机等地区或全球性经济危机，中国对外贸易的进出口规模仍呈现出总体增长的态势，从1996年的2 899亿美元增加到2018年的46 230亿美元，年平均增长速度为18.9%，遥遥领先于世界平均增长水平。

表 4-1　1996—2018 年中国进出口总额情况①

年份	进出口总额/亿美元	增长速度/%	占世界的比重/%
1996	2 899	3. 2	2. 6
1997	3 252	12. 2	2. 9
1998	3 240	-0. 4	2. 9
1999	3 606	11. 3	3. 1
2000	4 743	31. 5	3. 6
2001	5 097	7. 5	4. 0
2002	6 208	21. 8	4. 7
2003	8 510	37. 1	5. 6
2004	11 546	35. 7	6. 2
2005	14 219	23. 2	6. 7
2006	17 604	23. 8	7. 2
2007	21 738	23. 5	7. 7
2008	25 616	17. 8	7. 9
2009	22 073	-13. 8	8. 9
2010	29 728	34. 7	10. 4
2011	36 421	22. 5	10. 4
2012	38 669	6. 2	10. 4
2013	41 603	7. 6	11. 0
2014	43 030	3. 4	11. 3
2015	39 586	-8. 0	11. 9
2016	36 849	-6. 9	11. 4
2017	41 045	11. 4	11. 5
2018	46 230	12. 6	12. 6

2000—2008 年，中国的对外贸易顺差从 2000 年的 241. 10 亿美元增加到 2008 年的 2 981. 31 亿美元，一直呈现出增加的趋势。2008 年以后，中国历年的贸易顺差开始逐年减少。自 2000 年以来，中国的对外贸易进出口总额一直延续良好的上升态势。虽然起源于 2008 年的金融危机给中国的对外贸易带来

① 资料来源：根据中国商务部网站和世界贸易组织数据库整理计算而得。

了严峻的挑战，并使2009年中国对外贸易进出口总额出现大幅下降，但2010年，中国的对外贸易实现了较为良好的复苏，并于2011年再创历史新高。2011年，中国实现对外贸易顺差1 551.41亿美元，这是中国在2008年达到贸易顺差顶峰之后的连续第三年下降，贸易平衡状况得到了进一步的改善。造成这种局面的主要原因：国内经济快速发展产生的需求拉动进口增长；人民币不断升值使进口成本降低，企业进口的意愿增强；国际资源性产品进口价格全面上扬使进口额增加。2011年，在全球经济复苏乏力、金融危机和欧洲主权债务危机持续恶化的情况下，中国的对外贸易进出口取得了不错的成绩，进出口额再创历史新高。2011年，中国对外贸易进出口总额达到36 421亿美元，同比增长22.5%。其中，中国出口总额达到18 986亿美元，同比增长20.3%；中国进口总额达到17 434.59亿美元，同比增长25.0%。

近年来，中国一直在加强和改进进口工作，逐步提高进口的便利化水平，拓宽了进口渠道，增加了能源原材料、先进技术设备、关键零部件以及消费品的进口比重。近年来，中国扩大进口的政策使中国进口的同比增速一直大于出口的增速，这也直接促使了中国对外贸易平衡状况的持续改善。

2018年，中国对外贸易态势总体平稳，稳中有进，进出口规模创历史新高，超过30万亿元，有望继续保持全球货物贸易第一大国地位。2018年中国进出口总额达到46 230亿美元，创历史新高，全年外贸增量就达到5 100多亿美元。根据全球的外贸总额排名，中国的增量相当于全球第二十大贸易国全年的总量。除了规模扩大之外，更重要的是质量提高。特别是高新技术产品出口增长很快，高技术产品出口已经占全国外贸出口的30%。中国第一贸易大国地位更加巩固，贸易强国建设进程在不断加快。

同时，在世界贸易中，中国的排名也不断提升。根据WTO公布的相关统计数据显示，中国货物贸易进出口总额在世界贸易中所占的比重逐年提高，由1996年的2.6%上升到2018年的12.6%。中国货物贸易进出口在世界贸易进出口中的位次上升到第1位。70年来，中国进出口总额在世界的位次不断提升。同时，进出口商品结构不断优化，新中国成立初期80%以上的出口产品是初级产品，到现在占大多数的是工业制成品以及服务类产品。

2. 对外贸易开放程度日趋加深，贸易方式持续优化

由图4-1和表4-2可以发现，从1996年到2006年，中国对外贸易依存度总体呈上升趋势，从1996年的33.9%上升至2006年的65.1%，说明随着对外贸易的发展，中国经济增长对外贸的依赖程度不断提高，同时也表明中国对外贸易开放程度日趋加深。从整体上来看，中国对外贸易依存度在不断上升，这是改革开放和加入WTO之后的必然结果。然而随着对外贸易依存度的不断提

高，国际金融波动对中国经济的影响程度也在不断加深。2008 年的金融危机对中国的对外贸易产生了巨大的负面影响，受国内经济转型、内外需求结构调整以及国际金融危机的影响，从 2007 年开始，对外贸易依存度逐步出现降低的趋势，2008 年为 58. 3%，到 2011 年更是低至 49. 9%。2009 年之后随着世界经济逐步复苏以及中国采取了一些对外贸易促进政策之后，对外贸易依存度的下降趋势逐步减缓，基本维持在 40%以上。2015 年之后，世界经济复苏的形式依旧不明朗，增速放缓，加之中国国内的内需拉动政策不断推进，国内的部分资源及劳动力禀赋型、外向型产业开始转型升级或者向海外转移，这些因素促使中国的对外贸易依存度再度开始呈现出逐步下降的趋势。

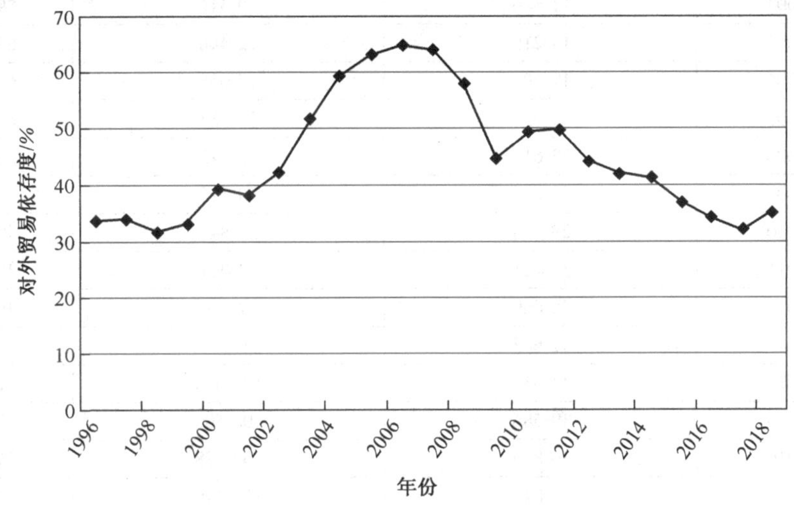

图 4-1　1996—2018 年中国对外贸易依存度变化趋势[①]

2020 年初，受全球新冠疫情蔓延影响，全球经济将会遭遇寒冬，经济全球化的趋势至少在可以预见的时期间，将遇到相当大的阻力，全球贸易的单边主义可能会进一步抬头。预计中国对外贸易将面临严峻的形势，一方面受到经济不景气所带来的需求降低影响，另一方面可能会面临更繁多、更复杂的贸易摩擦，同时积极扩大内需仍然是当前国内经济发展的主要方向，所以中国的对外贸易依存度数据可能会进一步的降低。

① 资料来源：根据中国商务部网站相关统计数据整理得到。

表 4-2 1996—2018 年中国对外贸易依存度①

年份	对外贸易额/亿美元	GDP/亿美元	对外依存度/%
1996	2 899	8 561	33.9
1997	3 252	9 516	34.2
1998	3 240	10 218	31.7
1999	3 606	10 857	33.2
2000	4 743	12 012	39.5
2001	5 097	13 275	38.4
2002	6 208	14 538	42.7
2003	8 510	16 410	51.9
2004	11 546	19 316	59.8
2005	14 219	22 446	63.3
2006	17 604	27 035	65.1
2007	21 738	33 783	64.3
2008	25 616	43 942	58.3
2009	22 073	49 115	44.9
2010	29 728	59 847	49.7
2011	36 421	73 011	49.9
2012	38 669	87 156	44.4
2013	41 603	99 207	41.9
2014	43 030	104 035	41.4
2015	39 586	106 500	37.2
2016	36 849	107 378	34.3
2017	41 045	127 446	32.2
2018	46 230	131 240	35.2

4.1.2 对外贸易方式和主体特征

2007 年，中国启动了加工贸易的转型升级。近年来，中国通过各种方式，积极调整对外贸易结构，对外贸易方式得到了持续不断的优化。2018 年中国的对外贸易方式持续得以优化。出口方面，2006 年中国的一般贸易出口额占出口总值的比例为 42.96%，此后逐年增加，到 2018 年，这一比例增加到 57.80%，增长了 14.84 个百分点；加工贸易出口所占的比例则是逐年减小，比例从 2006 年的 47.00%下降到 2018 年的 32.05%，下降了 14.95 个百分点。

① 资料来源：根据中国商务部网站相关统计数据整理得到。

进口方面也显示出同样的趋势，2006年，中国的一般贸易进口额占进口总额的比例为42.06%，此后也呈现出逐年增加的趋势，到2018年，这一比例增加到59.65%，增加了17.59个百分点；加工贸易进口所占的比例也是逐年减小，比例从2006年的53.00%下降到2018年的22.03%，下降了30.97个百分点。

2000—2018年，中国对欧盟的出口份额呈现出先增加后减少再增加的趋势，2000年欧盟所占的比重为16.47%，到2008年增加到20.50%，此后逐年下降，再到2016年出现增加的趋势，截至2018年，欧盟所占的比例上升到16.43%；中国对美国的出口份额呈现出先下降后增加的趋势，其所占的份额从2000年的20.92%下降到2013年的16.67%，从2014年开始出现上升趋势，到2018年上升到19.23%；日本所占的份额呈现出明显的下降趋势，其所占的份额从2000年的16.70%下降到2018年的5.91%。相反，中国对东盟、印度的出口份额则呈现出逐年增加的趋势，中国对它们的出口份额分别从2000年的6.96%、0.63%上升到2018年的12.83%、3.08%。

4.1.3 对外贸易商品结构特征

表4-3列出了近年来中国对外贸易商品结构的数据，随着对外贸易规模的扩大，中国的出口商品结构也在不断改善，其中初级产品的比例日渐下降，从1996年的14.52%下降到2018年的5.43%，而工业制成品所占比例越来越大，从1996年85.48%上升到2018年的94.57%。进口商品结构变化趋势正好相反，初级产品的进口比例逐渐变大，从1996年的18.32%扩大到2018年的32.85%，工业制成品的进口比例越来越小，从1996年的81.68%降低到2018年的67.15%。

2018年，中国进出口总值再创新高，超过30万亿元，比2017年的多出2.7万亿元，出口商品结构与2017年相比变化不大，出口所占比例最大的都是机械及运输设备，2018年所占的比例为48.57%，同比上升了0.73个百分点。中国进口的商品结构则主要集中在电力机械、器具、电气零件以及机械与运输设备。2018年中国一般贸易进出口17.64万亿元，增长12.5%，占中国出口总值的57.8%，同比提升1.4个百分点，一般贸易所占比重逐年增大。2018年，中国机电产品出口占比提升，出口商品结构持续优化。机电产品出口9.66万亿元，增长7.9%，占中国出口总值的58.8%，比2017年提升0.4个百分点。其中，汽车出口增长8.3%，手机出口增长9.8%。同期，服装、玩具等七大类劳动密集型产品合计出口3.12万亿元，增长1.2%，占出口总值的19%。

表 4-3 1996—2018 年中国商品进出口结构①

年份	出口商品/%		进口商品/%	
	初级产品比重	工业制成品比重	初级产品比重	工业制成品比重
1996	14.52	85.48	18.32	81.68
1997	13.10	86.90	20.10	79.90
1998	11.15	88.85	16.36	83.64
1999	10.23	89.77	16.20	83.80
2000	10.22	89.78	20.76	79.24
2001	9.90	90.10	18.78	81.22
2002	8.77	91.23	16.69	83.31
2003	7.94	92.06	17.63	82.37
2004	6.83	93.17	20.89	79.11
2005	6.44	93.56	22.38	77.62
2006	5.46	94.54	23.64	76.36
2007	5.05	94.95	25.42	74.58
2008	5.44	94.56	32.03	67.97
2009	5.25	94.75	28.75	71.25
2010	5.17	94.83	30.99	69.01
2011	5.13	94.87	36.73	63.27
2012	4.90	95.10	34.91	65.09
2013	4.85	95.15	33.72	66.28
2014	4.81	95.19	33.03	66.97
2015	4.57	95.43	28.12	71.88
2016	5.01	94.99	27.73	72.27
2017	5.20	94.80	31.35	68.65
2018	5.43	94.57	32.85	67.15

由图 4-2 和图 4-3 可见当前中国贸易方式的变化趋势。前文已述，2020 年初爆发的全球新冠疫情将会使中国对外贸易面临严峻的形势，经济全球化的趋势短期内会进一步被削弱，因此对于中国而言，主要的贸易方式将会从加工贸易方式更加速向一般贸易进行转变，尤其是一些传统的劳动密集型或低端价值链上的产品线将有可能从国内转移出去，另外，国内经济的转型，也有可能使国内中高端制造业将自身的低端环节转移到海外。

由表 4-4 和表 4-5 可以看出，2008 年至 2018 年，工业制成品在中国进出

① 资料来源：中国商务部网站及世界贸易组织数据库。

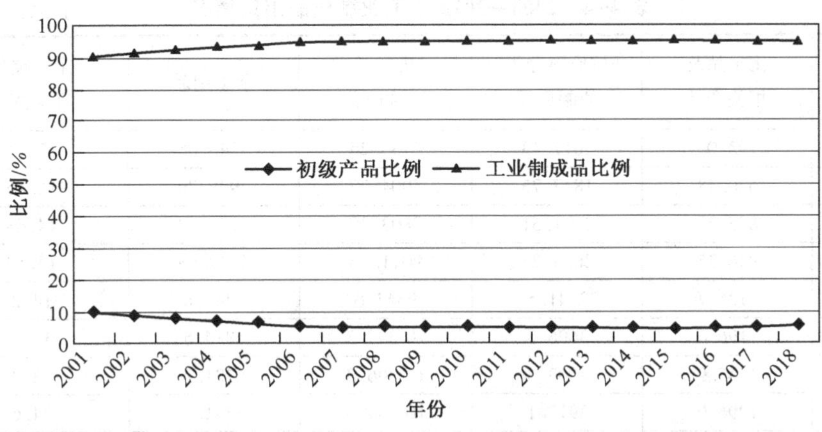

图 4-2　2001—2018 年中国出口商品结构比例变化趋势图①

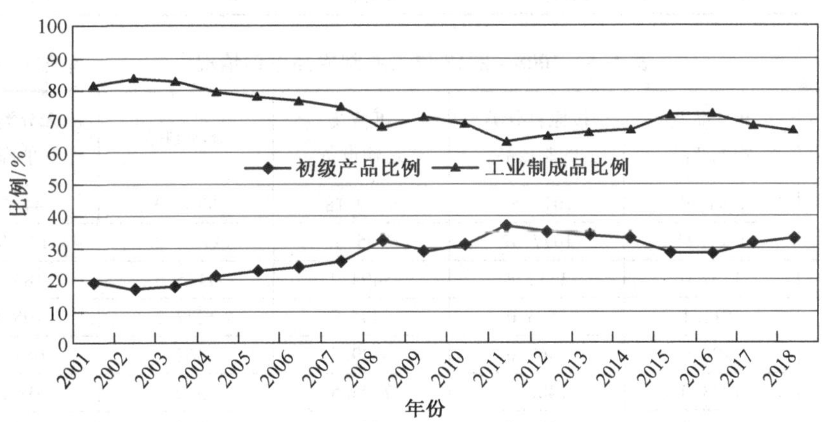

图 4-3　2001—2018 年中国进口商品结构比例变化趋势图②

口商品中的比例逐步增大，其中机械及运输设备进出口在工业制成品进出口中所占比例最大。在工业制成品出口中，按其所在比例高低排序依次是机械及运输设备、杂项制品、按原料分类的制成品、化学品及相关产品、未分类的其他商品，而在工业制成品进口中，所占比例高低排序依次是机械及运输设备、按原料分类的制成品、化学品及相关产品、杂项制品。

① 资料来源：中国商务部网站及世界贸易组织数据库。

② 资料来源：中国商务部网站及世界贸易组织数据库。

表 4-4 2008—2018 年工业制成品出口情况[①] 单位：亿美元

年份	化学品及相关产品	按原料分类的制成品	机械及运输设备	杂项制品	未分类的其他商品
2008	793. 09	2617. 43	6733. 25	3346. 06	17. 15
2009	620. 48	1847. 75	5904. 27	2996. 70	16. 45
2010	875. 87	2491. 51	7803. 30	3776. 80	14. 68
2011	946. 25	2603. 22	9011. 56	4129. 93	15. 50
2012	1135. 7	3341. 5	9643. 6	5346. 6	14. 2
2013	1196. 6	3606. 5	10 392. 5	5814. 5	17. 3
2014	1345. 9	4003. 8	10 706. 3	6221. 7	22. 7
2015	1296. 0	3913. 1	10 594. 5	5881. 5	24. 6
2016	1218. 9	3512. 0	9845. 1	5296. 2	58. 6
2017	1413. 3	3680. 5	10 827. 1	5477. 7	57. 6
2018	1675. 3	4047. 5	12 080. 6	5658. 1	58. 7

表 4-5 2008—2018 年工业制成品进口情况[②] 单位：亿美元

年份	化学品及相关产品	按原料分类的制成品	机械及运输设备	杂项制品	未分类的其他商品
2008	1191. 95	1071. 59	4419. 18	976. 19	44. 20
2009	1121. 24	1077. 32	5495. 61	1135. 26	184. 37
2010	1497. 0	1312. 8	5494. 2	1135. 6	184. 4
2011	1811. 1	1503. 0	6305. 7	1277. 2	495. 1
2012	1792. 9	1462. 6	6529. 4	1362. 2	687. 7
2013	1903. 0	1482. 9	7103. 5	1390. 1	1047. 4
2014	1933. 7	1724. 2	7244. 5	1398. 4	827. 6
2015	1713. 2	1333. 2	6834. 2	1347. 4	861. 3
2016	1640. 1	1218. 5	6579. 4	1260. 1	774. 5
2017	1937. 4	1350. 7	7348. 5	1341. 7	660. 8
2018	2236. 8	1514. 5	8395. 2	1437. 6	756. 1

4. 1. 4 对外贸易区域结构特征

从对外贸易的区域结构来看，中国东、中、西部各地区的贸易发展水平差

① 资料来源：中国商务部网站。
② 资料来源：中国商务部网站。

距很大，结构呈现明显的不平衡性。从表 4-6 和表 4-7 可见，整体上来看，对外贸易发展水平较高的是东部地区各省市，而与其差距最大的是西部地区各省市，西部地区的贸易发展水平偏低。东部地区的省市如广东、江苏、上海、浙江等无论从出口额还是从进口额来看都名列前茅。随着西部大开发和中部崛起战略的不断推进，东部沿海部分地区的外向型产业已经开始出现向中部地区甚至是西部地区转移的趋势，由此提升了近年来中部和西部地区在对外贸易规模中的增长速度，而东部沿海地区的对外贸易增长趋势开始逐步放缓。

表 4-6　2008—2018 年中国各省（区、市）出口情况①　单位：亿美元

地区	2008 年	2009 年	2010 年	2011 年	2012 年	2013 年	2014 年	2015 年	2016 年	2017 年	2018 年
北京	575	484	555	590	596	632	624	547	518	585	742
天津	420	299	375	445	483	490	526	512	443	436	488
河北	240	157	226	286	296	310	357	329	306	314	340
山西	92	28	47	54	70	80	89	84	99	102	123
内蒙古	36	23	33	57	40	41	64	57	44	49	58
辽宁	421	334	431	510	580	645	588	507	431	449	488
吉林	48	31	45	50	60	68	58	47	42	44	49
黑龙江	166	101	163	177	144	162	173	80	50	51	45
上海	1692	1419	1807	2098	2067	2042	2102	1959	1835	1937	2072
江苏	2380	1992	2706	3126	3285	3289	3419	3387	3193	3633	4040
浙江	1543	1330	1805	2164	2245	2488	2734	2766	2679	2869	3212
安徽	114	89	124	171	268	283	315	323	284	305	362
福建	570	533	715	928	978	1065	1135	1130	1037	1049	1156
江西	77	74	134	219	251	282	320	331	298	327	340
山东	931	795	1043	158	1287	1345	1448	1441	1372	1471	1601
河南	107	74	105	192	297	360	394	431	428	470	538
湖北	116	100	144	195	194	228	267	292	260	305	341
湖南	84	55	80	99	126	148	200	191	177	232	306
广东	4041	3590	4532	5319	5741	6364	6462	6435	5989	6228	6467
广西	74	84	96	125	155	187	243	280	230	275	328
海南	16	13	23	25	31	37	44	37	21	44	45
四川	131	142	189	290	385	420	449	332	279	376	504
重庆	57	43	75	198	386	468	634	552	407	426	514
贵州	19	14	19	30	50	69	94	100	47	58	51

① 资料来源：中国商务部网站。

续表

地区	2008年	2009年	2010年	2011年	2012年	2013年	2014年	2015年	2016年	2017年	2018年
云南	50	45	76	95	100	160	188	166	115	115	128
西藏	7	4	8	12	34	33	21	6	5	4	4
陕西	54	40	62	70	87	102	139	148	158	246	316
甘肃	16	7	16	22	36	47	53	58	41	18	22
青海	4	3	5	7	7	9	11	16	14	4	5
宁夏	13	7	12	16	16	26	43	30	25	37	27
新疆	193	108	130	168	194	223	235	175	156	177	164

表 4-7　2008—2018 年中国各省市（区、市）进口情况①　单位：亿美元

地区	2008年	2009年	2010年	2011年	2012年	2013年	2014年	2015年	2016年	2017年	2018年
北京	2143	1665	2460	3305	3485	3659	3533	2650	2302	2652	3382
天津	383	339	447	559	673	795	813	632	584	694	737
河北	144	139	194	250	210	239	242	185	161	185	199
山西	52	57	79	93	80	78	73	63	67	70	85
内蒙古	54	45	54	73	73	79	82	71	72	90	99
辽宁	304	295	376	449	461	497	552	453	435	546	656
吉林	86	86	124	171	186	191	206	143	142	141	157
黑龙江	63	62	92	208	232	227	216	130	115	137	220
上海	1529	1359	1882	2277	2299	2370	2563	2533	2504	2824	3085
江苏	1542	1396	1952	2271	2194	2220	2219	2070	1903	2278	2600
浙江	569	547	730	930	879	870	818	708	686	910	1113
安徽	91	68	119	143	125	174	178	157	159	232	268
福建	279	263	373	507	581	629	640	563	532	661	720
江西	61	53	81	97	83	86	107	93	103	118	143
山东	653	595	847	1102	1168	1327	1324	977	971	1160	1323
河南	68	61	73	134	221	240	257	308	284	306	291
湖北	90	73	115	140	126	136	164	164	133	158	187
湖南	42	47	67	91	94	103	110	102	86	129	160
广东	2792	2521	3315	3815	4100	4552	4305	3794	3567	3837	4380
广西	59	59	81	108	140	141	162	232	249	298	295

① 资料来源：中国商务部网站。

续表

地区	2008 年	2009 年	2010 年	2011 年	2012 年	2013 年	2014 年	2015 年	2016 年	2017 年	2018 年
海南	29	35	63	105	112	113	115	102	92	60	83
四川	89	101	139	187	207	226	254	182	214	306	395
重庆	38	34	49	94	146	219	320	193	221	240	277
贵州	15	10	12	19	17	14	14	23	10	24	25
云南	46	35	58	66	110	99	108	79	84	120	171
西藏	1	0	1	2	1	1	2	3	3	4	3
陕西	30	44	59	76	62	99	135	157	141	156	217
甘肃	45	31	57	66	53	56	33	22	28	32	38
青海	3	3	3	3	4	6	6	3	2	2	2
宁夏	6	5	8	7	6	7	11	8	8	14	10
新疆	29	30	42	60	58	53	42	22	21	29	36

中部地区出口增速相比于西部地区更加明显。中部地区占全国约 10.7% 的土地，承载全国约 26.51% 的人口，创造全国约 21.69% 的生产总值，是中国的人口大区、交通枢纽、经济腹地和重要市场，在中国地域分工中扮演着重要角色。

2008 年至 2018 年中部六省区中出口规模排名相对稳定的有河南省、安徽省、湖南省和山西省，河南省和安徽省这两个省区排名常年在六省中保持在前三，而湖南省和山西省则常年保持在后三位；其中，湖北省和江西省的排位变化最大，江西省在 2008 年首次进入前三排位并位列第一，在此后的 10 年均保持在前三位次，湖北省自 2012 年首次跌入后三位次后就一直保持着第四的位置①。

制造业出口呈现出增速由东部地区向中部地区“转移”的趋势。在 2008—2018 年这 10 年里中部地区制造业各细分产业总体呈上升态势，但是行业内部出口结构发生了较大变化。具体从要素禀赋的结构而言，劳动密集型产品仍然是中部地区制造业出口的主要产品，自 2010 年之后出口规模就稳居三大分类之首，中部地区均为人口大省，丰富且价格低廉的人力资源为其承接东部地区制造业转移奠定了坚实的要素基础；而随着越来越激烈的国际竞争环境以及国内区域发展不平衡态势的加剧，中部地区资本密集型制造业失去原来相当一部分的市场份额，从 2009 年出口规模问鼎峰值后就一直呈现波动态势，

① 王勇，张占仓．中国中部地区发展报告（2018）［R］．北京：社会科学文献出版社，2018.

近年来在三大细分行业中占比下滑至最末；技术密集型制造业在三大类别里起点最低，发展却是最快，且整体趋势一直保持稳定的增长状态，基于中部地区特殊的交通战略位置，加上中国交通运输行业迅猛的发展，中部地区技术密集型制造业在中国制造业产业升级的浪潮中能够迎来新一轮的发展机遇。

这一转变与中部地区制造业产业结构的调整和区位转移密切相关，中部地区各省市制造业发展水平存在较大差异，区域发展不平衡，因此要提升中部地区制造业整体竞争力就要因地制宜，充分发挥各地区位优势结合制造业产业调整状况制定具有针对性的制造业发展战略。排位较前的省份基于自身发展优势要顺应制造业朝“技术型”方向转移的潮流，积极培养自主创新能力，加快掌握一批具有自主知识产权的先进技术，形成制造业核心竞争力；排名较后的省份则要把握东部地区低端制造业转移的潮流，充分发挥自身的人力资源和交易成本等各种基础性优势，承接制造业转移，在巩固和扩大制造业规模的基础上，再去思考制造业效益提升与发展优化等相关问题。

4.2 中国产品内贸易发展现状

4.2.1 中国产品内贸易的总体发展情况

随着经济全球化程度的不断加深，产品内国际分工这种新的国际分工模式已经成为国际分工的重要形式之一。在全球尤其是亚太地区产品内贸易迅速发展的浪潮之下，已经通过国际贸易融入世界经济的中国凭借自身在自然资源与劳动力要素上的禀赋优势，逐步融入全球产品内国际分工的生产链条中，并已发展成为全球低端加工与组装性生产环节的重要基地。中国通过这种分工模式承接了来自众多发达国家跨国企业的国际直接投资和跨国外包，并通过以加工贸易为主要表现形式的国际产品内贸易获得了新的贸易利益。当前中国产品内分工与贸易的主要特点主要有三点：①加工贸易是中国开展国际产品内贸易的主要表现形式；②中国参与产品内国际分工的程度不断加深，而且国际产品内贸易是中国获取对外贸易利益的主要来源之一；③近年来中国的产品内分工地位有所提高，当前中国仍处在国际产品内分工体系价值链中低端的分工环节。

1. 加工贸易仍是中国产品内贸易的重要表现形式

加工贸易是中国对外贸易中最重要的贸易形式，如图 4-4 所示，2001 年以来加工贸易占中国对外贸易的比重逐年提高，占对外贸易总额中的很大一部分，几乎超过了总额的一半，虽然从 2006 年开始，加工贸易的比重开始下降，但仍然在中国对外贸易中占有很重要的地位。一方面，中国的进口产品中有相当部分用作外向型产业的原材料、中间品或半成品，经加工或生产后再对外出口；另一方面，在产品内分工条件下，发达国家通常将某些最终产品的劳动密集型生产阶段外包给劳动禀赋相对丰裕的发展中国家，因此形成了来料加工这种加工贸易方式，并在中国等发展中国家的对外贸易中占据重要地位。

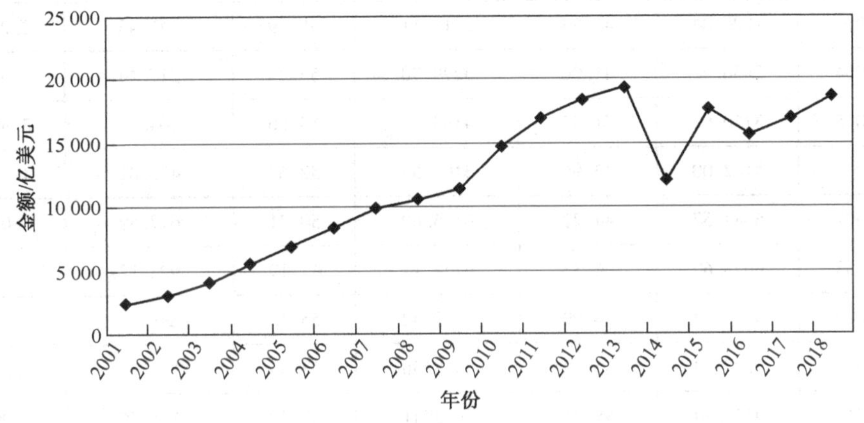

图 4-4 中国加工贸易进出口总额变化趋势①

中国自改革开放和加入 WTO 这两个阶段以来，参与国际分工的程度在不断加深，对外贸易规模急速上升，其中加工贸易是中国对外贸易中最为重要的部分。加工贸易是产品内贸易的一种表现形式，因为其本质是加工贸易各参与国根据各自的比较优势在产品价值链上的不同环节进行专业化分工，以寻求价值链增值带来的更高贸易利益，所以这种以跨国生产加工与销售为主要贸易行为的国际贸易方式符合产品内国际分工的基本特征。如表 4-8 所示，中国加工贸易进出口总额基本呈现逐年上升趋势，加工贸易进出口总额从 2001 年的 2 414. 07 亿美元增加到 2018 年的 18 560. 28 亿美元，增长了约 7. 69 倍；加工贸易进出口额在货物进出口贸易总额中的比重从 2001 年的 5. 72%提升到了 2018 年的 40. 15%。2018 年中国货物进出口贸易总额为 46 230. 38 亿美元，出口贸易总额为 24 874. 01 亿美元，一般贸易出口额为 14 009. 92 亿美元，占总出口额的 56. 32%；加工贸易出口额为 10 101. 44 亿美元，占总出口额的 40. 61%。可以发现，加工贸易已成为中国最主要的出口贸易方式之一，这种形式的对外贸易是中国对外贸易中不可或缺的部分。

① 资料来源：根据历年中国统计年鉴相关数据整理计算而得。

表 4-8 中国对外贸易方式的变化①

年份	一般贸易出口额		加工贸易出口额		其他贸易出口额	
	金额/亿美元	比例/%	金额/亿美元	比例/%	金额/亿美元	比例/%
2001	1118.81	42.04	1474.33	55.41	67.83	2.55
2002	1361.87	41.83	1799.28	55.26	94.82	2.91
2003	1820.34	41.54	2418.51	55.19	143.45	3.27
2004	2436.06	41.06	3279.70	55.28	217.44	3.66
2005	3150.63	41.35	4164.67	54.66	304.23	3.99
2006	4162.00	42.96	5103.55	52.67	423.81	4.37
2007	5384.57	44.22	6175.60	50.71	617.59	5.07
2008	6628.62	46.33	6751.14	47.19	927.17	6.48
2009	5298.33	44.09	6627.42	55.15	90.88	0.76
2010	7207.33	45.68	8418.56	53.35	153.43	0.97
2011	9171.24	48.31	9643.41	50.79	171.35	0.90
2012	9880.07	48.22	10403.88	50.78	205.40	1.00
2013	10875.53	49.21	10972.27	49.65	252.62	1.14
2014	7394.39	51.38	6772.83	47.06	223.95	1.56
2015	12156.97	53.44	10041.84	44.14	550.69	2.42
2016	11310.43	53.91	8888.99	42.37	782.12	3.72
2017	12300.90	54.34	9462.19	41.80	872.13	3.86
2018	14009.92	56.32	10101.44	40.61	762.65	3.07

随着中国外贸体制改革的深化和对外开放程度的加大，中国加工贸易经历了从无到有，从小到大的发展过程，实现了高速度、超常规以及跨越式发展。参与加工贸易的行业种类由纺织品和食品等少数简单品种发展到较高附加值、高技术含量的机械、化工和电子等深加工产品。如表 4-9 所示，化工和塑胶行业是加工贸易增长最迅速的行业，纺织和机电行业加工贸易的比重最大。从地区来看，参与加工贸易的地区从中国沿海省市扩大至内陆省市，加工贸易的贸易伙伴从中国香港和澳门地区发展到了欧洲、北美及日本。

① 资料来源：根据历年中国统计年鉴和海关相关数据计算整理得到。

表 4-9　中国加工贸易主要行业出口增长情况①（以 2009 年为基期）

行业	2010 年	2012 年	2014 年	2016 年	2018 年
化工	209.47	404.16	553.80	452.92	825.13
塑胶	136.50	414.01	354.45	451.65	659.26
皮革	65.81	150.74	184.19	147.33	176.66
木制品	19.35	48.68	69.01	57.97	72.19
纸制品	23.85	73.00	117.53	113.19	130.54
纺织	381.24	846.36	1261.75	918.54	1045.98
鞋帽	94.51	243.51	360.84	249.82	266.57
机电	1616.01	3262.42	4347.92	3600.08	5563.69
运输设备	287.83	482.79	446.89	327.96	579.15
仪器仪表	140.46	368.12	384.56	318.11	351.66
杂项制品	162.64	527.90	738.65	737.71	956.55

改革开放以来，中国对外贸易飞速发展，对中国经济增长的贡献程度不断上升，这得益于中国参与产品内国际分工程度的不断加深和更加开放的贸易政策。从改革开放至今，中国加工贸易的发展可分为四个阶段。1978—2000 年为第一阶段，该阶段中加工贸易占货物贸易的比重迅速上升，由 1981 年的 3.6%上升至 2000 年的 48.5%。加工贸易总额的年平均增长率高达 92.5%，达到货物贸易总额年平均增长率的近两倍之多。

2001 年中国加入 WTO 到 2007 年美国次贷危机爆发之前为第二阶段，这一阶段加工贸易发展比较稳定，其在货物贸易的比例平稳保持在 47%~48%，外资企业一直在加工贸易中处于绝对主导地位。第三阶段为 2007 年美国次贷危机爆发到 2012 年，加工贸易占货物贸易的比重开始出现下降趋势，而且由外资企业主导的加工贸易比重开始下降，如图 4-5 所示，虽然比重的绝对数额下降较为缓慢但趋势明显。第四阶段为 2013 年至今，加工贸易进出口比重均呈波动态势，尤其是加工贸易的进口比重在 70%~85%波动，而出口比重以及进出口比重趋势大致相同，呈现先上升后下降的状态但所占比重比以往年份都要低。

造成加工贸易比重下降的原因除了美国次贷危机之外，近年来中国积极调整和优化贸易结构的进程也是加工贸易比重下降的重要原因。如图 4-6 所示，2006 年中国的加工贸易出口额占出口总值的比例为 52.67%，2007 年中国启动

① 资料来源：根据历年中国统计年鉴相关数据计算整理得到。

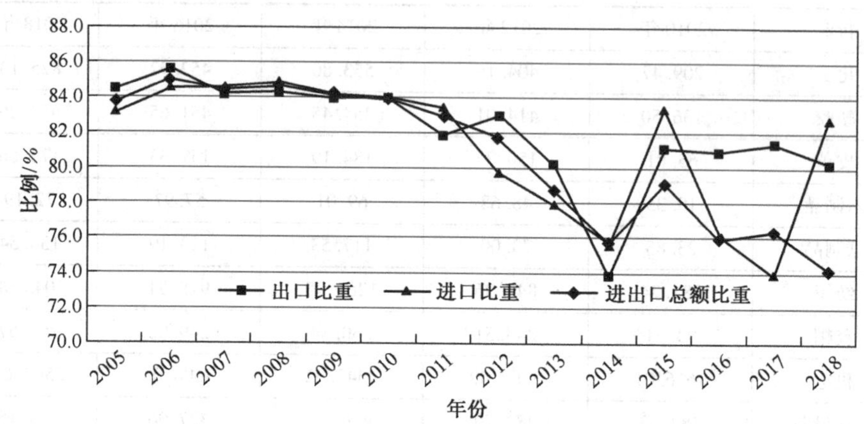

图 4-5　外资企业加工贸易进出口占全国加工贸易进出口比重①

了加工贸易转型升级之后该比重逐年下降，到 2011 年这一比重下降到了 44.01%；来料加工装配贸易出口和进料加工贸易出口在出口中所占比重则逐年下降，二者的比例分别从 2006 年的 9.75%和 42.92%下降到 2011 年的 5.67%和 38.33%，分别下降了 4.08 个和 4.59 个百分点。进口方面也显示出同样的趋势，来料加工装配贸易进口和进料加工贸易进口比重分别下降了 3.96 个和 9.71 个百分点。

2. 中国参与产品内国际分工的程度不断加深

在全球开展产品内贸易的浪潮之下，已经通过国际贸易融入世界经济的中国自然也不能错过这一新的国际分工形式所带来的新的贸易利益。虽然中国参与国际产品内分工的起步时间相对较晚，但是由于劳动力和土地成本优势使中国在开展产品内贸易上拥有巨大的潜力，众多发达国家的跨国企业都纷纷在中国进行直接投资以及外包活动。另外，中国政府制定的针对加工贸易的相关优惠性政策，也为中国产品内贸易的发展提供了良好的政治和经济环境。加工贸易发展至今，中国参与产品内国际分工的程度在不断加深。

本书首先使用联合国广义分类法也就是通常所说的 BEC 分类法（classification by broad economic categories，按广泛经济类别分类），对中国的贸易数据按照其生产阶段进行区分和比较，从而对中国在国际产品内分工中所占的地位

① 资料来源：根据历年《中国外商投资报告》相关数据整理而得。

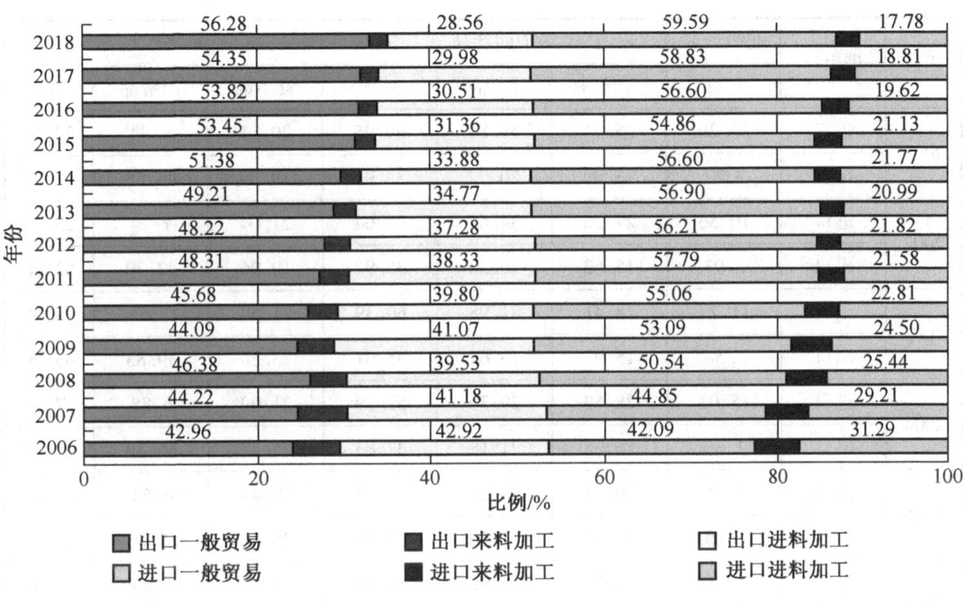

图 4-6　2006—2018 年中国主要对外贸易方式构成①

得出一个整体的印象②。表 4-10 列举了从 1999 年到 2018 年按该分类法计算的结果。

表 4-10　BEC 产品分类下中国的贸易产品结构③　单位：%

年份	进出口	初级产品	中间产品			最终产品		
		总计	零部件	半成品	总计	资本品	消费品	总计
1999	进口	8.66	23.45	41.59	65.04	19.19	15.90	35.09
	出口	3.30	11.57	21.77	33.34	7.27	48.87	56.14
2000	进口	13.55	24.23	38.06	62.29	17.55	6.51	24.06
	出口	3.67	12.83	21.39	34.22	17.27	46.02	63.29

① 资料来源：根据历年中国海关公布数据进行整理而得。

② BEC 分类法的缺点在于没有按照不同的行业来区分中间投入品，使区分的程度并不精细，本书在这里只是运用此方法从宏观上对中国参与国际产品内分工的情况进行描述。

③ 资料来源：根据联合国 Comtrade 数据库中数据计算整理而得。

续表

年份	进出口	初级产品	中间产品			最终产品		
		总计	零部件	半成品	总计	资本品	消费品	总计
2001	进口	12.20	25.11	35.84	60.95	20.11	6.94	27.05
	出口	3.37	13.99	20.92	34.91	18.39	44.58	62.97
2002	进口	10.56	27.36	34.68	62.04	21.04	7.24	28.28
	出口	2.93	15.62	20.30	35.92	19.96	42.70	62.66
2003	进口	11.77	28.41	31.98	60.39	21.58	7.67	29.25
	出口	2.58	15.97	19.64	35.61	23.26	39.83	63.09
2004	进口	15.05	28.59	29.30	57.89	21.09	6.88	27.97
	出口	1.89	16.65	21.18	37.83	25.22	36.89	62.11
2005	进口	16.96	29.54	28.20	57.74	19.40	6.54	25.94
	出口	1.95	16.87	21.10	37.97	26.41	35.53	61.94
2006	进口	17.93	30.54	25.97	56.51	19.16	6.89	26.05
	出口	1.42	17.43	22.22	39.65	35.53	34.19	69.72
2007	进口	19.84	29.40	25.98	55.38	18.23	7.19	25.42
	出口	1.21	17.32	22.02	39.34	27.98	31.95	59.93
2008	进口	25.62	26.05	23.68	49.73	16.91	7.26	24.17
	出口	1.29	17.42	24.37	41.79	27.89	31.23	59.12
2009	进口	23.05	27.19	25.71	52.90	16.76	8.25	25.01
	出口	1.02	17.60	20.12	37.72	29.93	33.26	63.19
2010	进口	27.59	27.52	25.87	53.39	14.10	4.91	19.01
	出口	0.91	18.50	21.37	39.87	30.04	29.18	59.22
2011	进口	30.94	24.71	55.03	79.74	16.12	4.15	20.27
	出口	0.87	18.46	20.46	38.92	28.25	29.87	58.12
2012	进口	31.37	25.31	54.31	79.62	15.38	4.74	20.12
	出口	1.57	17.91	23.00	40.91	30.04	29.06	59.10
2013	进口	30.74	26.92	53.43	80.35	14.54	5.11	19.65
	出口	1.54	19.06	23.03	42.09	28.42	29.49	57.91
2014	进口	29.62	26.30	53.48	79.78	14.73	5.49	20.22
	出口	1.52	17.70	24.29	41.99	27.97	30.03	58.00

续表

年份	进出口	初级产品	中间产品			最终产品		
		总计	零部件	半成品	总计	资本品	消费品	总计
2015	进口	22.72	28.82	49.95	78.77	14.83	6.39	21.22
	出口	1.57	18.33	24.56	42.89	27.92	29.19	57.11
2016	进口	22.07	29.95	48.46	78.41	14.61	6.97	21.58
	出口	1.72	18.68	24.27	42.95	27.65	29.39	57.04
2017	进口	24.93	14.08	65.56	79.64	14.39	5.98	20.37
	出口	1.46	15.85	28.39	44.24	29.81	25.94	55.75
2018	进口	25.93	13.14	66.35	79.49	14.30	6.22	20.52
	出口	1.35	16.14	29.43	45.57	29.63	24.80	54.43

如表 4-10 和图 4-7、图 4-8 所示，从出口商品的结构来看，中国出口商品以最终产品为主，1999 年到 2018 年间其比重一直都保持在 60%左右。其中，消费品出口是出口最终产品中的主要部分，其比重近年来呈现出逐渐下降的趋势。最终产品出口中资本品比例较低，但增长速度较快，由 1999 年的 7.27%上升到 2018 年的 29.63%，表明中国出口结构逐步向资本和技术密集型产品转变。中间投入品出口总体上保持了平稳的上升趋势，其中零部件的比重由 1999 年的 11.57% 增至 2018 年的 16.14%，半成品在 2011 年之后呈现稳步上升趋势，比重由 2011 年的 20.46% 增至 2018 年的 29.43%。

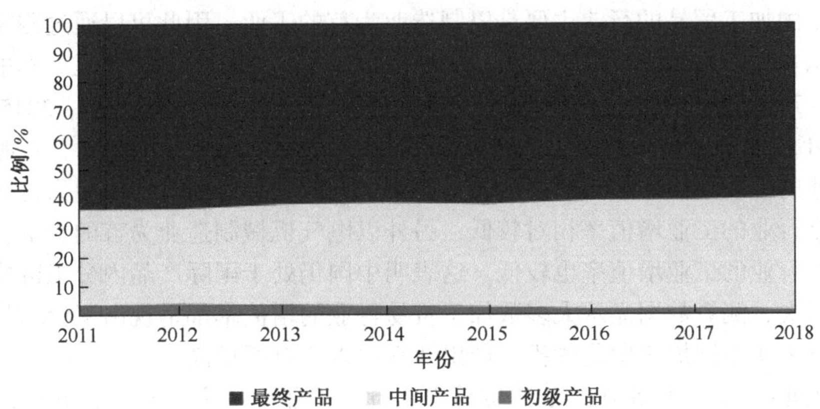

图 4-7　2011—2018 年三种类别产品出口占总出口总额的比重①

① 资料来源：根据联合国 Comtrade 数据库中数据计算整理而得。

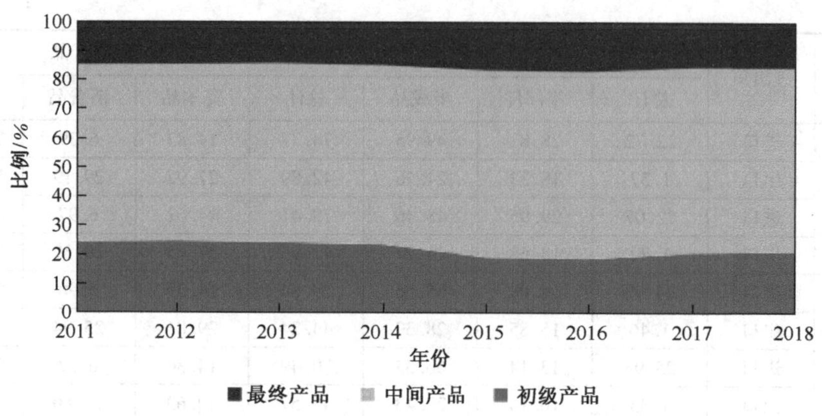

图 4-8 2011—2018 年三种类别产品进口占总进口总额的比重①

从进口商品结构来看，中间投入品为中国最主要的进口商品，其占进口商品的比重较为稳定。中间投入品中零部件的比重增长速度较快，由 1999 年的 23.45%上升到 2011 年的 27.89%。进口商品中最终产品所占的比重较低，约为 25%，在 2017 年和 2018 年甚至出现了急剧下降趋势，跌至 13.14%。此外，进口最终产品中以进口资本品为主，而进口消费品所占比重很小。由此可见，中国在近 20 年的对外贸易中主要进口以零部件为主的中间投入品，出口以消费品为主的最终产品，中国参与国际产品内分工的程度在不断加深。

中国加工贸易的行业主要是以制造业为首的工业，因此可以通过测算近年来中国各加工贸易行业的增值量，来研究加工贸易结构的变化情况。本书以中国投入产出表中的工业行业数据为基础计算了 2010 年、2012 年、2015 年和 2017 年各加工贸易行业的工业增值率②。结果表明从行业结构来看，资源密集型行业的工业增值率相对较高而且呈不断上升的趋势；而以纺织业为首的劳动密集型行业的工业增值率相对较低；另外以电气机械制造业为首的资本、技术密集型行业的工业增值率也较低。这表明中国仍处于国际产品内分工链条中的低端层次，测算数据显示大多数加工贸易行业的增值率都呈现出平稳增长的态势，这表明中国加工贸易的投入产出效率比以前有所提高。

表 4-11 是近年来中国加工贸易主要行业工业增值率一览表，其中前三行

---

① 资料来源：根据联合国 Comtrade 数据库中数据计算整理而得。

② 由于目前已公布的中国投入产出数据只到 2017 年，所以本书采用外推法得到 2010 年和 2015 年中国投入产出数据，具体方法详见第 5 章。

的数据分别为纺织业，纺织服装、鞋帽制造业，皮革、羽毛（绒）制造业三个劳动密集型行业；后面五行数据分别是医药制造业，化学原料及化学制品制造业，通信、计算机等电子设备制造业，电气机械以及器材制造业和交通运输设备制造业五个资本密集型行业。这些行业均为加工贸易比重较高的行业，对比这八个加工贸易行业近年来工业增值率的变化情况可以发现：与资本密集型行业相比，劳动密集型加工贸易行业的工业增值率较高且主要呈逐步上升的趋势。这表明劳动密集型行业投入产出效率的提高，可能得益于这些行业中发生的产品内贸易（加工贸易）的带动作用，也表明加工贸易的附加值比以往年份有所增加。

表 4-11　近年来中国加工贸易主要行业工业增值率①　　单位:%

加工贸易行业	2007 年	2010 年	2012 年	2015 年	2017 年
纺织业	26.13	26.28	26.31	26.84	25.80
纺织服装、鞋帽制造业	29.68	29.82	30.56	31.17	29.97
皮革、羽毛（绒）制造业	28.69	29.13	29.19	29.77	28.62
医药制造业	36.50	36.56	35.59	36.30	34.90
化学原料及化学制品制造业	27.09	27.26	27.20	27.74	26.67
通信、计算机等电子设备制造业	19.56	19.67	19.55	19.94	19.17
电气机械以及器材制造业	24.90	24.78	25.23	25.73	24.74
交通运输设备制造业	25.02	25.13	25.42	25.93	24.93

4.2.2　中国产品内贸易的主要行业特征

为了准确描述中国产品内贸易的主要特征，本书将对中国各行业参与国际产品内分工的程度进行测算。本书采用基于投入产出表的 VS（vertical specializing，垂直专业化）指标计算方法，通过一国的投入产出矩阵来计算产品内分工程度。VS 指标又分为绝对值指标 VS 值和相对值指标 VSS，前者衡量一国进口中间投入品中用于生产出口品的那部分中间投入品的绝对价值，后者衡量 VS 绝对值在该国总出口中所占的比重。本书选择 VSS 系数来测度中国产品内分工的程度，需要运用中国的投入产出数据进行测度，虽然国际间投入产出数据更为精确，但是这种数据很难获得，因此仍选用中国的投入产出数据来计算，其计算公式为

① 资料来源：根据相应年份的投入产出数据计算得到。

$$VSS = \frac{1}{X} u A^M (I - A^D)^{-1} X^v \tag{4-1}$$

其中，$u = (1, 1, \cdots, 1)$；$A^M = \begin{pmatrix} a_{11} & \cdots & a_{1n} \\ \vdots & \ddots & \vdots \\ a_{n1} & \cdots & a_{nn} \end{pmatrix}$，是进口中间投入品系数矩阵；$I$ 是单位矩阵；$A^D = \begin{pmatrix} b_{11} & \cdots & b_{1n} \\ \vdots & \ddots & \vdots \\ b_{n1} & \cdots & b_{nn} \end{pmatrix}$，为国内消耗系数矩阵；$X^v = \begin{pmatrix} X_1 \\ \vdots \\ X_2 \end{pmatrix}$，为出口向量；$(I - A^D)^{-1}$ 是里昂惕夫逆矩阵；n 是中国产业部门的数目。

由于中国国家统计局编制的投入产出表 5 年公布一次，考虑到数据的连续性，所以可以利用投入产出表的延长表进行补充测算，采用垂直专业化系数（VSS 系数）方法来测算中国各个行业内部发生产品内分工的程度，VSS 数值越高代表该行业发生产品内分工的程度也越高，反之则主要表现为传统的产业间分工。各类贸易数据均来源于联合国贸易数据库 Comtrade 并进行整合，其结果如表 4-12 所示。

表 4-12　1997—2010 年中国各行业 VSS 值①　　单位：%

行业	2005 年	2007 年	2010 年	2012 年	2015 年	2017 年
煤炭采选业	12. 15	13. 59	13. 44	13. 71	13. 85	12. 60
石油、天然气开采业	17. 10	10. 66	13. 58	13. 85	13. 99	12. 73
金属矿采选业	22. 15	15. 06	23. 16	23. 62	23. 86	21. 71
非金属和其他矿采选业	17. 10	14. 82	16. 90	17. 24	17. 41	15. 84
食品制造及加工业	11. 44	11. 55	12. 03	12. 27	12. 39	11. 28
纺织业	30. 14	33. 96	32. 15	32. 79	33. 12	30. 14
服装鞋帽皮革羽绒制品业	32. 11	38. 12	35. 22	35. 92	36. 28	33. 02
木材加工及家具制造业	24. 17	29. 23	18. 76	19. 14	19. 33	17. 59
造纸印刷及文教体育用品制造业	22. 03	26. 55	22. 74	23. 19	23. 43	21. 32
石油加工、炼焦及核燃料加工业	26. 56	12. 11	27. 89	28. 45	28. 73	26. 15
化学工业	22. 76	20. 68	24. 76	25. 26	25. 51	23. 21
非金属矿物制品业	16. 30	17. 30	19. 55	19. 94	20. 14	18. 33
金属冶炼及压延加工业	19. 67	16. 98	24. 75	25. 25	25. 50	23. 20

① 资料来源：根据历年中国统计年鉴及投入产出数据进行整理计算得到。

续表

行业	2005 年	2007 年	2010 年	2012 年	2015 年	2017 年
金属制品业	22.10	22.26	23.24	23.70	23.94	21.79
通用、专用设备制造业	26.72	24.59	26.69	27.22	27.50	25.02
交通运输设备制造业	26.20	27.28	27.71	28.26	28.55	25.98
电气机械及器材制造业	31.04	29.41	28.88	29.46	29,75	27.07
通信等电子设备制造业	51.55	51.40	45.71	46.62	47.09	42.85
仪器仪表及办公用机械制造业	52.26	42.19	42.04	42.88	43.31	39.41
工艺品及其他制造业	19.73	24.54	19.57	19.96	20.16	18.35
电力、热力的生产和供应业	10.56	14.89	16.35	16.68	16.84	15.33
燃气生产和供应业	11.99	12.57	34.08	34.76	35.11	31.95
水的生产和供应业	8.80	10.93	11.77	12.01	12.13	11.03
建筑业	16.78	20.98	18.87	19.25	19.44	17.69
交通运输及仓储业	10.79	11.64	15.13	15.43	15.59	14.18
邮政业	14.02	14.38	11.72	11.95	12.07	10.99
批发和零售业	9.25	11.21	8.19	8.35	8.44	7.68

4.2.3 中国产品内贸易的主要国别特征

近 10 年来全球制造业结构发生的变化以及中国对外贸易开放程度的逐步提高，使中国参与产品内国际分工的程度日益加深。中国以自身充裕的劳动力禀赋以及较大的市场潜力为基础开展产品内贸易，由此带来的生产规模扩张使中国逐步扩大了开展产品内贸易的地区范围。参与国际中间产品贸易的国内地区从中国沿海省市扩大至内陆省市，而中国产品内贸易的贸易伙伴也从港澳地区发展到了日本、欧洲以及北美地区。

图 4-9 反映了近年来中国中间产品进口来源地区的分布情况。中国从东亚和东南亚地区进口中间产品的比重不足 40%。其中四小虎地区比重在 8%左右，日本也仅在 8%左右，东南亚和东亚其他地区比重保持在 20%左右。此外，美国和欧盟（含英国）的占比均为 8%左右。其他国家和地区所占比重则为 40%左右，是中国进口中间产品的主要来源地。2017 年，中国中间产品进口在东亚和东南亚地区比重明显减小。说明中国从亚太地区参与产品内国际分工发展到了欧洲及北美地区，这是中国对外贸易格局逐步拓展的体现。

图 4-10 是采用 2017 年投入产出数据，用不可分 VS 方法和可分 VS 方法

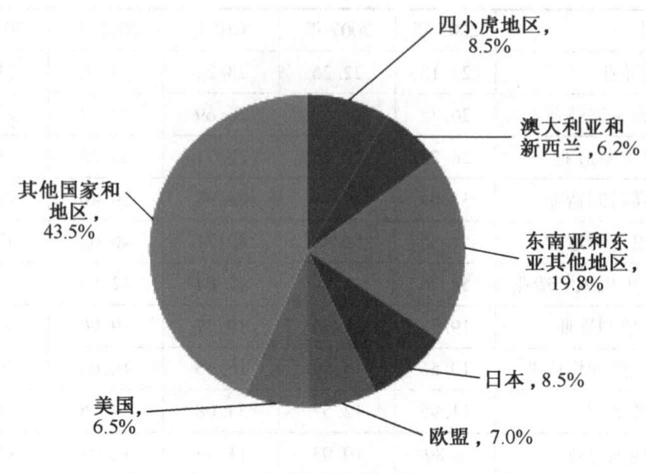

（a）2012年进口中间产品地区分布

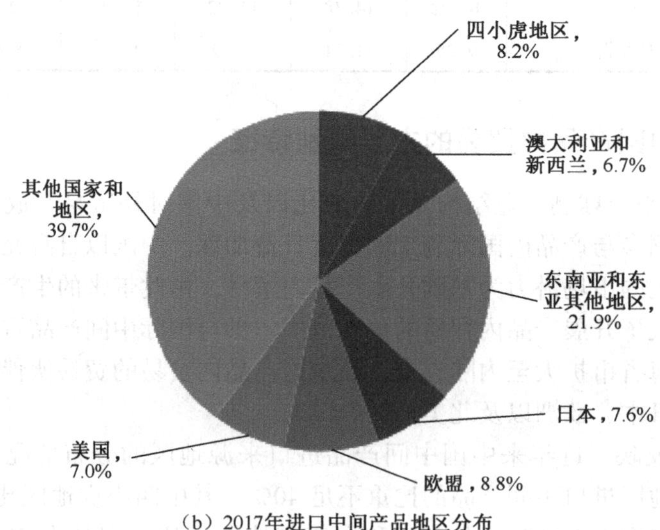

（b）2017年进口中间产品地区分布

图 4-9 2012 年和 2017 年中国中间产品进口来源地区分布①

测算出的中国与主要出口贸易伙伴的垂直化指数一览表。从测算结果可以发现，在考虑到加工贸易出口产品中的进口投入密集度要素之后，中国对美国、

① 资料来源：根据 Dean，Fung 和 Zhang（2011）相关测度方法进行计算整理而得。

加拿大、欧盟等国家和地区的产品内贸易联系主要表现为将加工装配或制成的贸易品出口到这些国家和地区。从中间产品的贸易差额来看，中国对日本和四小虎国家出现了较大的贸易逆差，而中国香港成为最大的贸易顺差来源地。从可分VS指标来看，中国内地与中国香港和新加坡这两个转口贸易大国的垂直一体化指数较高，而与其他东亚和东南亚国家的出口垂直化指数较低，这表明中国产品内贸易的主要进口地为东亚和东南亚地区，而主要出口地为北美、欧洲等地区。因此当前中国产品内贸易的国别结构特征主要表现为：中国将从亚太地区进口的中间投入品在国内经过加工装配后出口到北美、欧盟等发达国家和地区。

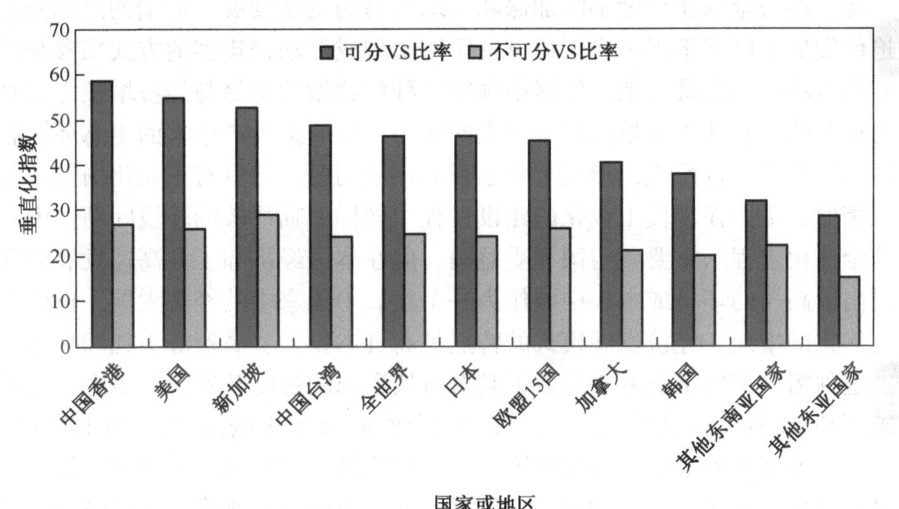

图4-10 2017年中国与主要出口贸易伙伴的垂直化指数[①]

中国已然是国际产品内分工格局中的重要力量，但相对于发达国家而言仍处于国际分工体系的较低端。首先，近年来世界服务贸易发展迅速，在世界产业结构中，服务业比重在上升，制造业比重在下降。“服务-制造”新形态的形成给中国在世界的产品内分工地位带来了威胁。其次，中国制造业在生产全球化进程中主要扮演的是低技术含量分工环节的角色，在国际分工中地位比较低。一部分制造业的行业在国际分工中的地位还出现了逐渐降低甚至边缘化的

① 资料来源：本书采用2017年相关数据，根据Dean，Fung和Zhang（2011）的测度方法进行计算整理而得。可分VS方法与不可分VS方法相比，后者在计算进口中间投入密集度较高的加工贸易出口时会出现偏差，而前者的计算更为准确，具体计算方法见Dean，Fung和Zhang（2011）。

趋势。从制造业出口数据分类来看，中国的劳动密集型行业如服装业等的低端比例相对较低，而技术密集型与资本密集型行业低端比例较高。这说明随着技术含量的不断提升，中国国际分工的地位不断下降。另外，中国的国际分工地位与发展水平并不匹配。中国作为发展中大国却处于国际分工较低端，对中国的经济发展水平而言，这种国际分工地位是并不相匹配的。

4.3 中国对外贸易发展中面临的环境问题

随着经济全球化程度不断加深和全球贸易的迅速发展，低端的国际分工地位迫使发展中国家不得不主要通过资源密集型或劳动密集型的方式来参与国际贸易以带动本国经济发展，发展中国家这种粗放型的贸易与经济增长方式对其国内资源储量和环境质量形成了巨大的压力，粗放型生产带来的生态环境破坏和污染物排放日益严重，形成了一系列的环境问题。与所有工业化国家的发展历程相似，中国在现代工业化的建设过程中同样面临严峻的环境问题。中国是经济全球化进程的重要参与国和受益国，但在本国经济和工业高速发展的同时也付出了高昂的环境成本。中国作为一个发展中国家中的经济大国，正处在工业现代化的中期，经济发展模式的特点是高资本投入、高资源消耗和高污染排放。这种粗放型的增长方式造成了其对自然资源的过度开发，对生态系统的严重破坏和对环境的大量污染。经过改革开放 40 多年来的发展，中国的外汇储备总量和外资流入量已成为世界第一，而代价是国内能源消耗量和二氧化硫排放量也高居世界第一，碳排放量为世界第二，国内污染物排放量已经远远超过环境自身的同化能力，而且中国环境的破坏速度也远高于其治理能力，当前中国的环境污染已经逐渐蔓延，涉及面越来越广，危害程度日益加深，成为制约中国经济和社会发展的一大难题。

4.3.1 水资源短缺和污染问题

联合国官方公布数据显示，中国是世界上地区性水资源最为匮乏的 13 个国家之一，中国的水资源地域分布不均且人均水资源只有世界平均水平的1/4，目前中国有 15 个省级地区的人均水资源占有率在严重缺水线之下，其中 7 个省级地区的人均水资源无法满足基本生存需求。在全国 600 多个城市中，有 400 多个城市供水不足，100 多个城市严重缺水。缺水问题严峻的同时，水资源的浪费问题也相当严重，中国工业产品耗水量为发达国家的 5~10 倍，而重复利用率却不到发达国家水平的 1/3。另外，水资源还面临严重的污染问题，全国七大水系有近一半属于污染严重的河段。当前水资源短缺和污染问题已成为影响中国可持续发展的环境制约因素之一①。

图 4-11 所示为 2010—2015 年中国各地区工业废水排放量一览表，全国工业废水排放量从 2001 年的 202.6 亿吨增加到 2015 年的 199.5 亿吨。对比 2001—2015 年的工业废水排放增长量数据，可以看出中国加入 WTO 之后，对外贸易规模的急速扩张促使中国国内的工业规模在不断扩大，工业废水排放量随之增加得更为迅速。2001 年中国加入 WTO 之后国内的工业废水排放量开始持续上升，直到 2007 年达到最大值 246.6 亿吨。2008 年之后，工业废水排放量开始出现回落，这是由于 2008 年美国金融危机所导致的全球性经济危机对中国出口增速带来负面影响，但更主要的原因在于中国国内的环境治理力度和环境规制水平在上升，促使工业废水的排放量开始持续走低。

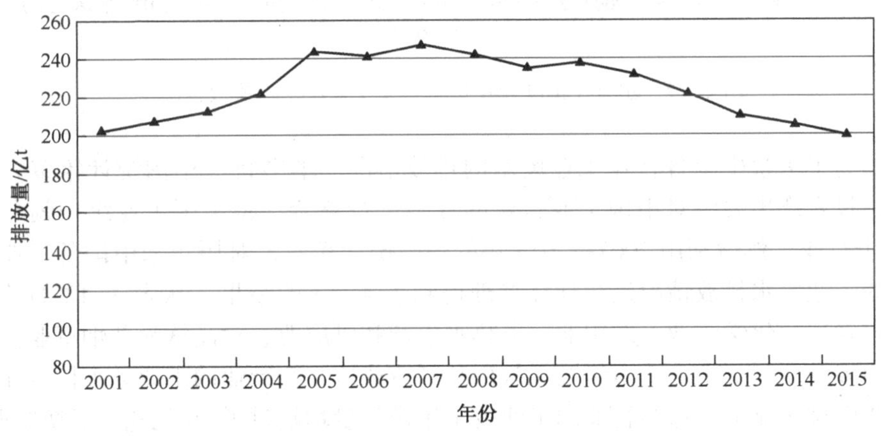

图 4-11　2001—2015 年中国工业废水的排放情况②

从地区来看，对外贸易依存度高的东部沿海城市废水排放量一直处于前列，表明中国对外贸易的重点地区没有改变，同时随着产业结构的调整和产业贸易转移，中西部地区的工业废水排放量也呈现出一定的上升趋势。

如图 4-12 所示，在中部六省中，河南省每年的工业废水排放量最高，在 2015 年达到 43.34 亿吨，大约是 2004 年河南省的工业废水排放量的 1.7 倍。山西省的工业废水排放量最低，约占河南省工业废水排放量的 30%。各省在 2015 年后排放量均呈现出缓慢下降的趋势，这与技能减排政策有关，各地政

① 数据来源：《中国统计年鉴 2019》。

② 数据来源：《中国环境统计年鉴 2017》。

府采取相关环保政策，对排污不达标的企业进行严厉打击，使工业废水排放有了一定程度的改善。

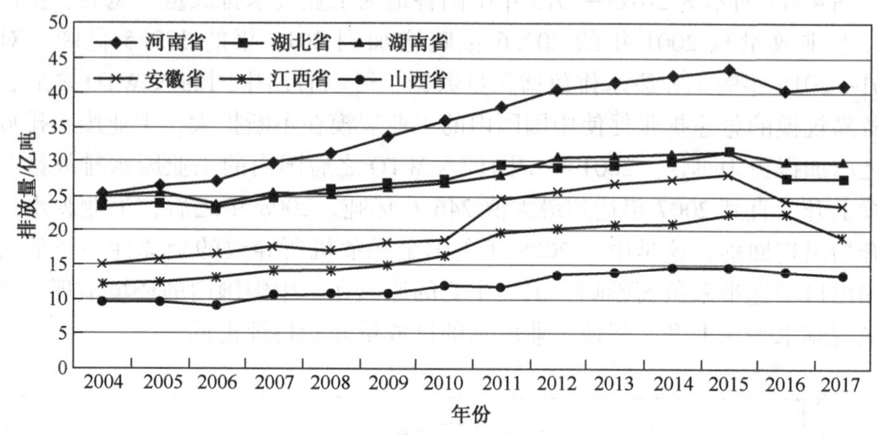

图 4-12 2004—2017 年中国近年来工业废水的排放情况①

为了考察中国各行业工业废水的排放情况，本书将《中国统计年鉴》和中国投入产出表中对中国工业行业的分类进行整合，将中国工业统一划分为21 个行业，然后利用 2007—2015 年的中国统计年鉴，对历年来中国各工业行业的工业废水排放情况进行计算整理得到表 4-13 的结果。从表 4-13 的数据可以发现，化学工业、纺织业、电热水生产和供应业、食品饮料及烟草业、金属冶炼及压延加工业、造纸及文教用品制造业这几个行业的工业废水排放在各行业中排名靠前，这些行业的工业废水年排放量均超过了 10 亿吨，而纺织业、化学工业正是中国对外贸易的主要行业，尤其是纺织业，是中国加工贸易的主要行业之一。

表 4-13 2007—2015 年中国各工业行业工业废水排放量② 单位：亿吨

行业	2007 年	2008 年	2009 年	2010 年	2011 年	2012 年	2013 年	2014 年	2015 年
煤炭采选业	7.30	7.22	8.02	8.14	8.02	7.79	7.65	7.56	7.05
石油和天然气开采业	1.00	1.12	1.02	1.13	1.11	1.08	1.06	1.05	0.98
金属矿采选业	5.94	5.96	5.29	5.17	5.09	4.95	4.86	4.80	4.48

① 数据来源：根据《中国环境统计年鉴》（2005—2017）和《中国环境统计年鉴》（2005—2018）整理。

② 资料来源：根据历年《中国统计年鉴》和《中国环境统计年鉴》数据进行整理。

续表

行业	2007 年	2008 年	2009 年	2010 年	2011 年	2012 年	2013 年	2014 年	2015 年
非金属矿采选业	0.87	0.93	0.77	0.92	0.91	0.88	0.86	0.85	0.80
食品饮料及烟草业	25.75	27.94	26.95	27.21	26.80	26.05	25.58	25.28	23.56
纺织业	22.52	23.04	23.91	23.24	22.89	22.25	21.85	21.59	20.12
服装皮革羽绒制造业	3.81	4.14	3.97	3.89	3.83	3.72	3.66	3.61	3.37
木材加工及家具制造业	0.67	0.65	0.80	0.77	0.76	0.74	0.72	0.72	0.67
造纸及文教用品制造业	42.55	40.89	39.38	40.12	39.52	38.41	37.72	37.27	34.73
电热水生产和供应业	17.48	18.16	14.90	15.23	15.00	14.58	14.32	14.15	13.19
石油加工业及炼焦业	7.31	7.05	6.64	6.80	6.70	6.51	6.39	6.32	5.89
化学工业	37.30	35.00	34.09	34.27	33.76	32.81	32.22	31.83	29.67
非金属矿物制品业	4.03	3.58	3.28	4.33	4.27	4.15	4.07	4.02	3.75
金属冶炼及压延加工业	18.87	17.43	15.50	16.43	16.18	15.73	15.45	15.26	14.22
金属制品业	3.33	2.83	3.13	3.21	3.16	3.07	3.02	2.98	2.78
机械工业	2.16	2.48	2.45	2.55	2.51	2.44	2.40	2.37	2.21
交通运输设备制造业	2.20	2.85	2.74	2.83	2.79	2.71	2.66	2.63	2.45
电气机械及器材制造业	0.87	0.99	0.93	0.92	0.91	0.88	0.86	0.85	0.80
电子及通信设备制造业	2.96	3.19	3.35	3.27	3.22	3.13	3.07	3.04	2.83
仪器仪表等制造业	0.72	0.58	0.58	0.60	0.59	0.57	0.56	0.56	0.52
其他工业	0.38	0.34	0.36	0.33	0.33	0.32	0.31	0.31	0.29

4.3.2　大气污染问题

大气环境是人类赖以生存的宝贵环境资源，对大气环境资源的破坏是一个不可逆的过程。空气污染和水污染并列，被认为是造成中国环境质量持续恶化的最主要原因。煤炭燃烧产生的二氧化硫是大气中分布最广、污染数量最大、对环境影响最为严重的污染物之一。如表 4-14 所示，目前我国二氧化硫等污染物的排放在全球仍居高位，2015 年全国二氧化硫排放量为1 859.1 万吨，其中工业二氧化硫排放量为 1 556.7 万吨，占总排放量的 83.7%，因此中国大气污染中的二氧化硫排放主要来源于工业生产。除了工业二氧化硫之外，工业烟（粉）尘和工业氮氧化物均为大气废弃中的重要污染物。2006 年以来随着中国对大气污染物排放的规制措施越来越严格，加之 2008 年出现的美国金融危机，工业二氧化硫、工业烟（粉）尘和工业氮氧化物这三种大气污染物的排放量均呈现出持续下降的趋势。2015 年，全国工业二氧化硫、工业烟（粉）尘和工业氮氧化物这三种大气污染物的排放总量较 2006 年分别下降了 30.4%、26.3%和 4.0%。工业烟（粉）尘和工业氮氧化物排放量的下降趋势明显。与此相对的是，中国工业氮氧化物的排放量在 2010 年前呈现出上升趋势，而 2011 年以来排放总量逐年下降。同时，2015 年，全国氮氧化物排放量为 1 851.0 万吨，其中工业氮氧化物排放量为 1 180.9 万吨，比 2014 年下降了 9.1%，占全国氮氧化物排放量的 63.8%，除了工业生产性排放以外，服务运输性排放也是氮氧化物排放量不可忽略的来源之一。

表 4-14 2001—2015 年中国工业废气中主要污染物排放量[①] 单位：万吨

年份	工业二氧化硫	工业烟（粉）尘	工业氮氧化物
2001	1566.6	1842.5	NA
2002	1562.0	1745.2	NA
2003	1791.4	1867.2	NA
2004	1891.4	1791.3	NA
2005	2 168.4	1860.1	NA
2006	2 237.6	1672.9	1136.0
2007	2 140.0	1469.8	1261.3
2008	1991.3	1255.6	1250.5
2009	1865.9	1128.0	1284.8
2010	1864.4	1051.9	1465.6
2011	2 017.2	1100.9	1729.7
2012	1911.7	1029.3	1658.1
2013	1835.2	1094.6	1545.6
2014	1740.4	1456.1	1404.8
2015	1556.7	1232.6	1180.9
增长率/%	0.2	-2.1	1.0

从表 4-15 中可见，从行业角度观察，大部分行业的工业二氧化硫排放量呈现出下降趋势，但下降的幅度不大。其中化学工业、电热水生产和供应业、金属冶炼及压延加工业和非金属矿物制品业的二氧化硫年排放量均在 100 万吨以上，明显高于其他工业行业，其中电热水生产和供应业的排放量年均在 900 万吨左右，是工业二氧化硫排放量最大的行业。结合表 4-6 可以发现，化学工业和金属冶炼及压延加工业这两个工业二氧化硫排放较大的行业中以一般贸

① 资料来源：《中国环境统计年鉴 2017》。

易为主，然而近年来产品内分工程度在不断提高。

表 4-15　2010—2015 年中国各工业行业二氧化硫排放量[①]　单位：万吨

行业	2010 年	2011 年	2012 年	2013 年	2014 年	2015 年
煤炭采选业	14.82	16.42	16.22	15.88	15.28	14.59
石油和天然气开采业	3.24	3.59	3.55	3.47	3.34	3.19
金属矿采选业	16.56	18.35	18.13	17.75	17.07	16.30
非金属矿采选业	4.06	4.50	4.44	4.35	4.19	4.00
食品饮料及烟草业	36.99	40.98	40.49	39.64	38.14	36.42
纺织业	25.40	28.14	27.81	27.22	26.19	25.01
服装皮革羽绒制造业	2.88	3.19	3.15	3.09	2.97	2.84
木材加工及家具制造业	3.21	3.56	3.51	3.44	3.31	3.16
造纸及文教用品制造业	42.78	47.40	46.83	45.85	44.11	42.12
电热水生产和供应业	903.20	1 000.75	988.74	967.97	931.19	889.29
石油加工业及炼焦业	58.72	65.06	64.28	62.93	60.54	57.82
化学工业	101.99	113.00	111.65	109.30	105.15	100.42
非金属矿物制品业	155.67	172.48	170.41	166.83	160.49	153.27
金属冶炼及压延加工业	212.10	235.01	232.19	227.31	218.67	208.83
金属制品业	3.44	3.81	3.77	3.69	3.55	3.39
机械工业	7.87	8.72	8.62	8.43	8.11	7.75
交通运输设备制造业	3.51	3.89	3.84	3.76	3.62	3.46
电气机械及器材制造业	1.12	1.24	1.23	1.20	1.15	1.10
电子及通信设备制造业	1.01	1.12	1.11	1.08	1.04	0.99
仪器仪表等制造业	0.16	0.18	0.18	0.17	0.16	0.16
其他工业	0.36	0.40	0.39	0.39	0.37	0.35

4.3.3　土壤污染问题

中国总体的土地面积位居世界第四位，但是人均土地占有面积只有世界人均水平的 1/3；其中人均耕地面积仅为 0.1 公顷，还不到世界人均耕地面积的一半，因此中国存在严重的土地资源匮乏问题。另外，中国还存在土地污染程度加剧、荒漠化沙漠化面积增加以及水土流失严重等土壤环境问题。工业固体

① 资料来源：根据历年《中国统计年鉴》和《中国环境统计年鉴》数据进行整理。

废物通常会造成土壤地区性污染问题，2010 年工业固体废物排放量 498 万吨，比 2009 年减少 30.0%。2015 年，全国工业固体废物产生 327 079 万吨，比 2014 年增加 0.45%；全国危险废物产生量 3 976.11 万吨，比 2014 年增加 8.62%。这些生产性工业固体废物对土壤造成了严重的环境污染。

表 4-16 所示为近年来中国工业固体废物的产生及处理情况，可发现自中国加入 WTO 以来，随着经济规模的不断扩大，由此产生的工业固体废物总量总体上来说一直在不断上升，由 2001 年的 88 746 万吨上升到了 2015 年的 327 079 万吨，增长了约 3.69 倍。与此相对的是，2001 年以来中国工业固体废物的排放量呈现出持续下降的趋势，从 2001 年的 2 894 万吨下降到 2010 年的 498 万吨，大幅下降了近 82.8%。这主要得益于工业固体废物的处理量每年在不断增加，其中工业固体废物的综合利用量和处置量分别从 2001 年的 47 290 万吨和 14 491 万吨增长到 2015 年的 198 807 万吨和 73 034 万吨，增长率分别达到了 420%和 504%，而工业固体废物的贮存量从 2001 年的 30 183 万吨上升到 2015 年的 58 365 万吨，由此可见通过综合利用和处理，中国工业固体废物的排放量逐年下降。

表 4-16　2001—2015 年中国工业固体废物产生及处理量[①]　单位：万吨

年份	产生量	排放量	综合利用量	贮存量	处置量
2001	88 746	2894	47 290	30 183	14 491
2002	94 509	2635	50 061	30 040	16 618
2003	100 428	1941	56 040	27 667	17 751
2004	120 030	1762	67 796	26 012	26 635
2005	134 449	1655	76 993	27 876	31 259
2006	151 541	1302	92 601	22 398	42 883
2007	175 632	1197	110 311	24 119	41 350
2008	190 127	782	123 482	21 993	48 291
2009	203 943	710	138 186	20 929	47 488
2010	240 944	498	161 772	23 918	57 264
2011	322 772	433	195 215	60 424	70 465
2012	329 044	144	202 462	59 786	70 745
2013	327 702	129	205 916	42 634	82 970
2014	325 620	59	204 330	45 033	80 388
2015	327 079	56	198 807	58 365	73 034

① 资料来源：《中国环境统计年鉴 2018》。

从表 4-17 中可见，从行业角度观察，电热水生产和供应业、金属冶炼及压延加工业和金属矿采选业是产生工业固体废物量最多的工业行业，其年均产生量都超过了 40 000 万吨，而且增长速度较快，分别从 2010 年的 47 225 万吨、41 221 万吨和 49 772 万吨增长到 2015 年的 65 491 万吨、57 165 万吨和 69 203 万吨，增长速度分别为 38.7%、38.7%和 39.40%。另外化学工业、煤炭采选业也是产生工业固体废物较多的行业，其年均产生量超过 10 000 万吨。结合表 4-12 可以发现，化学工业和金属冶炼及压延加工业这两个产生工业固体废物量较多的行业，同时也是产品内分工程度逐年提升的行业。

表 4-17　2010—2015 年中国各工业行业固体废物产生量①　单位：万吨

行业	2010 年	2011 年	2012 年	2013 年	2014 年	2015 年
煤炭采选业	23 221	31 581	32 212	32 534	31 884	32 202
石油和天然气开采业	182	248	252	255	250	252
金属矿采选业	49 772	67 690	69 044	69 734	68 339	69 203
非金属矿采选业	1522	2070	2111	2132	2090	2111
食品饮料及烟草业	544	740	755	762	747	754
纺织业	710	966	985	995	975	985
服装皮革羽绒制造业	135	184	187	189	185	187
木材加工及家具制造业	213	290	295	298	292	295
造纸及文教用品制造业	2011	2735	2790	2818	2761	2789
电热水生产和供应业	47 225	64 226	65 511	66 166	64 842	65 491
石油加工业及炼焦业	3219	4378	4465	4510	4420	4464
化学工业	13 922	18 934	19 313	19 506	19 116	19 307
非金属矿物制品业	4421	6013	6133	6194	6070	6131
金属冶炼及压延加工业	41 221	56 061	57 182	57 754	56 599	57 165
金属制品业	556	756	771	779	763	771
机械工业	680	925	943	953	934	943
交通运输设备制造业	526	715	730	737	722	729
电气机械及器材制造业	73	99	101	102	100	101
电子及通信设备制造业	170	231	236	238	233	236
仪器仪表等制造业	24	33	33	34	33	33
其他工业	22	30	31	31	30	31

① 资料来源：根据历年《中国统计年鉴》和《中国环境统计年鉴》数据进行整理。

4.3.4 污染治理投资

治理工业污染的投资是有效治理环境污染的重要方法，也是政府通过宏观调控治理工业污染的重要手段。根据发达国家环保产业发展经验来看，当环境污染治理投资在1%~1.5%可以保证环境质量不恶化，但只有当环境治理投资超过3%才对环境有明显改善，且投资高峰期一般持续10年以上。从表4-18中可以看到中国只有在2010年投资占比达到1.84%，在2010年后又迅速下降，可见我国环境治理投资仅仅维持一般水平，近10年来无明显突破和改善。但是，中国的经济却一直在保持高速的增长，与发达国家不同的是，中国工业拉动GDP（gross domestic product，国内生产总值）增长的作用是巨大的，所以中国对于工业环境治理的投资十分有必要，就目前环境污染形势而言，污染治理投资的力度仍然需要进一步加强，这也从侧面反映了在近年来污染治理力度和环境规制水平都逐步提升的背景下，污染治理和环境规制政策的效率还需要进一步提升。

表4-18 2001—2017年中国环境污染治理投资情况① 单位：亿元

年份	环境污染治理投资				占GDP比重/%
	总额	治理废水	治理废气	治理固体废物	
2001	174.5	72.9	65.8	18.7	1.05
2002	188.4	71.5	69.8	16.1	1.20
2003	221.8	87.4	92.1	16.2	1.27
2004	308.1	105.6	142.8	22.6	1.27
2005	458.2	133.7	213.0	27.4	1.37
2006	483.9	151.1	233.3	18.3	1.27
2007	552.4	196.1	275.3	18.3	1.36
2008	542.6	194.6	265.7	19.7	1.55
2009	442.6	149.5	232.5	21.9	1.51
2010	397.0	129.6	188.2	14.3	1.84
2011	444.4	157.7	211.7	31.4	1.45
2012	500.5	140.3	257.7	24.7	1.53
2013	849.7	124.9	640.9	14.0	1.52
2014	997.7	115.2	789.4	15.1	1.49
2015	773.7	118.4	521.8	16.1	1.28
2016	819.0	108.2	561.5	46.7	1.24
2017	681.5	76.4	446.3	12.7	1.15

① 资料来源：《中国环境统计年鉴2018》。

就中国各地区对于工业污染投资治理的情况而言，在 2004—2017 年，各地区整体的污染治理投资总额呈逐年上升趋势。各地方政府对环境治理的重视程度越来越高，均贯彻执行“既要金山银山，也要绿水青山”的中央政策。山东、广东、山西、江苏等地一直是工业发展的重点地区，对于污染治理的投资也位于前列，不过从近年的数据可以看出，如表 4-19 所示，一些中西部城市在工业污染源治理上的投资也有大幅增加，这与东部地区污染密集型产业不断向中西部转移的政策相吻合。

表 4-19　2004—2017 年中部地区工业污染治理投资情况①　　单位：万元

年份	河南	湖北	湖南	安徽	江西	山西
2004	141 719	98 257	78 981	61 054	59 510	176 997
2005	206 815	148 097	141 239	45 443	72 310	197 885
2006	247 335	148 873	173 309	54 555	68 579	367 603
2007	338 132	188 634	133 641	113 853	82 688	457 241
2008	246 110	161 453	143 905	115 341	50 665	529 370
2009	154 242	281 332	133 806	108 282	39 540	386 711
2010	125 120	277 416	179 561	58 895	63 775	279 574
2011	213 728	92 873	97 039	92 793	66 235	279 450
2012	148 347	148 964	179 561	127 350	39 478	323 269
2013	439 720	251 745	233 655	413 195	155 192	555 609
2014	554 592	262 884	173 424	176 220	123 466	311 477
2015	330 143	157 976	261 425	179 450	147 833	278 738
2016	651 538	369 051	127 037	415 486	104 485	300 742
2017	504 559	174 632	86 090	258 955	106 395	515 241

从总体上看，中部地区的工业污染治理投资额在增加，但波动的幅度较大。2004—2007 年中部六省工业污染治理投资高速增长。2008—2017 年中部六省工业污染治理投资从整体上看处于先下降后上升再下降趋势，其中河南省 2016 年污染治理投资达到 65. 153 8 亿元，该值达到近 14 年的最高值。山西省工业污染治理投资在 2013 年达到最大值 55. 5609 亿元，2013 年后有所下降，但在 2017 年再次达到 51. 524 1 亿元。

① 数据来源：《中国环境统计年鉴》（2005—2018）。

4.4 中国产品内贸易与环境的联系

4.4.1 产品内贸易的环境污染机制

当前加工贸易已成为中国对外贸易的重要组成部分，也是中国产品内贸易的主要表现形式。随着中国参与产品内国际分工的程度不断加深，加工贸易以进料加工为主，来料加工的比重在逐步降低；加工贸易产品结构在逐步升级，不过仍然以劳动密集型环节和低技术密集型生产工序为主。中国制造业国际分工地位偏低，且随着国际贸易技术含量的上升，某些制造业行业的国际分工地位逐渐恶化。加工贸易一方面扩大了中国的贸易规模，增加了外贸收入，另一方面，其本身是产品内分工环节中价值增值相对最低的环节，因此并不利于提升制造业分工的技术水平，造成中国的国际分工地位与发展水平并不匹配的现象。中国从贸易大国向贸易强国的转变，必须经过在生产全球化环节中提升分工地位的阶段，因此加工贸易只能作为中国发展国际贸易的手段而不是目的。

中国加工贸易发展的地区特征明显，东部沿海地区是中国参与国际垂直化生产程度最高的地区。随着中国对外贸易规模的不断扩大，中国的污染排放量已经远远超过环境自身的同化能力，中国环境的破坏速度也远远高于其治理能力，中国的环境污染已经逐渐蔓延，涉及面越来越广，危害程度日益加深，主要表现为水污染、大气污染和土壤污染等方面。从各省区的污染情况来看，江苏、浙江以及广东的废水排放量一直较高，而这些地区正是产品内贸易发展程度较高的地区。从各工业行业的污染情况来看，化学工业和金属冶炼及压延加工业是对环境污染最为严重的两个行业，这两个行业的工业废水、工业二氧化硫、工业固体废物的排放量都较大，且同时这两个行业也是中国参与国际垂直一体化分工程度较高的两个行业。在这两个污染密集型产业内，环境污染物与产品内分工程度，似乎存在某种联系。另外，纺织业、机电制品行业的工业废水排放量一直居于各行业排名前列，而纺织业和机电制品行业同样是中国加工贸易的主要出口行业。

产品内贸易的行业污染特征表明了在环境污染较为严重、产品内分工程度较高的外向型行业内，国内生产企业相对更多的是依靠环境比较优势承接了产业内污染密集程度更高的生产工序或生产环节。图 4-13 反映了中国产品内贸易的环境污染机制。中国参与产品内贸易的企业主要在亚太地区的垂直化生产网络下，从以日本、四小虎为首的国家进口中间投入品，在国内进行加工装配成最终产品后出口到欧美发达国家。在化学工业、金属冶炼及压延加工业等污染密集型行业中，中国主要承接了污染物排放量相对较大的生产工序和生产环节，由此产生的水污染、大气污染、土壤污染以及温室气体恶化了国内的环境质量。与一般贸易不同的是，决定中国某个行业开展产品内贸易对国内环境影响程度的因素有两点：一是该行业的产品内分工程度；二是该行业承接生产工序的污染密集程度。从行业情况来看，当前中国各工业行业中产品内分工程度较高，承接生产工序污染密集程度较高的代表性行业有化学工业和金属冶炼及压延加工业。与一般贸易相比，加工贸易与环境污染的关系似乎更加密切，而且似乎存在某种传导机制，使某些非污染密集型产业中的污染型生产环节，通过国际产品内分工，从污染密集型产业传导至非污染密集型产业甚至是清洁型产业。

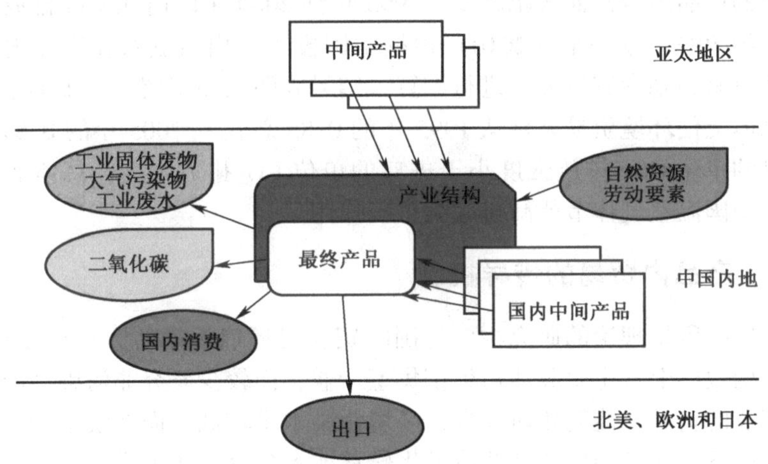

图 4-13　中国产品内贸易的污染物排放示意图

计算各行业产品内分工所带来的污染物或温室气体排放程度，可以用投入产出数据进行测算，当前也有不少国内文献利用中国投入产出表进行测算，中国的投入产出数据仅能反映出国内各产业的垂直化生产情况和出口之间的联系，而运用多国投入产出模型可以更加全面地了解中国与贸易伙伴国各产业间生产网络的构成状况和链接路径，使用这种方法进行污染物排放强度的测度，虽然计算过程相对复杂，但是精确程度较高。这种国际的投入产出数据目前很少，藤田涉（2008）曾运用亚洲国际投入产出表测算了亚太地区产品内分工程度和由此带来的 CO_2 排放强度，结果如表 4-20 所示。

表 4-20　多国投入产出数据测算的一个例子——中国电气电子制造业的 CO_2 排放强度①

年份	γ_{47}^{k}	μ_{47}^{k}	μ_{47}^{D}	$D_{47}^{k}=(\mu_{47}^{D}/\mu_{47}^{k})$
1990	5.8	929.6	916.8	0.986
1995	2.3	585.7	569.1	0.973
2000	1.9	303.0	279.0	0.921
1990—2000	0.66	0.67	0.70	0.07
1995—2000	0.16	0.48	0.51	0.07

运用国际投入产出数据测算中国国际垂直化程度最高的行业——电气电子制造行业的 CO_2 排放强度，应当是对中国产品内分工与贸易的环境效应理论上较为精确的方法之一。中国的国内和国际经济 CO_2 排放强度（μ_{47}^{D}）通过亚太地区间的产品内贸易而大幅减少，1995 年到 2000 年国内和国际排放强度分别减少了约 50%。李小平（2010）根据中国投入产出数据对在产品内分工下中国对外贸易的隐含碳排放量进行测算，结果表明以加工贸易为主的中国产品内贸易总体上使环境贸易条件从 1995 年的 0.85 恶化到 2005 年的 0.89，但近年来出口的单位 CO_2 排放强度小于进口的单位 CO_2 排放强度，总体而言产品内贸易对中国温室气体节能减排起到积极作用。

4.4.2　产品内贸易的传导机制

基于传统贸易理论的研究主要将国际贸易对环境污染的影响聚焦在规模、技术与结构效应上，主要关注污染密集型产业，而较少研究非污染型产业。非污染型产业的资源、能耗相对较少，环境污染水平较低，而在发生国际产品内分工的条件下，污染型生产环节将发生转移或者集聚，非污染型产业最终产品的生产性污染物排放水平虽然较低，但可能存在将环境污染通过生产工序/环节的外包传递出本产业的现象，环境污染随产业链条进行扩散，从非污染型产业被传导至污染型产业。

对这种现象进行系统性分析是有必要的，首先是界定产品内贸易的环境传导性概念与内涵，其次分析产品内贸易环境传导性的特征及其扩散效应，基于非污染型产业参与国际产品内分工的实际现状，根据承接污染性生产工序或环节的企业生产与排污区位的差异性，可将环境传导性的扩散路径分为国内集聚式、海外转移式和双向扩散式，从传统环境三效应中分离出环境传导性的扩散

① FUJITAW. Vertical Specialization Share in ASEAN and East Asia Trade and Emissions from Activities [J]. Journal of Research on Southeast Asia, 2008 (49): 39-68.

效应。产品内贸易的环境传导性形成机理的分析框架如图 4-14 所示。

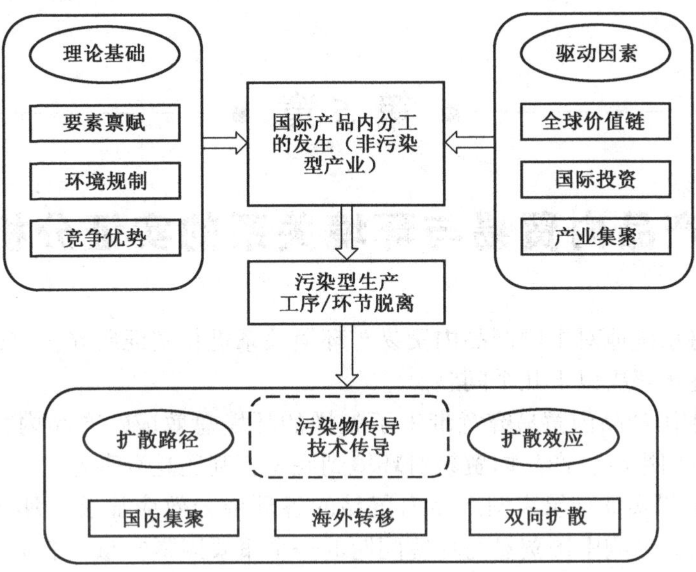

图 4-14　产品内贸易的环境传导性形成机理的分析框架

第5章 产品内贸易与环境关系的实证分析

本章将系统地对中国产品内贸易与环境关系进行实证研究，实证研究的目的主要是逐步解决以下几个问题。

(1) 中国产品内贸易究竟带来了怎样的环境总效应？产品内分工对各环境分效应有何影响？产品内贸易对环境到底是有利还是有害？

(2) 如果实证结果表明产品内贸易的各环境分效应显著，那么产品内分工是否已成为影响中国贸易与环境问题的一个重要因素？与一般贸易相比，中国产品内贸易对环境的影响程度是否更大？以产品内分工为视角研究中国对外贸易与环境的关系问题是否更加准确？

(3) 如果实证结果表明中国产品内贸易和国内环境水平的联系更加紧密，那么在产品内分工的基础上，除了要素禀赋之外，FDI、产业结构这些因素能否对中国贸易与环境问题产生显著影响？是否还存在其他决定因素？其各自的影响又是怎样的？

(4) 当前大多数关于贸易对环境影响的经验研究是基于古典贸易理论，由此得到传统贸易的环境三效应。国际贸易的动力并不仅仅是基于要素禀赋差异的比较优势模型，还包括对商品偏好的多样性以及生产的规模经济效应。因此，如同经济理论把新贸易理论和古典贸易理论区别开一样，产业内贸易和产业间贸易带来的环境效应是否能够进行再分解？是否存在其他类型的环境分效应？

为了解决以上问题达到研究目的，本章将从四个方面进行实证研究来逐步解决以上问题。本章首先构建了一个贸易的环境效应联立方程模型，从总体上来对中国产品内分工的环境效应进行经验研究，重点回答第一个问题。其次选取中国和主要贸易伙伴国之间的污染密集型产业作为研究对象，以产品内分工作为变量构建计量模型，从行业角度研究在产品内分工视角下中国污染密集型产业的环境效应，并用实证方法比较一般贸易和产品内贸易对环境影响程度的高低以回答第二个问题。再次通过改进的引力模型等方法，验证在产品内分工的条件下，FDI 和区域经济一体化对中国污染密集型中间产品贸易的影响以回答第三个实证研究问题。最后通过实证分析，比较样本国家产业间贸易和产业内贸易的环境效应，考察中国是否存在产业内贸易的竞择效应，以及中国不同贸易模式在贸易自由化进程中带来的环境效应。

5.1　产品内分工下中国对外贸易的环境效应研究——基于联立方程模型的实证分析

5.1.1　现有实证研究简要回顾

相关文献中对于环境三效应的最具代表性的实证研究模型为 ACT 模型。Antweiler、Copeland 和 Taylor（2001）构建了一个将贸易开放度、人均收入、人口密集度、资本劳动比率等变量综合考虑在内的研究环境三效应的计量回归模型（简称 ACT 模型）。此后，这种环境三效应模型被许多学者进行沿用或者改良，成为研究贸易环境三效应的经典计量模型。不少国内学者也运用 ACT 模型研究了中国贸易自由化的环境效应，比如周茂荣和祝佳（2008）运用 ACT 模型，采用中国 1992—2004 年的省级面板数据，对中国贸易自由化的环境效应进行了实证分析。结果表明中国贸易自由化的结构效应为负，并且技术效应从程度上看与规模效应和结构效应之和差距很大，因此贸易自由化恶化了中国的环境质量。

ACT 模型将环境三效应纳入一个整体计量分析框架内，能够在一定程度上解释三种不同的环境效应，这种模型还欠缺对影响规模效应、结构效应与技术效应的诸多变量更为全面的考察。因为这种模型在选取数据时一般难以区分最终产品和中间产品，所以在对产品内贸易的环境三效应进行实证研究时，更适合采用联立方程模型进行经验分析。

Dean（1997）构建了一个基于环境三效应的联立方程模型，采用中国的省级面板数据，对中国贸易的环境效应进行考察。联立方程模型的结果表明：贸易自由化的短期直接效应为负而长期间接效应为正。贸易自由化直接造成环境在短期内污染加剧，但是对外开放程度的提高，在长期上会促进收入增长从而间接改善环境。当前不少相关研究均采用这种联立方程模型，试图从更全面细分的角度解释贸易的环境效应。

张连众等（2003）运用联立方程模型研究了中国贸易的环境三效应，其结论为贸易带来了规模效应，恶化了国内环境，而结构效应与技术效应将改善国内环境，环境三效应的总效应为正。沈荣珊和任荣明（2006）通过建立联立方程模型分析发现贸易对环境的影响是多层面的，其中规模效应增加了污染排放，而构成效应和技术效应则降低了污染排放。庄惠明等（2009）通过构建联立方程模型对环境三效应进行计量研究，认为这三种效应均能改善环境，规模效应的改善效果不明显，而结构效应、FDI 能较大程度改善环境，因此贸易自由化的环境效应总体为正。何洁（2010）通过建立联立方程系统，采用中国的省级面板数据分析贸易自由化对工业二氧化硫的排放影响，结果表明出口增加排放而进口减少排放，对外贸易的规模效应使污染排放增加，结构效应的影响较小，而技术效应提高了二氧化硫的减排技术。黄娟（2012）基于产品内分工的视角，通过构建关于贸易自由化环境三效应的联立方程模型进行实证研究。结果表明环境质量的规模效应显著为负，结构效应和技术效应显著为正，总体效应为正。

本节将在现有文献的研究成果之上，以贸易自由化给中国带来的环境规模效应、结构效应和技术效应为主要研究对象，以产品内分工和贸易为视角，采用 1992—2010 年中国对外贸易以及污染密集产业的相关数据，通过构建环境效应的联立方程模型，实证分析在国际产品内分工背景下中国对外贸易的环境三效应，考察产品内分工对于中国对外贸易与环境的影响。

5.1.2 联立方程模型构建

从以往文献对于贸易和环境关系的研究中可以看到，贸易和环境之间的联系是非常复杂的，这其中涉及了经济增长、双边贸易、国际投资、贸易和环境相关政策法规等方面的因素，这些因素并不是彼此独立的，而是相互影响和制约的。本书从产品内分工视角出发研究中国对外贸易带来的环境效应，产品内分工作为一种新型的国际分工形式，对贸易、投资、环境的影响也是多方面的。所以本书将构建一个包含四个方程的联立方程组来分析产品内分工因素对于贸易和环境的影响，各个变量的相互影响关系如图 5-1 所示。

基于各要素的相互联系关系，本书在 Dean（2002）的联立方程基础上纳入产品内分工程度这样一个新的主要变量，构建出中国对外贸易对环境影响的联立方程模型，其具体构建如下：

$$\begin{cases}(1)\ln Z_t = \alpha_0 + \alpha_1 \ln S_t + \alpha_2 \ln P_t + \alpha_3 \ln T_t + \alpha_4 \ln \mathrm{VSS}_t + u_{1t} \\ (2)\ln S_t = \beta_0 + \beta_1 \ln C_t + \beta_2 \ln \mathrm{FDI}_t + \beta_3 \ln \mathrm{EX}_t + \beta_4 \ln \mathrm{VSS}_t + \beta_5 \ln Z_t + u_{2t} \\ (3)\ln P_t = \gamma_0 + \gamma_1 \ln \varphi_t + \gamma_2 \ln \mathrm{EXE}_t + \gamma_3 \ln K_t/L_t + \gamma_4 \ln \mathrm{VSS}_t + \gamma_5 \mathrm{FDI}_t + u_{3t} \\ (4)\ln T_t = \omega_0 + \omega_1 \ln I_{t-1} + \omega_3 \ln F_t + \omega_4 \ln Z_{t-1} + \omega_5 \ln P_t + \omega_6 \ln \mathrm{VSS}_t + u_{4t}\end{cases}$$

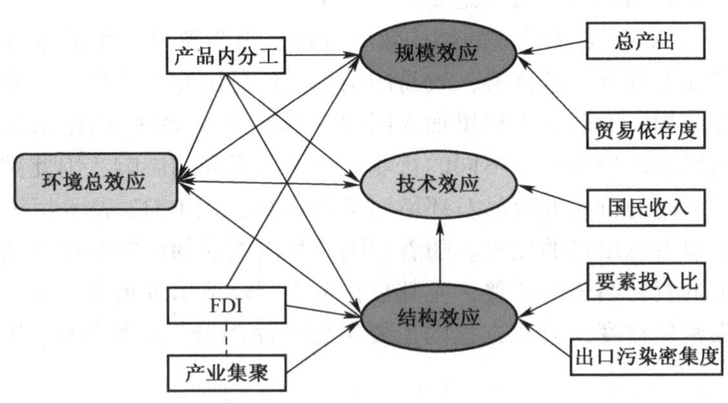

图 5-1　中国产品内贸易的环境效应联立方程模型分解图

在以上联立方程模型中，方程（1）是污染物排放总效应方程，Z_t 为中国的污染物排放效应。S_t 表示污染物排放的规模效应，P_t 表示污染物排放的结构效应，T_t 表示污染物排放的技术效应。FDI_t 反映了中国外商直接投资水平，而 VSS_t 表示中国污染密集型产业的产品内分工程度。规模效应反映了自由贸易使一国生产规模变动给环境带来的影响，假设其他条件不变时，一国贸易量的增加将导致生产规模的不断扩大，较大的生产规模会造成更多的污染排放，因而规模效应的系数为正，即 $\alpha_1>0$；其次，结构效应反映了自由贸易使一国产业结构变动给环境带来的影响，假设一国的生产规模不变，若出口贸易结构偏向更多的污染行业或污染的产品生产阶段，那么随着该国贸易量的增加，污染物的排放量就越多，则结构效应的系数为正，即 $\alpha_2>0$；若出口贸易结构偏向更多的清洁行业或清洁的产品生产阶段，那么随着贸易量的增加，污染物的排放量将更少，则结构效应的系数为负，即 $\alpha_2<0$。最后，技术效应反映了一国生产技术的进步对环境带来的影响，假设规模效应和结构效应不变，自由贸易带来的技术溢出效应和先进的环保技术可以降低生产部门污染物的排放量，则技术效应的系数为负，即 $\alpha_3<0$。

方程（2）是污染物排放的规模效应方程。中国进出口量的增长带来的生产和运输中产生大量的污染物排放，会造成环境的恶化。因此在本方程中，我们用 C_t（劳动 L_t、国内资本 K_t、人力资本 H_t）来主要衡量产出，经济增长和污染物排放之间存在相互影响与制约的关系，所以要考虑污染物排放水平 Z_t 的影响。另外，为了衡量对外贸易对国内生产的拉动效应，加入用 EX_t 表示每年中国的对外贸易依存度，产品内分工程度和外商直接投资也对贸易规模产生了正的影响，因此也作为前定变量纳入本方程内。

方程（3）是污染物排放的结构效应方程。因为贸易产生的原因在于各国在不同的产品上具有比较优势，贸易的结果会使各国专业化生产某些产品，从而改变产业结构，因此在方程里加入国内资本 K_t 与劳动 L_t 的比来反映贸易对自然禀赋的影响。另外由于不同的行业对环境有不同的影响，因此需要区分污染密集程度不同的行业的贸易对环境污染的影响，用 EXE_t 表示每年污染密集型产业的出口占总出口的比重。随着中国产品内贸易的比重在逐步增大，产品内分工带来的贸易结构的调整，尤其是特定生产环节出现集聚现象，都会影响生产的污染密集程度，故此方程内也要考虑产品内分工程度 VSS_t 和产业集聚程度 φ_t。

方程（4）是污染物排放的技术效应方程。一般而言，对外贸易的发展会对本国技术有正的促进效应，主要通过以下两个途径：一是政府的环境规制行为，政府通过税收等措施对污染物排放水平进行限制，由于政府的环境规制措施种类近年来变化频繁不易量化，假定政府环境政策的严格程度取决于前一期的污染物排放总体水平和国民收入水平，因此可以在方程中加入前期污染水平变量 Z_{t-1} 和前期人均收入变量 I_{t-1} 来代替政府的环境规制，这两个变量对技术效应的影响预期为正。二是本国企业的技术水平提升，即可以采用先进的排污设备，提高生产设备的效率，降低生产的污染成本，促进生产资源的合理配置，所以污染物排放的结构效应 P_t、污染密集型产业的对外贸易比重 EXE_t 和外商直接投资依存度 F_t 应该被纳入技术效应方程，而且产品内分工这种新的国际分工形式正是资源在国际或者区域范围更加合理配置的一种体现，故加入变量 VSS_t 来进行衡量①。

在联立方程模型中，用 t 表示时间变量，而 u_{1t}、u_{2t}、u_{3t}、u_{4t} 分别表示四个方程的随机扰动项。联立方程模型的变量说明如表 5-1 所示。

表 5-1 联立方程模型的变量说明

内生变量		外生变量			
变量	指标说明	变量	指标说明	变量	指标说明
Z	总效应	K	国内资本投入	EX	对外贸易依存度
S	规模效应	L	劳动投入	EXE	污染密集型产业出口比重

① 以往对产品内分工的研究已经表明，一国参与产品内分工程度越高，越有利于提高某一生产环节或区段的生产效率，从投入–产出的角度来看，既定的投入导致更多的产出对资源利用和环境保护都具有积极的作用。同时，随着一国参与产品内分工程度的加深，会带来更多的外商直接投资，促使贸易投资一体化增长，从而又间接对环境产生影响。

续表

内生变量		外生变量			
P	结构效应	*H*	人力资本	VSS	产品内分工程度
T	技术效应	*K/L*	资本/劳动比	FDI	外商直接投资流入量
		F	外资依存度	φ	产业集聚程度

5.1.3　数据选取与处理

1. 污染密集产业的 VSS 值测算

在构建计量模型进行数据分析之前，要把产品内分工转化成量化指标，也就是对分工程度进行测度。目前主要有两种对产品内分工进行测度的方法：第一种是利用外贸统计数据进行计算，最具代表性的是 Ng 和 Yeats（1999）的基于零部件贸易统计数据的比较优势指数法（revealed comparative advantage，RCA）；第二种是基于投入产出表的计算方法，Hummels 等（2001）通过建立 VS 指标，通过一国的投入产出矩阵来计算产品内分工程度。VS 指标又分为绝对值指标 VS 和相对值指标 VSS，前者衡量一国进口中间投入品中用于生产出口品的那部分中间投入品的绝对价值，后者衡量 VS 绝对值在该国总出口中所占的比重。两种方法相比，运用投入产出模型能够更加准确地计算国际贸易中中间产品的贸易情况①，本书主要运用投入产出法来计算中国污染密集型产业参与产品内分工的 VSS 值，其计算公式为

$$\mathrm{VSS} = \frac{1}{X} u \boldsymbol{A}^{M} (\boldsymbol{I} - \boldsymbol{A}^{D})^{-1} \boldsymbol{X}^{v} \tag{5-1}$$

其中，$u = (1,\ 1,\ \cdots,\ 1)$；$\boldsymbol{A}^{M} = \begin{pmatrix} a_{11} & \cdots & a_{1n} \\ \vdots & \ddots & \vdots \\ a_{n1} & \cdots & a_{nn} \end{pmatrix}$，是进口中间品系数矩阵；$\boldsymbol{I}$ 是单位矩阵；$\boldsymbol{A}^{D} = \begin{pmatrix} \boldsymbol{b}_{11} & \cdots & \boldsymbol{b}_{1n} \\ \vdots & \ddots & \vdots \\ \boldsymbol{b}_{n1} & \cdots & \boldsymbol{b}_{nn} \end{pmatrix}$，为国内消耗系数矩阵；$\boldsymbol{X}^{v} = \begin{pmatrix} X_{1} \\ \vdots \\ X_{2} \end{pmatrix}$，为出口向量；$(\boldsymbol{I} - \boldsymbol{A}^{D})^{-1}$ 是里昂惕夫逆矩阵；n 是中国污染密集型产业的数目。

本书选取的污染密集型产业有煤炭、金属和非金属矿采选业；皮革、毛

---

① 用外贸统计数据来检验垂直专业化程度有其致命的缺点，虽然这些贸易数据是国际贸易研究中相对容易获得的，但是它并没有包括说明生产阶段之间相互联系的信息。用这种方法来测度产品内贸易的指标并不能清晰地描述生产过程的垂直结构这一现象本身。

皮、羽毛等制品业；造纸及纸制品业；医药制造业；橡胶和塑料制造业；金属和非金属冶炼及压延加工业；燃气、电力及热力生产和供应业；化学原料、化学纤维及化学制品制造业和石油及核燃料加工业 11 个行业。由于投入产出表 5 年公布一次，考虑到数据的连续性，本书以国家统计局公布的 2007 年、2012 年、2017 年的投入产出表以及 2010 年、2015 年的投入产出延长表作为基础，采用 Kuroda 提出的基于加权二次目标函数的误差最小化估计方法外推出 2007 年后各年各产业的直接消耗系数①，然后计算中国各行业的 VSS 值②。各类贸易数据均来源于联合国贸易数据库 Comtrade 并进行整合。

2. 其他数据选取

考虑到数据的可获得性，本书以工业二氧化硫、工业废水和工业固体废物作为污染物研究对象，采用中国 1992—2011 年的相关数据进行实证研究，规模效应用工业生产总值来衡量；在结构效应方程中，本书参考何洁（2006）的研究，用 1992 年的初始二氧化硫排放强度与中国历年工业生产总值比重的乘积来表示结构效应；技术效应用历年工业部门用以环境治理活动的资本存量来度量。书中所选用的两种污染物排放数据均来自各年度的《中国环境年鉴》。

由于投入产出表中的部门分类和环境年鉴中的部门分类不一致，为了使投入产出表和环境年鉴中相关数据的分类标准匹配，本书按上文对投入产出表部门分类整理得到的污染密集产业分类为基础，对环境年鉴中的相关产业部门进行重新归类并对相关数据进行整理。进出口贸易数据均来自联合国数据库 Comtrade。劳动力的相关数据来自《中国劳动统计年鉴》，由于各个年鉴的行业与部门分类存在不一致的情况，所以首先对行业的数据进行归并与整合。FDI 数据来自各年的《中国外商投资报告》，关税的数据来自中国海关。面板数据中的各个行业的贸易条件的原始数据来自 World Bank 数据库，人均 GDP 的原始数据同样来自该数据库。产业集聚指数用该产业工业增加值占当年全国总额的比重来表示，污染密集产业的产出增加值来自各年的《中国工业统计年鉴》。垂直专业化指数 VSS 按照上文所述投入产出法进行测算。

---

① 在估计投入产出表时，有 RAS 和 Kuroda 两种可供选择的方法。马向前等（2004）通过中国的投入产出数据进行实证计算，结果表明在外推投入产出时间序列表和延长表时，时间间隔较短的情况下，两种方法都可以采用，但 Kuroda 方法的估计误差较小。

② 相比以加工贸易比重描述中国产品内分工程度的方法，用 VSS 的测算值来表示污染密集产业参与国际产品内分工的程度这种方法更加有意义，本书以中国一国的投入产出系数来进行测算，并不能完全掌握来自国内和国外的中间产品贸易对最终产品产生的影响。多国投入产出模型能够更精确地反映真实产品内分工情况，但是考虑到数据获得的困难性，本书并没有采用这种方法。

5.1.4 实证分析及结论

1. 模型回归结果

为了避免出现非平稳时间序列带来的伪回归问题，本书在进行协整检验之前必须先对变量进行平稳性检验，本书采用 ADF（augmented Dickey-Fuller test）检验方法对各序列数据进行单位根检验，结果发现部分变量数据存在单位根且各个数据序列是同阶单整的，本书采用 EG（Engle-Granger）两步法，建立 OLS（ordinary least squares，普通最小二乘法）模型检验其残差平稳性以进一步确定各变量之间是否存在协整关系，结果显示各方程的残差均为零阶单整的，因此各方程的解释变量和被解释变量之间存在协整关系。

对本联立方程组进行阶条件和秩条件的识别，其结果是本联立方程组中各个方程均为过度识别方程。过度识别方程一般用到的估计方法为 2SLS（two stage least square，两阶段最小二乘法）、3SLS（三阶段最小二乘法）或广义矩估计法（GMM），本书是小样本联立方程组，为了尽可能利用所有样本容量信息，并保证估计结果的无偏性，故采用 GMM 法对方程组进行估计，其结果相对其他估计方法而言可能更加合理。本书将工业二氧化硫、工业废水和工业固体废物作为污染物研究对象，运用 Eviews 6.0 软件对模型估计，其回归结果分别如表 5-2、表 5-3 和表 5-4 所示。

表 5-2 联立方程模型各变量系数估计结果 I（工业二氧化硫）①

变量	方程（1）	方程（2）	方程（3）	方程（4）
Z		0.47 (2.73)**		
Z_{t-1}				0.28 (1.87)*
S	0.54 (5.18)***			
P	-0.15 (-1.47)			0.46 (6.96)***
T	-0.47 (-2.28)**			
K		0.55 (2.22)**		
L		1.81 (3.98)***		

① 带***为在1%水平上显著，带**为在5%水平上显著，带*为在10%水平上显著。

续表

变量	方程（1）	方程（2）	方程（3）	方程（4）
K/L			0.41 (4.48)***	
EX		0.53 (4.73)***	1.85 (0.39)	
EXE			−0.57 (−4.01)***	−0.74 (−2.28)**
VSS	0.13 (2.99)***	0.79 (7.03)***	0.47 (1.92)*	0.42 (3.75)***
FDI		0.58 (1.32)	0.25 (2.21)**	
I				0.97 (1.92)*
F				2.21 (5.99)***
φ			−0.56 (−2.25)**	
Haunsman （一阶差分）	17.47 (0.002)	16.54 (0.003)	16.15 (0.003)	13.99 (0.004)
R^2	0.9323	0.9155	0.9298	0.9326
J统计量	0.628			

表5-3 联立方程模型各变量系数估计结果Ⅱ（工业废水）①

变量	方程（1）	方程（2）	方程（3）	方程（4）
Z		0.59 (3.55)***		
Z_{t-1}				0.22 (2.29)**
S	0.48 (4.92)***			
P	−0.07 (−1.29)			0.70 (3.27)***
T	−0.49 (2.28)**			
K		0.42 (1.99)*		

① 带***为在1%水平上显著，带**为在5%水平上显著，带*为在10%水平上显著。

续表

变量	方程（1）	方程（2）	方程（3）	方程（4）
L		2.12 (2.55)**		
K/L			0.26 (3.72)***	
EX		0.66 (6.92)***	0.55 (1.58)	
EXE			−0.62 (−3.77)***	−0.36 (−2.03)*
VSS	0.10 (3.07)***	0.68 (4.82)***	0.24 (1.85)*	0.14 (4.99)***
FDI		0.74 (0.64)	0.19 (2.77)***	
I				1.17 (1.73)
F				1.03 (4.01)***
φ				
Haunsman （一阶差分）	15.98 (0.001)	17.22 (0.007)	13.22 (0.003)	8.99 (0.006)
$\overline{R^2}$	0.950 1	0.972 0	0.932 4	0.941 1
J 统计量	0.579			

表 5-4　联立方程模型各变量系数估计结果Ⅲ（工业固体废物）[①]

变量	方程（1）	方程（2）	方程（3）	方程（4）
Z		0.88 (3.22)***		
Z_{t-1}				0.32 (4.10)***
S	0.14 (1.99)**			
P	−0.98 (−1.50)			0.46 (3.29)***
T	−0.41 (2.97)**			
K		0.16 (1.85)		
L		0.81 (3.80)***		

① 带*** 为在 1%水平上显著，带** 为在 5%水平上显著，带 * 为在 10%水平上显著。

续表

变量	方程（1）	方程（2）	方程（3）	方程（4）
K/L			1.84 (5.91)***	
EX		0.74 (5.50)***	0.57 (1.49)	
EXE			−0.79 (−3.46)***	−0.27 (−2.57)*
VSS	0.18 (2.87)***	0.11 (2.42)**	0.12 (1.59)	0.18 (2.56)**
FDI		0.99 (1.17)	0.35 (2.28)**	
I				5.29 (1.09)
F				2.55 (3.82)**
φ			−1.22 (−1.99)**	
Haunsman（一阶差分）	13.12 (0.003)	17.08 (0.007)	11.70 (0.007)	15.41 (0.009)
$\overline{R^2}$	0.928 0	0.944 9	0.931 5	0.928 9
J 统计量	0.561			

从规模效应方程的回归结果我们可以发现，外贸依存度对三种污染物排放效应的影响系数显著为正，这表明由贸易拉动的产出增长和污染物排放之间的关系是相互影响的。二氧化硫与工业废水的回归方程中劳动力和资本要素与规模效应显著相关，工业固体废物的回归方程中资本要素不显著；另外人力资本要素在所有的方程组中都没有通过 t 检验，说明人力资本对规模效应的影响不明显，故在回归结果表中略去。另外，产品内分工程度的系数在三种污染物的回归结果中均显著为正，这也符合本书之前的假设，产品内分工将增大产品内贸易的规模，而贸易规模的扩大无疑会增加污染物的排放量，而且从回归结果上看 FDI 对规模效应的影响并不明显，在三种污染物方程中都没有通过显著性检验。

从结构效应方程的估计结果可以看出，在模型中引入 VSS、EXE、产业集聚和资本密集度等变量之后，三种污染物的结构效应均为负，这表明将要素禀赋细化到产品生产过程中的产品内分工，比起传统分工的贸易形式而言，更有利于外向型产业的节能减排。对于二氧化硫和工业废水这两种污染物的排放而言，结构效应基本是显著的，而工业固体废物方程中的 VSS 不显著，这可能是由于工业固体废物的主要排放行业并不是国际垂直化分工程度较高的部门。另外产业集聚系数在三种污染物的方程中均显著为负，表明污染密集型产业的集聚削弱了产业结构升级带来的对环境质量的正效应。

从三种污染物的联立方程组回归结果来看，除了人均收入以外，影响技术效应的各个变量系数也基本是显著的。这说明产品内分工程度的加深，有利于加速产业转型的步伐和加大对降低污染物排放技术的研发投入力度，一方面原因是对外贸易有相当部分是由产品内贸易拉动的，另一方面则是产品内分工使中国通过贸易转移了部分环境成本。人均收入变量系数并不显著，这说明用人均 GDP 替代环境规制可能并不完全符合中国现状，只有在有限条件下才能够适用。

2. 实证结论

通过构建产品内分工视角下贸易环境三效应的联立方程模型，并采用中国 1992—2011 年的面板数据进行回归分析，本节主要得出以下四点结论。

（1）产品内贸易通过加剧环境规模效应提高了国内环境污染的程度。从实证结果来看，产品内分工对于中国对外贸易中的污染物排放效应有着明显的影响作用，这种影响首先表现在中国在世界范围内进行产品内分工能够更加充分地发挥资源禀赋和比较优势，从而提高整体贸易的规模，当然贸易规模提升所带来的更大规模的生产，将会排放更多的污染物，贸易规模的扩大将会给中国带来更大的环境成本。总体污染程度的加剧主要是来源于产品内贸易的规模效应，这种分效应对环境带来的恶化程度，要抵消甚至超过结构和技术效应所带来的正面影响，因此从总体上加剧了国内环境污染。

（2）产品内贸易的环境结构与技术效应对环境质量有正向作用。对于污染物排放而言，三种污染物的结构与技术效应均为负，这表明产品内分工在一定程度上降低了污染密集产业的出口污染水平，说明对出口贸易中污染物排放的结构和技术效应而言，产品内分工起到了促进污染物减排的作用，其根本原因可能是得益于更加细化的分工形式，使中国在全球生产链中的部分高污染排放型生产环节向其他分工低端国家进行了转移。

（3）产品内贸易带来的国民收入增长没有对环境规制起到显著促进作用。加工贸易是中国产品内贸易的主要表现形式，加工贸易的发展促进了对外贸易的整体发展，并促进国民收入增加，然而和理论预期的情形并不一致，国民收入的增加并没有显著提升环境规制水平，也就是意味着经济发展水平的提高并没有显著促使政府颁布更为严格有效的环保政策。其原因可能在于在环境保护法律法规还不够完善的制度前提下，政府尤其是各地方政府对于提高环境规制的进度要滞后于人均收入水平的增长速度。

(4) 从产品内贸易角度来看，环境库兹涅茨曲线在中国不一定成立。人均收入的提升，并没有显著改善国内的环境污染程度，这说明在出现产品内分工以及中间产品贸易的对外贸易部门所带来的竞争增长，对环境质量的促进作用并不确定，且在中国并不一定存在环境库兹涅茨曲线。对外贸易所引发的经济增长与环境污染之间到底是线性还是非线性的关系，还需要做进一步的深入研究。

5.2 中国产品内贸易的环境效应研究——基于污染密集产业面板数据的实证分析

5.2.1 现有实证研究简要回顾

本节的实证研究目的是从行业角度回答本章开头提出的第二个研究问题，即产品内分工是否已成为影响中国贸易与环境问题的一个重要因素？实证研究方法是选取中国和主要贸易伙伴国之间的污染密集型产业作为研究对象，以产品内分工作为变量构建计量模型，从行业角度研究在产品内分工视角下中国污染密集型产业的环境效应。目前关于中国产品内分工与贸易和环境关系的相关文献主要以实证研究为主，一般认为产品内贸易会显著影响环境，但具体是恶化环境还是改善环境，从当前的研究来看，还存在一定的争议。

刘婧（2009）利用 ARMA 模型对中国一般贸易与加工贸易的环境效应比较研究，结果表明在工业废水与工业固体废弃物两种污染物上，加工贸易的环境污染效应更大。总体而言，中国加工贸易相比于一般贸易，与环境污染的关系更加密切。Dean 和 Lovely（2010）实证研究了中国贸易增长、产品内分工与环境之间的关系。结果表明中国对外贸易的规模效应与结构效应均与产品内分工密切相关。戴翔（2010）以产品内分工与贸易为视角，对中国出口贸易的污染密集度进行实证研究。结果表明中国产品内贸易的扩张并非完全基于环境比较优势，同时 FDI 的流入降低了中国出口污染密集度。在特定层面上来看，中国产品内贸易的增长期会对提升环境福利起到一定作用。

本书在现有文献的研究成果之上，以 5.1 节对环境三效应的联立方程模型实证研究结果为基础，以污染密集产业的出口污染水平作为主要研究对象，以产品内分工和贸易为视角，采用 1995—2011 年中国污染密集产业的面板数据，通过实证分析在国际产品内分工背景下污染密集产业的出口污染效应，考察产品内分工对于中国对外贸易与环境的影响。

5.2.2 理论模型构建

Copeland 和 Taylor（2004）构建了污染供给和需求之间的一般均衡模型，提出了基于代表性公民福利最大化的政府行为下的污染供给模型构建方法，但并没有涉及产品内分工等一系列因素。戴翔（2010）将产品内分工和外资引入该模型，本节主要沿用改进后的模型，做出进一步拓展。在此模型中，政府的环境规制是内生的，消费者对环境质量的要求会随着人均收入水平的增加而相应提高，这会促使政府提高对环境的管制标准。政府对环境污染管制政策的选择，实际上就是要通过确定污染税来达到一个最优的污染水平，以期实现代表性公民的福利最大化。政府确定的最优污染水平如下：

$$\max_{x}\{V(p,\ I,\ z)\ \text{s.t.}\ I=G(p,\ \tau,\ v)/N\} \tag{5-2}$$

在此模型中，间接效用函数 V 是以实际收入水平和环境污染水平（污染供给）表示的函数[①]；z 为环境污染水平；G（p,τ, v）为一国总收入水平，G 是产出的价格指数 p、最优污染税 τ 和该国的要素禀赋状况 v 三者的函数；而 N 为该时期本国的公民总数。

基于以上模型，如果一国参与了国际产品内分工，在新的分工模式下，一国的产品 Y 的生产函数可以表示为

$$Y=(1-g)F(L,\ K,\ m) \tag{5-3}$$

其中，$F(L,\ K,\ m)$ 为在没有环境规制下的产品 Y 的最大产出，而 g 表示在有环境规制后生产产品 Y 的要素用于环境治理或者污染减排上的比率。其中产品 Y 的生产要素主要有三种，$m\in[0,\ 1]$，表示产品 Y 在生产中所需要投入的中间投入品，L 为劳动投入，K 为资本投入。由于资本投入分为国内资本投入 K_d 和国际资本投入 K_f 两部分，而且假定一国的资本投入尤其是国际直接资本投入是由国际产品内分工程度 VS 所引发的，则资本投入 K 可以表示为 K_d、K_f 和 VS 的函数。

由本书第 2 章中的式（2-31）得到污染排放水平 $Z=\varphi(g)F(L,\ K,\ m)$，其中 $g\in[0,\ 1]$。如果令 $\varphi(g)=(1-g)^{1/\alpha}$，则产品 Y 的生产函数可重新写为

$$Y=Z^{\alpha}[F(L,\ K,\ m)]^{1/\alpha} \tag{5-4}$$

如果把 Z 和 F 看作生产 Y 时的两种投入要素，则式（5-4）为一个 Y 关于

---

① 在 Copeland 和 Taylor 污染供给模型中，代表性公民的福利水平可以用间接效用函数表示为 $V=u(I/p)-\gamma z$，I/p 反映一国的实际收入水平；间接效用函数 V 是以实际收入水平和环境污染水平的一阶线性函数。

Z 和 F 的柯布-道格拉斯生产函数。若政府征收的污染税为 τ，产品 Y 的国内相对价格为 $p=tn$（其中 $1/t$ 是对贸易壁垒的衡量，n 是该国的贸易条件），在产出既定的条件下，生产者要满足成本最小化的条件是 $Z/Y=\alpha p/\tau$。由于 Z 代表污染水平而 Y 代表产品产出量，因此 Z/Y 即单位产出的污染排放量，可以反映生产 Y 的污染效应，用 z 来表示。则

$$z \equiv Z/Y = \alpha p/\tau = z_Y(L, K, m, \tau) = z_Y(L, K_d, K_f, \mathrm{VS}, m, I, n, t) \tag{5-5}$$

式（5-5）即为发生产品内分工之后一国出口贸易污染效应的方程。从中国实际的现状考虑，本书以国民收入水平来替代政府的环境规制，则出口的污染效应便可以由该国的要素禀赋、中间产品贸易、人均收入水平、贸易条件以及贸易壁垒等为主要解释变量的函数进行估计。

5.2.3 实证模型构建和数据选取

随着中国参与产品内分工程度的不断加深，中国大部分的出口贸易增长均来自以加工贸易为主要表现形式的产品内贸易，而且外资企业正是中国加工贸易的主体力量。中国出口贸易的增长也带来了显著的环境效应，尤其是环境的贸易规模效应。因此用以上理论模型能够较好地解释中国目前参与产品内贸易的现状。本书将在上述理论模型的基础上，构建相应的计量模型，以 2001—2017 年 17 种污染密集产业的面板数据，对影响中国出口贸易污染密集度的主要影响因素进行实证分析。

1. 污染密集型产业的界定

污染密集型产业（pollution intensive industries，PIIs）是指在生产过程中若不加以治理则会直接或间接产生大量污染物，或者在生产过程中工人的安全和健康受到威胁或明显受到影响的那些产业。在以往文献中存在两种区分污染密集产业的方法：第一种是估计产品的污染密度，即单位产出的污染排放量；第二种是用 PACE 值（pollution abatement and control expenditures）来衡量生产者的污染成本负担，单位产出 PACE 值高的产业即为污染密集产业。Busse 用这种方法进行计算得出的结论是 PACE 值在总成本中所占比重大于 1.8%的行业为污染密集产业①。本书以 Busse 对污染密集型行业的分类为基本标准，对中国投入产出表的产业分类进行整合，结果如表 5-5 所示。

---

① BUSSE M. Trade，Environmental Regulation and the World Trade Organization：New Empirical Evidence［J］. Journal of World Trade，2004（38）：285-306.

表 5-5 污染密集型产业一览①

<table>
<tr><th>投入产出部门分类</th><th>污染密集产业分类</th><th>投入产出部门分类</th><th>污染密集产业分类</th></tr>
<tr><td>煤炭开采和洗选业</td><td>煤炭开采和洗选业</td><td>化学纤维制造业</td><td>化学纤维制造业</td></tr>
<tr><td>黑色金属矿采选业</td><td>黑色金属矿采选业</td><td>橡胶制品业</td><td>橡胶制品业</td></tr>
<tr><td>有色金属矿采选业</td><td>有色金属矿采选业</td><td>塑料制品业</td><td>塑料制品业</td></tr>
<tr><td>非金属矿采选业</td><td>非金属矿采选业</td><td>水泥石灰石膏制造业</td><td rowspan="5">非金属压延加工业</td></tr>
<tr><td>皮革羽毛及其制品业</td><td>皮革羽毛及其制品业</td><td>水泥及石膏制造业</td></tr>
<tr><td>造纸及纸制品业</td><td>造纸及纸制品业</td><td>玻璃制造业</td></tr>
<tr><td>石油核燃料加工业</td><td rowspan="2">石油加工烧焦及核燃料加工业</td><td>陶瓷制品制造业</td></tr>
<tr><td>炼焦业</td><td>非金属矿物制造业</td></tr>
<tr><td>基础化学原料制造业</td><td rowspan="7">化学工业</td><td>炼铁业</td><td rowspan="3">黑色金属压延加工业</td></tr>
<tr><td>肥料制造业</td><td>炼钢业</td></tr>
<tr><td>农药制造业</td><td>钢压延加工业</td></tr>
<tr><td>涂料油墨制造业</td><td>铁合金冶炼业</td><td rowspan="3">有色金属压延加工业</td></tr>
<tr><td>合成材料制造业</td><td>有色金属冶炼制造业</td></tr>
<tr><td>专用化学产品制造业</td><td>有色金属压延加工业</td></tr>
<tr><td>日用化学产品制造业</td><td>电热力生产供应业</td><td>电热力生产供应业</td></tr>
<tr><td>医药制造业</td><td>医药制造业</td><td>燃气生产和供应业</td><td>燃气生产和供应业</td></tr>
</table>

在进行计量模型回归之前，要先对中国污染密集产业参与国际产品内分工的程度进行测算。本节采用基于投入产出表的 VS 指标计算方法，即通过一国的投入产出矩阵来计算产品内分工程度。VS 指标又分为绝对值指标 VS 和相对值指标 VSS，前者衡量一国进口中间投入品中用于生产出口品的那部分中间投入品的绝对价值，后者衡量 VS 绝对值在该国总出口中所占的比重。两种思路相比，运用投入产出模型能够更加准确计算国际贸易中中间产品的贸易情况，本书主要运用投入产出法来计算中国污染密集产业的 VSS 值。

本节仍按照上节所述的处理方法对 VSS 值进行测算②。本书以国家统计局公布的 2007 年、2012 年、2017 年的投入产出表以及 2010 年、2015 年的投入

① 本书的污染密集产业分类由笔者以 2007 年投入产出表为基础，对投入产出表和其他数据来源中的分类进行整合后得到。

② VSS 值的具体处理方法见本章 5.1 节。

产出延长表作为基础，采用 Kuroda 提出的基于加权二次目标函数的误差最小化估计方法外推出 2007 年后各年各产业的直接消耗系数，然后来计算所选污染密集型产业的 VSS 值。各类贸易数据均来源于联合国贸易数据库 Comtrade 并进行整合。

2. 计量模型构建

为了考察国际产品内分工对中国污染密集型产业的环境效应，本节构建了如下计量模型，并运用 2001—2017 年连续 17 个年度的 17 个污染密集型产业的面板数据进行回归分析：

$$\ln Z_{it} = \beta_0 + \beta_1 \ln \mathrm{Labor}_{it} + \beta_2 \ln \mathrm{FDI}_{it} + \beta_3 \ln \mathrm{TERM}_{it} + \beta_4 \ln \mathrm{Tariff}_{it} + \beta_5 \ln \mathrm{ADD}_{it} + \beta_6 \ln \mathrm{PCGDP}_t + \beta_7 \ln \mathrm{VSS}_{it} + u_{it} \quad (5-6)$$

其中，Z_{it}表示 t 年份污染密集型产业 i 的出口污染水平，即该行业每万美元出口额中所排放污染物的千克数。本书主要选取四类污染物（工业二氧化硫排放量、工业烟尘排放量、工业粉尘排放量以及工业废水排放量）来分别进行估计，综合考察在产品内分工视角下污染密集型产业出口对于大气污染和水污染的影响效应。Labor_{it}为 t 年份污染密集型产业 i 的劳动投入量。FDI_{it}为 t 年份污染密集型产业 i 吸收的外商直接投资额。Term_{it}为 t 年份污染密集型产业 i 的贸易条件，即该产业的出口产品价格与进口产品价格之比。ADD_{it}表示 t 年份污染密集型产业 i 的产出增加值。PCGDP_t 表示 t 年份的国民收入水平，即人均国内生产总值。VSS_{it} 为 t 年份污染密集型产业 i 发生国际产品内分工的程度。

3. 数据选取

书中所选用的四类污染物排放数据均来自各年度的《中国环境年鉴》。由于投入产出表中的部门分类和环境年鉴中的部门分类不一致，为了使投入产出表和环境年鉴中相关数据的分类标准匹配，本书按上文对投入产出表部门分类整理得到的污染密集型产业分类为基础，对环境年鉴中的相关产业部门进行重新归类并对相关数据进行了整理。进出口贸易数据均来自联合国数据库 Comtrade。劳动的投入数据主要来自历年的《中国劳动统计年鉴》，不过和《中国环境年鉴》一样，该统计中部门的分类和投入产出表中对部门的分类并不是完全一致的，本书也对相关产业部门的数据进行整理。FDI 数据来自各年的《中国外商投资报告》。各产业贸易条件和人均国内生产总值由笔者计算所得，其原始数据均来自世界银行数据库。关税的数据来自中国海关公布的数据。污染密集型产业的产出增加值来自各年的《中国工业统计年鉴》。垂直专业化指数 VSS 按照上文所述投入产出法进行测算。

5.2.4　实证分析及结论

1. 模型回归结果

根据截距项向量和系数向量的不同限制要求，面板数据模型可以分为三种类型：无个体影响的不变系数模型、无个体影响的变截距模型和含有个体影响的变系数模型。本书在进行污染密集型产业面板数据的估计之前，为了避免面板数据模型设定的偏差，首先要确定现有样本数据属于上述三种模型形式中的哪一种，所以本书首先对面板数据进行协方差分析检验，根据其结果，选择个体影响的变系数模型进行模型回归。

设定了个体影响的变系数模型之后，由本书选取的各类指标构成面板数据结构，基于面板数据结构可以选择混合回归模型、随机效应模型或固定效应模型进行估计。在对数据进行 *F* 检验和 Hausman 检验之后，选定固定效应模型来进行模型的回归。为了避免出现非平稳时间序列而带来的伪回归问题，要对各序列数据进行单位根检验。首先用 Eviews 6.0 统计软件进行面板数据的 IPS（入侵防御系统）检验，其结果拒绝原假设，不存在单位根过程，各序列为平稳的时间序列，再使用 Eviews 6.0 统计软件对已设模型进行固定效应回归，模型的参数估计结果和统计检验结果如表 5-6 所示。

表 5-6　四种污染物计量模型回归结果一览表①

变量	Ⅰ	Ⅱ	Ⅲ	Ⅳ
C	10.44*** (9.25)	6.13*** (4.55)	14.12*** (4.16)	10.82*** (3.77)
Labor	0.27* (1.81)	0.39* (1.82)	0.60 (1.21)	0.85 (1.28)
FDI	−0.10*** (−6.22)	−0.01*** (−7.01)	−0.02*** (−3.82)	−0.13*** (−4.01)
Term	0.63*** (3.10)	1.02*** (3.69)	0.82*** (16.71)	0.48** (1.98)
Tariff	0.58*** (9.11)	0.62** (2.44)	0.88*** (3.28)	0.28** (2.19)
ADD	0.58*** (5.55)	0.34*** (5.31)	0.24*** (4.30)	0.32*** (3.17)
PCGDP	0.25 (1.47)	0.49 (1.07)	0.62* (1.80)	0.98 (1.27)
VSS	−0.15*** (−3.18)	−0.17*** (−5.77)	−0.16*** (−3.12)	−0.10*** (−2.89)

① 带***为在 1%水平上显著，带**为在 5%水平上显著，带*为在 10%水平上显著。

续表

变量	Ⅰ	Ⅱ	Ⅲ	Ⅳ
$\overline{R^2}$	0.89	0.92	0.91	0.93
F 统计量	287.10	378.12	511.03	369.23

表5-6中Ⅰ、Ⅱ、Ⅲ、Ⅳ栏分别是四种污染物（工业二氧化硫排放量、工业烟尘排放量、工业粉尘排放量以及工业废水排放量）的污染效应回归结果。从模型的回归结果来看，基本和理论预期是一致的，而且产品内分工变量在四种污染物计量模型中均为显著性变量。表5-7是剔除了产品内分工变量之后的模型回归结果，将该变量剔除前后的模型回归结果进行比较可以明显发现，剔除变量VSS之后模型回归结果中大部分变量均没有通过5%的显著性 t 检验，因此变量VSS对本模型而言是一个不可或缺的显著性变量，表明在分析污染物密集型产业的出口环境污染密度时，不能忽略该产业的产品内国际分工要素，即产品内贸易是污染密集型产业出口与国内环境关系的一个重要影响因素。

表5-7 剔除VSS变量后模型回归结果一览表①

变量	Ⅰ	Ⅱ	Ⅲ	Ⅳ
C	9.30* (1.76)	7.03 (1.05)	5.40** (2.25)	-5.52* (-1.76)
Labor	0.85 (1.26)	0.92 (1.45)	0.47 (1.59)	0.50 (1.13)
FDI	-0.62** (-2.77)	-0.35* (-1.96)	-0.42* (-1.80)	-0.77* (-1.85)
Term	0.81 (1.19)	0.82* (1.94)	0.62* (1.86)	0.99 (1.42)
Tariff	0.20* (1.75)	0.57 (1.19)	0.47 (1.14)	0.38 (1.15)
ADD	1.27* (1.89)	1.11** (2.11)	0.80 (1.25)	0.45 (1.36)
PCGDP	0.91 (1.24)	0.72 (1.21)	0.11* (1.89)	0.39 (1.15)
$\overline{R^2}$	0.91	0.88	0.88	0.91
F 统计量	287.24	372.27	312.34	365.10

根据表5-7的模型回归结果来看，Labor的系数为正，说明劳动与出口污

① 带***为在1%水平上显著，带**为在5%水平上显著，带*为在10%水平上显著。

染密集度之间的关系呈现出一定的正相关性，污染密集型产业增加的劳动投入会带来更多的出口污染效应，但是从回归结果来看，这种影响并不显著。

解释变量 FDI 的系数均为负，且均通过了 1%显著水平的 t 检验，这表明外商直接投资的流入与污染密集型产业的出口污染效应呈负相关关系，其原因可能是由外商直接投资引发的对外贸易所带来的环境结构效应和技术效应两者之和能够在很大程度上抵消这种贸易带来的环境规模效应。

解释变量 Term 的系数均为正，且统计效果显著，说明贸易条件和出口污染水平呈现出正相关关系，造成这种现象的原因可能是由于污染密集型产业的出口贸易中，环境的结构效应仍然滞后于规模效应。

Tariff 的系数显著为正表明在污染密集型产业内贸易壁垒扩大了出口的污染物排放水平，相反，如果随着贸易自由化的进一步深入，进口壁垒水平的降低将可能会降低污染密集型产业的出口污染密集度。

解释变量 ADD 的系数显著为正，表明污染密集型产业的环境规模效应仍然是显著的，规模效应显著地提高了污染密集型产业的出口污染物排放密度。

本模型将人均 GDP 作为环境规制的替代变量，然而回归的结果反映 PCGDP（per capita gross domestic product，人均国内生产总值）的影响并不显著，表明用人均国民收入水平来代表环境规制程度，可能在国内某些产业或者地区并不适用。其原因可能是政府或地方居民对于环保的收入弹性程度较低，地区收入的增长并没有显著刺激到区域内环保力度的提升。

VSS 的系数显著为正，说明在污染密集型产业中，产品内分工对出口污染密集度有着正效应，即产品内分工总体上恶化了环境，但结合实证结果来看，产品内分工也存在环境的结构和技术效应，而且很可能更大程度上促进了结构与技术效应而非规模效应。

2. 实证结论

本节构建了一个关于产品内分工下出口污染效应的计量模型，采用 2001—2017 年中国污染密集型产业的面板数据，通过实证分析在国际产品内分工背景下污染密集型产业的出口污染效应，考察产品内分工对于贸易与环境的影响效应。根据回归结果，本节得到以下三点结论。

（1）产品内贸易是中国出口与国内环境关系的重要影响因素。从实证结果来看，产品内分工对于中国污染密集型产业的出口污染物排放密度密切相关，且有着明显的正向影响作用。这表明产品内贸易是污染密集型产业出口与国内环境关系的一个重要影响因素。产品内分工之所以会出现，其根本原因就在于中间生产环节的分工收益会大于成本，这种分工收益主要来源于要素禀赋，因此当产品内分工的运输与管理成本降低时，分工所带来的比较优势会得到充分发挥，促进生产与贸易规模的提高，自然会带来更多自然资源的消耗与工业污染物的排放。相比结构效应和技术效应，目前以产品内分工主导的对外贸易的规模效应更加明显，总体上带来了中国环境的恶化。

（2）外商直接投资的技术溢出效应降低了出口污染密度。从模型回归结果来看，污染密集型产业流入的FDI并没有加剧出口的污染密集度，反而减轻了出口污染密集度，这表明环境污染天堂假说在中国并不一定成立。其原因可能是FDI相比于国内资本，其带来的环境结构效应和技术效应相对比较显著（尤其是技术效应），FDI带来的产业结构优化和技术效应能够在一定程度上降低出口的污染物排放水平。

3）国民收入增长对环境规制的促进作用不明显。从污染密集型行业层级数据的回归结果开看，国民收入增长并没有显著带动政府通过设置更严格合理的环境规制来降低出口的污染物排放水平，这个结果和本章5.1节的实证回归结论是一致的。

5.3 产品内贸易与一般贸易的环境效应比较

本章前两节分别通过改进后的联立方程模型和一般均衡模型进行实证研究，从产业层面考察了中国产品内贸易的环境效应，其结果证明了产品内分工与贸易是中国对外贸易和环境关系问题中的一个重要影响因素，产品内贸易从总体上恶化了国内环境，这主要是由于产品内分工带来的正的结构和技术效应不足以抵消负的规模效应。与一般贸易相比，中国产品内贸易和环境的联系是否更加紧密？这是本章开头所提出的一个研究问题，也是本节实证研究所主要解决的问题。

关于产品内贸易和一般贸易究竟哪种贸易形式带来的环境污染更加严重的问题，国内外学者曾进行过初步研究并得出不同结论。Dean和Lovely（2010）认为相比于一般贸易，中国的产品内贸易可以通过转移出部分污染工序来减轻生产性环境污染①。刘婧（2009）通过建立贸易与环境污染的ARIMA模型（autoregressive integrated moving average model，差分整合移动平均自回归模型），比较研究了一般贸易和加工贸易两者对于中国国内环境污染的影响程

① DEAN J M, LOVELY M E. Trade Growth, Production Fragmentation, and China's Environment [J]. NBER Chapters, 2010.

度，认为相比于一般贸易、加工贸易和环境污染的联系更加紧密①。本节在此研究基础上，将对此模型进行一定程度的改进，进一步对两者进行比较研究。

5.3.1 ARIMA 模型构建②

1. 数据选取

加工贸易是中国产品内贸易的主要表现形式，因此在一定程度上可以用中国加工贸易数据来替代产品内贸易数据，不过为了提高模型回归的精确性，本书并不直接采用一般贸易和加工贸易的进出口数据，而是比较中国最终产品贸易和中间产品贸易与环境污染之间的关系。本书依据 BEC 分类法来确定最终产品和中间产品的具体分类，如表 5-8 所示。

表 5-8 BEC 分类法中的最终产品与中间产品分类③

BEC 法的划分		对应 BEC 编码及产品类别
最终产品	消费品	未列名消费品（6），非工业用运输设备（51，522） 家庭消费用食品、饮料类初级产品和加工品（112，122）
	资本品	运输设备除外的资本货品（41），工业用运输设备（521）
中间产品	半成品	燃料和润滑油类的加工品（32），工业用粮食类加工品（121） 未列名工业供应加工品（22）
	零部件	运输设备零部件（53），运输设备除外的资本货品零部件（42）

根据表 5-8 分类确定最终产品与中间产品的贸易额，用以反映一般贸易和产品内贸易的情况，在计量模型中分别以 FT 和 MT 表示。

本节主要选取 1982—2011 年三种污染物（工业二氧化硫、工业废水和工业固体废物）的排放数据来反映国内的环境污染程度。在计量模型中三种污染物排放量指标分别用 SO_2、Water 和 Solid 表示。

书中所选用的四类污染物排放数据均来自各年度的《中国环境年鉴》。进出口贸易数据均来自联合国数据库 Comtrade。

2. 模型构建

在构建贸易和环境的 ARIMA 模型之前，由于本书选取的是时间数据，所

① 刘婧. 一般贸易与加工贸易对我国环境污染影响的比较分析［J］. 世界经济研究，2009（6）：44-48.

② ARIMA 模型又被称为综合自回归移动平均模型。该模型对转换后成平稳时间序列的数据进行定阶和参数估计以得到 p、q 值，然后对时间序列数据进行计量回归和预测。

③ 资料来源：联合国数据库 Comtrade。

以首先要对样本数据进行时间序列的平稳性检验，本书主要采用 ADF 检验法，将非平稳的时间序列转化成 ARIMA 模型能够处理的平稳性时间序列形式。由于一般贸易和产品内贸易的数据与污染物排放的计量单位不同，且二者之间的数据绝对值都相对较大，因此在 ADF 检验时对各类数据均采用对数形式进行处理，对单位根的检验结果如表 5-9 所示。

表 5-9 ADF 检验结果①

<table>
<tr><th>序列</th><th>ADF 值</th><th>概率 p</th><th>滞后阶数</th><th>检验结果</th><th>平稳性</th><th>单整</th></tr>
<tr><td>$\ln(SO_2)$</td><td>1.981 2</td><td>0.881 2</td><td>2</td><td>未通过</td><td>非平稳</td><td rowspan="3">2</td></tr>
<tr><td>$\Delta\ln(SO_2)$</td><td>-2.301 2</td><td>0.601 4</td><td>4</td><td>未通过</td><td>非平稳</td></tr>
<tr><td>$\Delta^2\ln(SO_2)$</td><td>-4.739 1</td><td>0.000 7</td><td>3</td><td>通过</td><td>平稳</td></tr>
<tr><td>$\ln(Water)$</td><td>-1.710 3</td><td>0.716 1</td><td>0</td><td>未通过</td><td>非平稳</td><td rowspan="2">1</td></tr>
<tr><td>$\Delta\ln(Water)$</td><td>-5.910 2</td><td>0.005 4</td><td>0</td><td>通过</td><td>平稳</td></tr>
<tr><td>$\ln(Solid)$</td><td>-0.866 2</td><td>0.912 0</td><td>2</td><td>未通过</td><td>非平稳</td><td rowspan="3">2</td></tr>
<tr><td>$\Delta\ln(Water)$</td><td>-3.621 7</td><td>0.612 3</td><td>4</td><td>未通过</td><td>非平稳</td></tr>
<tr><td>$\Delta^2\ln(Solid)$</td><td>-7.691 2</td><td>0.030 8</td><td>3</td><td>通过</td><td>平稳</td></tr>
<tr><td>$\ln(FT)$</td><td>-5.723 4</td><td>0.000 0</td><td>0</td><td>通过</td><td>平稳</td><td>0</td></tr>
<tr><td>$\ln(MT)$</td><td>-2.996 2</td><td>0.621 6</td><td>1</td><td>未通过</td><td>非平稳</td><td rowspan="2">1</td></tr>
<tr><td>$\Delta\ln(MT)$</td><td>-6.723 0</td><td>0.000 0</td><td>0</td><td>通过</td><td>平稳</td></tr>
</table>

根据 ADF 检验结果，本书构建的三种污染物的计量模型如下：

$$\begin{cases}\Delta^2\ln(SO_2) = \alpha_0 + \alpha_1\ln(FT) + \alpha_2\Delta\ln(MT) + u_t \\ \Delta\ln(Water) = \beta_0 + \beta_1\ln(FT) + \beta_2\Delta\ln(MT) + u_t \\ \Delta^2\ln(Solid) = \gamma_0 + \gamma_1\ln(FT) + \gamma_2\Delta\ln(MT) + u_t\end{cases} \tag{5-7}$$

在构建模型之后，要对 ARIMA 模型进行识别，通过识别判断 ARIMA 模型将要使用的形式以及阶数，即确定 p、q 的具体数值。本书采用估计自相关系数和偏自相关系数的识别方法，根据残差序列的相关图以及自相关和偏相关函数图，确定样本数据的 p、q 值，识别结果如表 5-10 所示。

表 5-10 ARIMA 模型识别结果

方程	p 值	q 值	ARIMA (p, q)
$\Delta^2\ln(SO_2)$	2	2	ARIMA (2, 2)
$\Delta\ln(Water)$	3	2	ARIMA (3, 2)
$\Delta^2\ln(Solid)$	2	1	ARIMA (2, 1)

① ADF 检验结果来自 Eviews 6.0 软件。

5.3.2 实证分析及结论

1. 模型回归结果

通过 Eviews 6.0 软件运用最小二乘法对识别后得到的三个污染物的 ARIMA 模型进行参数估计，计量回归结果如下：

表 5-11 为模型估计结果中最终产品贸易与中间产品贸易对工业二氧化硫排放的影响，各系数都通过了 5%的 t 检验，其中最终产品贸易和中间产品贸易这两种类别产品的出口额对工业二氧化硫排放量的弹性分别为 0.031 9 和 -0.011 7，由此可见相比于中间产品出口，最终产品出口对工业二氧化硫排放量的影响程度更大。从系数的符号来看，一般贸易出口对工业二氧化硫排放量的弹性为正，而产品内贸易出口的弹性为负，这表明两者相比，最终产品出口明显降低了国内大气环境质量，而中间产品出口对国内大气环境质量的副作用不明显。

表 5-11 最终产品与中间产品贸易对工业二氧化硫排放的影响①

变量	系数	标准差	t 统计量	概率
ln(FT)	0.031 9	0.214 5	2.277 3**	0.021 8
d[ln(MT)]	-0.011 7	0.108 0	-1.998 0**	0.012 2
AR(1)	-0.502 0	0.240 1	-2.423 2**	0.023 0
AR(2)	-0.401 1	0.241 3	-2.662 9**	0.021 2
MA(1)	-0.991 5	0.087 9	6.923 2***	0.000 0
MA(2)	-0.776 1	0.007 8	7.012 2***	0.000 0
$\overline{R^2}$	0.912 8			
F 统计量	212.810 9			
DW 统计量	2.716 0			

表 5-12 为模型估计结果中最终产品贸易与中间产品贸易对工业废水排放的影响，各系数基本显著，其中最终产品贸易和中间产品贸易这两种类别产品的出口额对工业废水的弹性分别为 0.013 9 和 0.081 8，由此可见产品内贸易对工业废水排放量的影响程度要远高于一般贸易，其影响程度约为一般贸易的 5 倍。从系数的符号来看，两者对于工业废水的弹性均为正，表明这两种形式

① 带*** 为在 1%水平上显著，带** 为在 5%水平上显著，带* 为在 10%水平上显著。

的贸易均恶化了环境，且产品内贸易的负面影响更大。

表 5-12 最终产品与中间产品贸易对工业废水排放的影响①

变量	系数	标准差	t 统计量	概率
ln（FT）	0.013 9	0.081 2	1.884 1*	0.096 5
d［ln（MT）］	0.081 8	0.062 1	1.913 8**	0.068 8
AR（1）	-1.540 0	0.212 9	-4.702 4***	0.099 5
AR（2）	-0.828 7	0.205 1	-4.328 7***	0.088 7
AR（3）	-0.386 3	0.214 2	-3.241 2***	0.007 7
MA（1）	1.517 2	0.003 6	4.228 3	0.000 0
MA（2）	0.931 2	0.002 7	6.036 3	0.000 0
$\overline{R}^2$	0.881 2			
F 统计量	244.281 9			
DW 统计量	2.6128			

表 5-13 为模型估计结果中最终产品贸易与中间产品贸易对工业固体废物排放的影响，各系数都通过了 5%的 t 检验，其中最终产品贸易和中间产品贸易这两种类别产品的出口额对工业固体废物的弹性分别为 0.041 8 和 0.112 0，由此可见相比于最终产品出口，中间出口产品对工业固体废物排放量的影响程度相对较高。从系数的符号来看，两者对于工业固体废物的弹性均为正，表明这两种类别产品的出口均恶化了国内环境，且产品内贸易的负面影响相对较大。

表 5-13 最终产品与中间产品贸易对工业固体废物排放的影响②

变量	系数	标准差	t 统计量	概率
ln（FT）	0.041 8	0.062 1	3.122 0***	0.012 0
d［ln（MT）］	0.112 0	0.103 4	-2.331 5**	0.065 5
AR（1）	-0.468 2	0.162 4	-3.608 1***	0.009 1
AR（2）	-0.425 8	0.178 5	-4.296 2***	0.005 7
MA（1）	-0.983 1	0.123 6	-5.136 4***	0.000 0
$\overline{R}^2$	0.919 0			
F 统计量	216.100 2			
DW 统计量	2.551 7			

① 带***为在 1%水平上显著，带**为在 5%水平上显著，带*为在 10%水平上显著。

② 带***为在 1%水平上显著，带**为在 5%水平上显著，带*为在 10%水平上显著。

2. 实证结论

本节构建了一个关于最终产品和中间产品出口污染效应的 ARIMA 模型，采用 1988—2017 年的时间数据进行实证分析，计量回归结果表明在不考虑初级产品生产和出口的条件下，最终产品和中间产品出口对于中国国内环境的影响程度取决于污染物的类型。最终产品出口对国内工业二氧化硫排放量的影响相对较大，而中间产品出口对国内工业废水和工业固体废物排放量的影响相对较大。这表明，由于产品内分工引发的产品内贸易与污染物排放之间的联系，在程度上比由产业间分工引发的一般贸易更大。

最终产品和中间产品的出口行业结构是造成这种现象的主要决定因素，因为出口行业结构决定了污染物排放的类型。在工业二氧化硫排放较多的外向型行业中，化学工业等最终产品出口的行业比重较大，因此最终产品出口对于工业二氧化硫排放量的弹性较大；在工业废水和工业固体废物排放较多的外向型行业中，纺织业、通信设备等产品内分工程度较大的行业所占比重较大，因此中间产品出口对于这两种污染物排放的弹性较大。

5.4　区域经济合作对产品内贸易与环境问题的影响

本章前面各节通过实证研究主要回答了本章开头所提出的前两个研究问题，实证结果证明了产品内分工与贸易是中国对外贸易和环境关系问题中的重要影响因素；产品内贸易从总体上恶化了国内环境，对环境而言其结构效应为正；而且与一般贸易相比，中国产品内贸易和环境的联系更加紧密，因此以产品内分工视角研究中国贸易与环境问题是必要的。另外本章开头所提的第三个研究问题是在产品内分工的基础上，除了要素禀赋之外，FDI 以及区域经济一体化这些因素能否显著对中国贸易与环境问题产生影响？本章前三节的研究已经证明了 FDI 是产品内分工下贸易与环境问题的其他决定因素之一，除 FDI 之外是否存在其他决定因素？本节将通过构建计量模型，以产品内分工为视角，重点研究区域经济合作对贸易与环境问题的影响效应。

5.4.1　区域经济合作对产品内贸易的影响

1. 巴拉萨模型的实证检验

（1）巴拉萨模型。巴拉萨模型是被广泛用于测算贸易创造和贸易转移的模型之一。该模型通过测算区域经济合作前后进口的需求收入弹性的变化来说明区域经济合作的贸易创造效应和贸易转移效应。其基本的假设是：进口需求收入弹性的变化是衡量一国国内生产总值与进口关系的标准，当该国所开展的区域经济合作是影响进口需求弹性变化的唯一因素时，在区域经济合作之前，进口的需求收入弹性是固定不变的。开展区域经济合作之后，如果区域内贸易进口的需求收入弹性增大，则意味该区域合作带来了贸易创造效应；相反，如果建立区域经济合作后，区域外贸易的进口需求收入弹性减少，则表示出现了贸易转移①。该模型的基本方程为

$$M_r = aY_t bu \tag{5-8}$$

其中，M_r 为 r 国的进口值，Y_t 为 r 国的国内生产总值，a 为一常数，u 为模型误差，b 为进口需求收入弹性。

将方程（5-8）的两边同时取对数，则得

$$\ln M_r = a + b\ln Y_t + u \tag{5-9}$$

为此，可将方程（5-9）进一步转化为三个方程，即总进口方程、区域内进口方程和区域外进口方程，这些方程如下：

$$\ln \mathrm{MT}_r = a_t + b_i \ln Y_t + u_t \tag{5-10}$$

$$\ln \mathrm{MI}_r = a_i + b_r \ln Y_r + u_i \tag{5-11}$$

$$\ln \mathrm{ME}_t = a_e + b_e \ln Y_r + u_e \tag{5-12}$$

其中，MT_r、MI_r、ME_t 分别为 r 国总进口值、区域内贸易进口值和区域外贸易进口值。

当区域贸易合作后的 b_r 和 b_i 都大于合作前的水平，则存在净贸易创造，即经济学家维纳提出的贸易创造；当区域贸易合作后的 b_i 大于合作前的水平，而 b_e 小于合作前的水平，则表明该区域经济一体化组织内存在净贸易转移。

（2）模型的设立和样本数据来源。本文引入虚拟变量 D 对中国和东盟开展区域经济合作前后加工贸易进口的需求收入弹性运用巴拉萨模型进行如下计算：

$$M_r = aY_t bu \tag{5-13}$$

两边取对数得到

$$\ln M_r = a + b_1 \ln Y_r + Db_2 \ln Y_r + u \tag{5-14}$$

从而得到三个方程为

① BALASSA. Tariff Reduction and Trade in Manufactures among the Industrial Countries［J］. American Economic Review, 70, 1966.

$$\ln M_r = a_t + b_{t1}\ln Y_r + Db_{t2}\ln Y_r + u_t \quad (5\text{-}15)$$

$$\ln M_r = a_i + b_{i1}\ln Y_r + Db_{i2}\ln Y_r + u_t \quad (5\text{-}16)$$

$$\ln M_r = a_e + b_{e1}\ln Y_r + Db_{e2}\ln Y_r + u_t \quad (5\text{-}17)$$

其中，b_1 表示中国和东盟开展区域经济合作之前的中国中间产品进口需求收入弹性。D 为虚拟变量，用来辅助区分区域经济合作前后的中间产品的进口需求弹性。本书用 1995—2018 年的相关数据作为研究样本，中国和东盟在 2004 年底完成双方货物贸易的谈判，因此本书并以 2005 年 1 月 1 日为双方开展区域经济合作的分界点，也就是说 2005 年以前，虚拟变量 $D=0$；2005 年以后，虚拟变量 $D=1$。所以 b_1+b_2 表示区域经济合作开展之后的中间产品进口需求收入弹性。这样通过数据的计算，比较中国和东盟开展区域经济合作前后中间产品总进口，区域内进口和区域外进口的需求收入弹性，从而测算出双方的区域经济合作给中国产品内贸易带来的贸易创造与贸易转移效应。

在本模型中，中国 1995—2018 年的 GDP 值来源于历年《中国统计年鉴》。对于东盟，本书只选取了新加坡、泰国、马来西亚、菲律宾和印度尼西亚五国的数据，因为这五国在东盟内占据绝对贸易比重，比较具有代表性。其他东盟国家贸易数量太少而且统计数据不全，因此本书不对其进行实证研究。东盟五国的 GDP 数据来源于联合国数据库，中国和东盟的中间产品总进口值与区内进口值均来源于联合国数据库 Comtrade。区外中间产品进口则都是根据总进口减去区内进口计算获得的。

（3）巴拉萨模型的实证检验结果。本书用 Eviews 6.0 统计软件对样本数据进行回归，每个回归方程的各个系数的符号都满足了理论，即一国的中间产品进口与其国民生产总值呈正相关，所有回归方程的 F 检验值的显著水平都很高，拟合优度 R^2 也比较高，这些都说明了回归方程的可信度。在 5%的显著性水平下，大部分 t 值都通过了检验，具体结果如表 5-14 所示。

1）中国方面。双方开展区域经济合作之后，中国中间产品总进口需求收入弹性、中间产品区内进口需求收入弹性及区外进口需求收入弹性均分别从 1.366 9、1.394 8、1.048 8 上升到 1.390 7、1.416 3、1.071 2。这说明存在总贸易创造效应，而且获得净贸易创造，没有形成净贸易转移，表明区域经济合作对中国的中间产品贸易存在一定的促进作用。

2）东盟方面。虽然总进口需求弹性上升，但是区内进口需求弹性却降低，前者从 1.134 4 上升到 1.158 9，后者从 1.290 6 下降到 1.264 2，因此东盟成立后对于区内并未形成贸易创造。而区外进口需求收入弹性明显增大，从 1. 122 8 增大到 1. 175 3，所以也不存在总贸易转移和净贸易转移效应。

表 5-14 巴拉萨模型的检验结果①

项目		区域经济合作前的中间产品进口需求收入弹性（b_1）	区域经济合作后的中间产品进口需求收入弹性（b_1+b_2）	区域经济合作前后进口需求收入弹性的变化（b_2）
中国	总进口	1. 366 9**	1. 390 7	0. 023 8**
	区内进口	1. 394 8***	1. 416 3	0. 021 5***
	区外进口	1. 048 8***	1. 071 2	0. 022 4**
东盟五国	总进口	1. 134 4**	1. 158 9	0. 024 5**
	区内进口	1. 290 6**	1. 264 2	-0. 026 4**
	区外进口	1. 122 8**	1. 175 3	0. 052 5**

2. 引力模型的实证检验

（1）引力模型。引力模型（gravity model）被经济学家丁伯根（Tinbergen，1962）引用到国际贸易领域，用以对世界贸易流向和贸易流量规模问题进行实证研究，说明两国的国民生产总值和距离对两国双边贸易的关系。随后利尼（Linnemann，1966）增加了人口变量来反映规模经济的作用。一般来说，一国与其他国家的贸易流量依存于贸易国各自的经济规模和运输费用，因此，引力模型的基本方程如下：

$$\ln X_{ij} = b_0 + b_1\ln Y_i + b_2\ln Y_j + b_3\ln D_{ij} + b_4\ln P_{ij} + e_{ij} \quad (5-18)$$

其中，X_{ij}为 i 国对 j 国的出口值；D_{ij}为 i 国与 j 国间的距离；Y_k（$k=i$，j）为 k 国的国民生产总值；P_{ij}为区域经济一体化或区域贸易优惠安排的虚拟变量，当 i 国和 j 国同属于一个区域组织的成员时，$P_{ij}=1$；反之，$P_{ij}=0$；b_0 为常数，$b_1 \sim b_4$ 为对应变量的参数；e_{ij}为模型误差。

在引力模型中，Y_i 表示出口国出口供应的潜在经济能力，Y_j 表示进口国进口需求的潜在经济能力，而这对 i 国向 j 国的出口规模产生正的作用，也就是说，二者的经济能力越大，潜在的出口供应能力和进口需求能力就越大，两国之间的双边贸易潜力也就越大，因此，Y_i 和 Y_j 的系数预期为正数。两国的距离代表了运输费用，一般来说，对出口规模产生反作用，故其系数预期为负数。引力模型通过区域经济一体化或区域贸易优惠安排虚拟变量的变化来说明

① 带***为在1%水平上显著，带**为在5%水平上显著，带*为在10%水平上显著。

区域组织的贸易效应。当虚拟变量的系数增大时，说明区域组织对区域内的贸易有促进作用，反之亦然。

（2）模型的建立和样本数据来源。决定一国中间产品总出口供应能力和进口需求能力的并不只是该国的经济规模，还应该包括总体的贸易数额。所以本书加入这个变量，对引力模型进行如下修改：

$$\ln X_{ij} = b_0 + b_1\ln Y_i + b_2\ln Y_j + b_3\ln G_i + b_4\ln G_j + b_5\ln D_{ij} + b_6\ln \text{ASEAN} + e_{ij} \tag{5-19}$$

其中，ASEAN 为虚拟变量，2005 年中国和东盟开展区域经济合作之前该虚拟变量值为 0，之后为 1。考虑到中国产品内贸易的地理区位特点和 ASEAN 区域经济合作的现状，本书选择了新加坡、印度尼西亚、泰国、马来西亚、菲律宾东盟五国数据作为样本。以 2000—2018 年每年中国对东盟地区的加工贸易数据为样本，这样可以克服样本少的缺陷，并能够关注 ASEAN 虚拟变量逐年变化的趋势。

模型中各国的 GDP 数据来源于联合国数据库（Common Database Basic Information），总体出口数据 G 和中间产品出口数据 X 来源于联合国数据库 Comtrade。本书认为用出口国到进口国之间主要港口之间的运输成本来作为地域距离 D_{ij} 最为适合，然而缺乏相关的统计资料，本书仍以各国经济中心之间的地理距离作为 D_{ij}，除了中国以上海作为经济中心外，其他国家均以首都作为其经济中心。

（3）引力模型的实证检验结果。将以上数据进行回归分析，得到如表 5-15所示的结果。本书的目的是考察区域经济合作实施前后中国与东盟地区开展产品内贸易的变化。所以主要观测的变量是虚拟变量 ASEAN。

表 5-15　引力模型的检验结果[①]

年份	b_0	b_1	b_2	b_3	b_4	b_5	b_6	b_6 修正
2000	−160.78	1.32**	−12.17	0.50**	0.74	−1.60**	0.21	0.32
2001	−157.65	1.34**	−12.05	0.52*	0.63	−1.78*	0.27	0.31
2002	−135.72	1.37*	−12.11	0.59*	0.79	−1.73**	0.23	0.28
2003	−128.67	1.43*	−12.67	0.57**	0.73	−1.79*	0.38*	0.41
2004	−127.35	1.41**	−12.13	0.59**	0.78	−1.70**	0.32**	0.25
2005	−122.92	1.31**	−11.42	0.53*	0.71	−1.70**	0.34**	0.33
2006	−131.01	1.35*	−11.18	0.56*	0.73	−1.68**	0.35	0.25*

① 带***为在 1%水平上显著，带**为在 5%水平上显著，带*为在 10%水平上显著。

续表

年份	b_0	b_1	b_2	b_3	b_4	b_5	b_6	b_6 修正
2007	−129.17	1.32**	−12.39	0.55*	0.62	−1.92**	0.47	0.35**
2008	−131.28	1.34**	−12.29	0.59*	0.72	−1.71**	0.22**	0.42**
2009	−120.11	1.32**	−13.24	0.58**	0.62	−1.82**	0.35	0.36**
2010	−142.05	1.39**	−13.59	0.56**	0.70	−1.84**	0.40**	0.41**
2011	−164.91	1.42*	−12.05	0.55**	0.74	−1.72**	0.47*	0.44**
2012	−143.03	1.48	−12.10	0.61*	0.72	−1.97**	0.34*	0.39**
2013	−119.21	1.30*	−12.23	0.54**	0.77	−1.91**	0.38*	0.38**
2014	−128.46	1.31**	−12.99	0.59**	0.66	−1.78**	0.33*	0.52**
2015	−138.42	1.44**	−15.12	0.53**	0.71	−1.80**	0.26*	0.50**
2016	−132.20	1.40*	−14.36	0.59*	0.60	−1.77*	0.29**	0.48**
2017	−147.90	1.41**	−14.64	0.61**	0.67	−1.81**	0.39*	0.61**
2018	−122.65	1.35**	−15.02	0.60**	0.71	−1.69**	0.33	0.44**

分析本次结果可以发现方程的效果拟合得不是很好，观测年份中每年的东盟 GDP 和总出口都没有通过 t 检验，两者的方差扩大因子太大，本模型不是最适合的模型。对模型进行修正，通过逐步剔除东盟 GDP 和总出口这两个不显著的变量，才得到大部分解释变量都通过 t 检验、DW 统计值满足不存在异方差的回归结果。其中中国的 GDP、中国总出口、区域距离三个解释变量均通过显著水平为 5%的 t 检验，在模型拟合程度较高的情况下，本书主要考察虚拟变量 ASEAN 的数据，修正后的虚拟变量 ASEAN 的回归数据见表 5-15。

表 5-15 中，2004 年和 2005 年的虚拟变量系数也没有通过 t 检验，说明这两年 ASEAN 对中国与东盟贸易的促进程度不大。不过可以看到 2004 年到 2007 年虚拟变量系数的 t 检验值基本呈上升趋势，2006 年的虚拟变量系数通过了 10%显著水平的 t 检验，2007 年的虚拟变量系数通过了 5%显著水平的 t 检验，之后的年份都通过了 5%显著水平的 t 检验。回归结果表明中国和东盟的区域经济合作是循序渐进、逐步开放的实施方式，故对双方产品内贸易的影响会存在滞后性和阶段性，还没有很大程度表现出来。随着双方开展区域经济合作广度和深度的不断扩大，双方在货物贸易的通关检验、质量检验、贸易投资的环境保护、投资定向的服务咨询等问题上沟通越来越频繁，对双方产品内贸易的促进作用也会日益显现。这也与巴拉萨模型分析的结果基本一致。

3. 实证结论

鉴于中国和东盟之间的产品内贸易发展极为迅速且双方已经达成区域经济合作协议，所以选取其为实证研究的例子，通过详细的数据分析和实证检验以研究区域经济合作对双方产品内贸易关系的影响程度。其主要是选取巴拉萨模型和引力模型进行一定程度的修改，来考察区域经济合作对产品内贸易的影响效应。通过模型分析，中国与东盟签订自由贸易协定之后，双边中间产品贸易得到了更大的发展，而且从实证研究可以发现这种自由贸易区的设立给双方的产品内贸易带来了促进作用。在东亚和东南亚地区生产网络化的进程下，中国和东盟签订自贸协定，促使了双边国家中间产品的贸易，因此双边产品内分工程度因为自贸协定的缔结而得到提升。

区域经济合作对中国产品内贸易有着显著的影响，促进了中国产品内贸易的发展。这主要表现为区域经济合作降低了中国和合作国之间开展产品内贸易的贸易壁垒、扩大了双方开展产品内贸易的市场容量以及通过增加对外投资扩大产品内贸易的规模，中间产品的贸易规模也随着双边更深度的经贸投资而进一步扩大。

贸易自由化带来的贸易壁垒的降低和产品内分工程度的深化，虽然可进一步扩大中国和东盟之间的双边贸易规模，但在低碳经济背景下，由污染密集型产品贸易引发的环境污染转移以及由此产生的环境规制等问题将会给双边带来贸易与环境问题上更多的争论和摩擦。中国和东盟之间由于签订自贸协定促使了双边中间产品贸易的规模扩张，但这其中的中间产品，自然也包括部分污染密集型的中间产品或者生产过程中会排放较多污染物的零部件，因此有必要对双边污染型中间产品的贸易程度进行研究。

5.4.2　中国-东盟自由贸易区内污染型中间产品的贸易效应

1. 引力模型①构建

在国际贸易领域，引力模型的基本思想是：两国之间的双边贸易量取决于其经济量以及相互间的距离，是研究双边贸易量的重要工具，该模型用以对世界贸易流向和贸易流量规模问题进行实证研究，由此说明两国的国民生产总值和距离对两国双边贸易的关系。

本书构建引力模型方程（5-20）来考察 CAFTA（China and ASEAN Free

① 引力模型是物理学中的一个定律，即两个物体的引力与其质量成正比，与其距离成反比。后被经济学家丁伯根于1962年引用到国际贸易领域，用以对世界贸易流向和贸易流量规模问题进行实证研究。

Trade Area，中国-东盟自由贸易区）建立对中国与东盟之间污染型中间产品贸易的影响，从而进一步研究 CAFTA 建立对中国和东盟中间产品贸易与环境问题的影响程度。由于考虑到 CAFTA 在亚太经济范围内的特殊性，本书在国家样本选取时，不仅选取了 CAFTA 范围内的中国和东盟五国的贸易数据，还选择了其他国家和地区的 1996—2018 年相关贸易数据进行考察，具体引力模型如下：

$$\ln X_{ijt}=\beta_0+\beta_1\ln GDP_{it}+\beta_2\ln GDP_{jt}+\beta_3\ln(dI_{ijt})+\beta_4\ln D_{ij}+\beta_5\ln CAFTA_{ijt}+u_{ijt} \tag{5-20}$$

其中，被解释变量 X_{ijt} 表示 t 时期 i 国和 j 国的污染型中间产品的进出口额。GDP_{it} 和 GDP_{jt} 分别表示 t 时期 i 国和 j 国的实际国内生产总值。两国经济规模越大，其需求规模就越大，从而两国贸易规模越大，污染密集型产品的贸易规模也会越大，所以预期系数 β_1 和 β_2 为正。

dI_{ijt} 表示 t 时期 i 国和 j 国的人均实际国内生产总值取对数后之差的绝对值，单位为万美元/人。本模型中用此变量来代替反映一国人均收入水平的人均 GDP 变量。dI_{ijt} 表示两国经济水平差异，从而反映两国间的经济相似程度。如果两国的人均收入水平差距越小，则两国国内对环境质量需求也可能更加趋同。两国之间的需求结构趋同表明两国的环境规制程度相同，环境规制程度越相同，两国间通过贸易转移污染的可能性相对就越低，所以系数 β_3 预期为负，dI_{ijt} 对于两国贸易的影响并不一定是线性的，所以本模型中加入该变量的平方项。

D_{ij} 反映 i 国和 j 国之间由于地理距离①和运输成本②所带来的贸易的负效应。地理距离和运输成本对于任何形式的国际贸易而言都是一个阻碍因素，所以系数 β_4 预期为负。

$CAFTA_{ijt}$ 是虚拟变量，表示 t 时期及之后 i 国和 j 国是否为 CAFTA 成员，若都是则为 1，否则为 0；CAFTA 框架下各成员国之间的贸易壁垒下降，若系数 β_5 为正，则表示中国和东盟自由贸易协定会带来污染型中间产品贸易规模的上升。

u_{ijt} 为随机扰动项。

---

① 地理距离指标的计算主要有简单距离和加权距离两种方法。简单距离是两国的首都或最重要城市的距离，加权距离是用两国最重要城市的人口占全国人口的比重作为权数或以地区面积的函数来定义贸易距离。

② 用运输成本作为地理指标也有以两国重要城市或者港口之间运费作为指标的简单方法，以及以两国一定时期以内加权的运费价格作为地理因素指标的加权计算方法。

2. 数据来源和处理

CAFTA 已经完全完成第一阶段即关税下降阶段的建设，实际上双边贸易自由化的初始点为 2002 年 11 月，贸易自由化开始给双边带来贸易规模的扩大，贸易创造效应逐步显现，由此可见 CAFTA 第一阶段对于 CAFTA 双边区域经济合作而言是重要且不可忽略的。因此本书采用 1996—2011 年中国和东盟十国①与其他 30 个贸易伙伴②的面板数据进行分析。本书将 2002 年末作为中国-东盟自由贸易区对双边污染型中间产品贸易产生贸易创造和转移效应的分界点，2002 年之前的年份为非贸易自由化阶段，从 2003 年开始为 CAFTA 第一阶段。其主要依据是，《中国-东盟全面经济合作框架协议》中对于双边关税的正式减让时间为 2003 年，CAFTA 双边贸易自由化带来的贸易创造效应，在 2003 年之后才主要显现出来③。

本书选取 HS 编码第 84 章和第 85 章的产品为污染型中间产品④，引力模型中各国在 1996—2018 年双边污染型中间产品贸易的相关数据来源于联合国的 Comtrade 数据库。各国的实际国内生产总值和人均国内生产总值来源于世界银行的数据库并进行计算整理。贸易额和 GDP 的单位为美元，人均 GDP 的单位为美元/人。为了消除物价波动影响，引力模型中所有和货币相关的数据，本书以 1996 年为基期进行数据平减处理，得到以不变价格换算的相关数据。

关于地理指标可以有多种衡量办法，比如用两国之间的地理距离或者运输成本。考虑到数据的代表性和可获得性，本节主要采用的是两国之间主要港口之间的距离⑤，数据来自 http：//www. geobytes. com/，单位为千米。

3. 实证分析及结论

（1）模型回归结果。为了避免出现非平稳时间序列而带来的伪回归问题，本节对各序列数据首先进行单位根检验。本书用 Eviews 6. 0 统计软件进行面板

---

① 这 10 个东盟国家分别为印度尼西亚、马来西亚、菲律宾、新加坡、泰国、越南、缅甸、柬埔寨、老挝和文莱。

② 这 30 个贸易伙伴分别为中国香港、中国澳门、日本、韩国、英国、德国、法国、瑞士、瑞典、丹麦、意大利、西班牙、爱尔兰、荷兰、比利时、奥地利、葡萄牙、卢森堡、希腊、土耳其、伊朗、俄罗斯、印度、巴西、南非、加拿大、美国、墨西哥、澳大利亚和新西兰。中国台湾的中间产品贸易数据暂缺。

③ 徐婧. 对中国和东盟贸易扩大效应的实证研究［J］. 世界经济研究，2008（10）：63- 69.

④ HS 编码第 84 章“核反应堆、锅炉、机械器具及零件”，第 85 章“电机、电气、音像设备及其零附件”均归属于第十六类产品，这类产品是中国与东盟之间比较重要的贸易品。

⑤ 计算亚太地区各国与美国距离采用的主要港口是美国西海岸的洛杉矶，计算欧洲各国与美国的距离采用的主要港口是美国东海岸的纽约。

数据的IPS检验，其结果拒绝原假设，不存在单位根过程，各序列为平稳的时间序列。因为本书主要考察CAFTA建立前后对于中国污染型中间产品进出口的影响，故采用单国模式的引力模型，并对回归结果进行比较。

本书使用Eviews 6.0统计软件，对中国污染型中间产品进口和出口的引力模型分别用最小二乘法进行回归，模型回归结果分别如表5-16和表5-17所示。

表5-16 单国模式引力模型各变量系数回归结果（出口）①

年份	β_1	β_2	β_3	β_4	β_5	$\overline{R^2}$	F值	DW值
1996	0.793**	0.611**	0.127	-1.227**	NA	0.642	134.42	2.126
1997	0.821**	0.659**	0.132	-1.212**	NA	0.670	124.25	2.019
1998	0.823**	0.620**	0.119	-1.223**	NA	0.628	114.40	2.086
1999	0.833**	0.637**	0.114	-1.130**	NA	0.716	136.72	2.013
2000	0.824**	0.615**	0.148*	-1.106**	NA	0.639	140.09	1.925
2001	0.842**	0.606**	0.140	-1.077**	NA	0.769	122.69	1.909
2002	0.839**	0.565*	0.137	-1.029**	NA	0.697	132.41	2.015
2003	0.841**	0.569**	0.113*	-0.993**	1.224**	0.702	121.99	1.908
2004	0.823**	0.571**	0.120*	-0.980**	1.218**	0.722	110.02	2.029
2005	0.825**	0.626**	0.099	-0.963**	1.203**	0.681	124.66	1.921
2006	0.821**	0.564**	0.088	-0.944**	1.226**	0.670	111.87	2.025
2007	0.829**	0.559**	0.111	-0.920**	1.129**	0.679	112.98	2.185
2008	0.805**	0.547**	0.084*	-0.927**	1.060**	0.642	130.01	2.004
2009	0.815**	0.554**	0.106	-0.915**	1.049**	0.718	142.29	2.095
2010	0.819**	0.539**	0.102	-0.901**	1.042**	0.682	133.70	1.932
2011	0.824**	0.550**	0.094*	-0.870**	1.028**	0.680	132.21	1.970
2012	0.822**	0.705*	0.098*	-1.100**	1.027**	0.721	116.22	2.116
2013	0.829**	0.649**	0.147	-1.057**	1.029**	0.706	128.16	2.023
2014	0.818**	0.603**	0.109	-1.109**	1.109**	0.695	172.07	1.975
2015	0.793**	0.619**	0.183*	-0.983**	1.069**	0.699	162.18	1.989
2016	0.799**	0.588**	0.107*	-1.080**	1.012**	0.710	130.16	2.225
2017	0.818**	0.572**	0.109	-1.128**	0.998**	0.731	147.69	2.012
2018	0.822**	0.603**	0.156	-0.996**	0.976**	0.706	123.42	2.029

① 带***为在1%水平上显著，带**为在5%水平上显著，带*为在10%水平上显著。

表 5-17　单国模式引力模型各变量系数回归结果（进口）[①]

年份	β_1	β_2	β_3	β_4	β_5	$\overline{R^2}$	F 值	DW 值
1996	0. 942 **	0. 724 **	0. 179	-1. 104 **	NA	0. 677	94. 23	2. 219
1997	0. 944 **	0. 762 **	0. 119	-1. 089 **	NA	0. 692	88. 70	2. 132
1998	0. 946 **	0. 733 **	0. 136	-1. 101 **	NA	0. 688	86. 24	2. 109
1999	0. 901 **	0. 740 **	0. 131	-1. 007 **	NA	0. 659	84. 44	1. 998
2000	0. 936 **	0. 728 **	0. 165	-0. 983 **	NA	0. 693	80. 19	1. 892
2001	0. 939 **	0. 719 **	0. 167 *	-0. 954 **	NA	0. 726	92. 18	2. 022
2002	0. 926 **	0. 730 *	0. 144	-0. 923 **	NA	0. 664	69. 57	2. 138
2003	0. 924 **	0. 682 **	0. 130 *	-0. 915 **	1. 263 **	0. 736	72. 10	1. 885
2004	0. 904 **	0. 694 **	0. 137	-0. 903 **	1. 277 **	0. 699	77. 73	1. 906
2005	0. 912 **	0. 703 **	0. 141 *	-0. 875 **	1. 373 **	0. 650	83. 92	1. 808
2006	0. 918 **	0. 687 **	0. 109	-0. 869 **	1. 400 **	0. 659	84. 55	1. 913
2007	0. 910 **	0. 672 **	0. 116	-0. 857 **	1. 421 **	0. 687	88. 92	2. 208
2008	0. 899 **	0. 654 **	0. 184	-0. 850 **	1. 309 **	0. 710	82. 05	2. 127
2009	0. 907 **	0. 667 **	0. 126 *	-0. 915 **	1. 326 **	0. 608	87. 71	1. 972
2010	0. 929 **	0. 642 **	0. 142	-0. 901 **	1. 377 **	0. 649	67. 83	1. 955
2011	0. 933 **	0. 673 **	0. 114	-0. 870 **	1. 399 **	0. 728	72. 79	1. 920
2012	0. 942 **	0. 683 *	0. 103	-0. 892 **	1. 368 **	0. 655	90. 23	1. 986
2013	0. 904 **	0. 699 **	0. 145 *	-0. 912 **	1. 381 **	0. 704	85. 82	1. 989
2014	0. 837 **	0. 723 **	0. 109	-0. 902 **	1. 394 **	0. 712	87. 02	1. 952
2015	0. 892 **	0. 707 **	0. 162 *	-0. 912 **	1. 382 **	0. 689	92. 21	2. 153
2016	0. 902 **	0. 688 **	0. 127	-0. 898 **	1. 438 **	0. 701	76. 65	2. 282
2017	0. 868 **	0. 702 **	0. 122	-0. 854 **	1. 378 **	0. 742	80. 20	2. 390
2018	0. 906 **	0. 697 **	0. 187	-0. 822 **	1. 403 **	0. 762	79. 27	1. 997

从回归结果来看，出口方程的拟合优度基本都达到 0. 65 以上，F 统计值

① 带 *** 为在 1%水平上显著，带 ** 为在 5%水平上显著，带 * 为在 10%水平上显著。

的显著水平较高，各系数的符号都与预期相符合，这表明本引力模型的回归结果满足理论要求，符合经济现实。中国和贸易伙伴的经济规模变量在出口方程中均通过了5%的 t 检验且系数符号为正，表明经济规模的扩大对污染型中间产品贸易起到了正作用，由于污染密集型产品生产和贸易规模的上升，两国的环境质量在下降。

进口方程的拟合优度也基本都达到0.65以上，F 统计值达到相应的检验数值，各个变量的系数符号也都和预期是一致的，这表明进口的模拟回归结果同样符合引力模型的构建特性，并与理论预期相一致，具有经济学意义。中国和贸易伙伴的经济规模变量在进口方程中均通过了5%的 t 检验且系数符号为正，表明从进口层面而言，双边贸易规模的扩大同样促进了污染密集型产品生产和贸易规模的上升，两国的环境污染水平均在上升。

绝大多数 dI 的系数没有通过 t 检验，表明收入差距并不是本模型中一个显著的影响变量，说明环境规制的效果不明显。距离变量的系数均显著，对进出口贸易均起到限制作用，这种限制效应随年份增长在逐年减弱。

虚拟变量 CAFTA 在进出口方程中的系数回归结果均显著而且符号为正，表明中国-东盟自由贸易区的建立促进了中国与东盟国家之间污染型中间产品的进出口贸易，即存在污染型中间产品的贸易创造效应，这也说明中国和东盟间贸易自由化进程实际上恶化了自贸区内的环境水平。对比进出口方程回归结果中的虚拟变量系数可以发现，进口系数除了2008年以外均呈现出小幅增长的趋势，而出口系数基本在逐年下降，而且进口系数的数值均大于出口系数，这表明中国和东盟建立自由贸易区对中国污染型中间产品的进口影响作用更大。进出口方程回归结果中虚拟变量系数对比如图5-2所示。

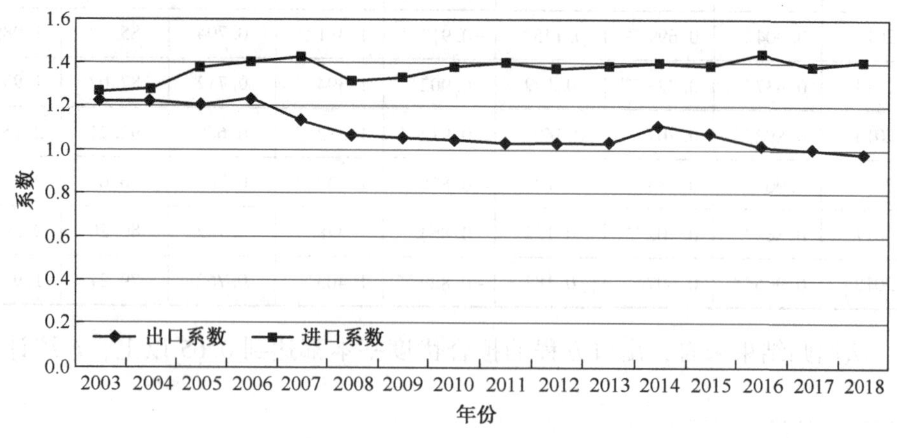

图5-2 进出口方程回归结果中虚拟变量系数对比

（2）实证结论。本节构建了一个关于污染型中间产品贸易的引力模型，采用 1996—2018 年的数据进行单国模式的实证分析，计量回归结果表明中国-东盟自由贸易区的建立，显著提高了中国与东盟国家之间污染型中间产品的贸易规模，即存在污染型中间产品的贸易创造效应，这种贸易创造效应的代价是自由贸易区内环境成本的上升，因此可以从产品内分工角度证明区域经济一体化是贸易与环境关系问题中的一个不可忽略的影响因素。

实证研究的结果表明，中国和东盟建立自由贸易区对中国污染型中间产品的进口影响作用要大于出口，这也说明中国和东盟同属于亚太地区的国际垂直化生产网络中，双边自由贸易协定加深了中国与东盟之间的国际分工程度尤其是产品内分工的程度。目前，双边各自的环境规制措施远不足以限制贸易自由化带来的污染型中间产品贸易规模的增长，双边产品内贸易规模的扩大也带来了自贸区内的环境问题，自贸区的建立促使中国从东盟进口相对更多的污染型中间产品，说明亚太地区的国际产品内分工体系中可能存在部分污染型生产工序从中国向东盟进行转移。

5.5　产业集聚对贸易与环境问题的影响

当前，产业集群发展是中国产业转型与升级发展的有效路径和重要方式。产业集聚行为是产业集群的表现之一，高质量产业集聚的实现，有利于带动中国整体产业经济的发展，提升中国整体经济发展的速度。实际经验表明，产业集聚尤其是污染型产业集聚程度的提高，有可能带来更加严重的环境污染。因此，如何在提升产业经济发展与集聚的同时，兼顾节能减排，低碳化发展，从而构建资源节约及环境友好型社会，是目前中国经济发展中需要解决的难题之一。本书选取中国 1998—2018 年的数据为实证研究数据，运用灰色关联度研究法，试图分析中国制造业发展与污染物排放之间的内在联系，并针对这种关系和中国的实际经济发展情况提出有针对性的建议。

5.5.1　污染密集型制造业的界定及数据来源

污染密集型产业是指在生产过程中直接或间接产生大量污染或有害物质的产业，或者在生产过程中工人的安全和健康受到威胁或明显受到影响的产业。污染物包括废气、废水、固体废物。目前学者们认为污染密集型产业不同于污染产业，污染产业是指产业中污染较为严重的产业。由于研究范围、目的、方法的不同，对污染密集型产业的界定尚未达成一致，主流的界定方法有两种。

第一种是估计产品的污染密度，即单位产出的污染排放量。Mani 和 Wheeler（1997）采用此方法进行研究，认为污染密集型产业包括钢铁、造纸业、化学工业、有色金属、非金属矿物制品业。赵细康（2003）通过研究中国 1991—1999 年各污染物的单位产出排放量，且使用了等权加和平均法，将计算出分值的前八位界定为污染密集型产业，包括电力供应业、采掘业、造纸及纸制品业、非金属矿物制造业、黑色金属冶炼及压延业等。

第二种是用 PACE（product and cycletime excellence，产品及周期优化法）值来衡量生产者的污染成本负担，单位产出 PACE 值高的产业即为污染密集产业。Busse 用这种方法计算得出的结论是 PACE 值在总成本中所占比重大于 1.8%的行业为污染密集产业，包括工业化学产业、纸和纸浆产业、非金属矿产业、钢铁产业和非铁金属产业。本书以 Busse（2004）对污染密集型行业的分类为基本标准，对中国投入产出表的产业分类进行整合。

为量化与测度制造业的相关数据，便于进行实证研究，结合之前引用的文献和中国的实际情况，本书在计算制造业的相关数据时主要分为污染密集型和非污染密集型两种类型，每种类型分别选取 4 种产业的数据来衡量，结果如表 5-18 所示。

表 5-18　污染密集型与非污染密集型产业的选定

污染密集型产业	非污染密集型产业
电力热力的生产和供应业	航空航天及设备制造业
金属冶炼及压延加工业	电子通信及设备制造业
化学原料及化学制品制造业	计算机及办公设备制造业
造纸及纸制品业	医疗仪器设备及仪器仪表制造业

5.5.2　理论模型与数据选取

本书采用灰色关联度法分析中国制造业与环境污染的关联程度。灰色关联度分析法的意义是指在系统发展过程中，如果两个因素变化的态势是一致的，即同步变化程度较高，则可以认为两者关联较大；反之，则两者关联较小。因此，灰色关联度分析法为一个系统发展变化态势提供了量化的度量，非常适合动态的历程分析。

根据对中国制造业的分类细分研究以及相关数据的可获得性，污染密集型产业中的电力热力的生产和供应业、金属冶炼及压延加工业、化学原料及化学制品制造业、造纸及纸制品业这四类行业增加值占中国制造业增加值的成分较大，这四类行业对中国的制造业发展也起到了主要的推动性作用，故选取这四类行业的增加值来进行数据分析。同理，非污染密集型产业则选取航空航天及设备制造业、电子通信及设备制造业、计算机及办公设备制造业、医疗仪器设备及仪器仪表制造业这四类行业的增加值数据。GDP、制造业数据均来源于历年《中国统计年鉴》，环境数据根据历年《中国环境统计年鉴》和《中国工业统计年鉴》整理得到。

5.5.3　实证结果分析

仅用制造业增加值的数值指标并不能完全反映出问题的变化趋势，因此本书选取各行业增加值占环境污染物的比重来进行数据处理后的分析，通过测算各制造业行业增加值对污染物排放水平的影响程度来对比分析污染型制造业和非污染型制造业与环境质量的关联。

指标选取：污染指标（工业废水排放量/GDP）、污染密集型（或非污染密集型）产业增加值占 GDP 的比重、选取的各制造业行业增加值占污染密集型（或非污染密集型）产业增加值的比重。本书将两种环境类别的 8 个制造业产业变量进行编码，以方便进行研究，具体的变量编码及解释如表 5-19 所示。

表 5-19　变量编码及解释

污染密集型产业（a）		非污染密集型产业（b）	
变量编码	变量解释	变量编码	变量解释
P	污染指标	P	污染指标
PG	污染密集型产业增加值占 GDP 的比重	CG	非污染密集型产业增加值占 GDP 的比重
PP1	电力热力的生产和供应业占污染密集型产业的比重	CP1	航空航天及设备制造业占非污染密集型产业的比重
PP2	金属冶炼及压延加工业占污染密集型产业的比重	CP2	电子通信及设备制造业占非污染密集型产业的比重
PP3	化学原料及化学制品制造业占污染密集型产业的比重	CP3	计算机及办公设备制造业占非污染密集型产业的比重
PP4	造纸及纸制品业占污染密集型产业的比重	CP4	医疗仪器设备及仪器仪表制造业占非污染密集型产业的比重

首先，进行初值化处理。由于原始数据存在量纲和数量级上的差异，在计

算关联度之前，对原始数据进行无量纲化处理。本书运用初值化法进行数据处理。

其次，进行灰色关联系数及关联度的计算。根据灰色关联度分析法的具体步骤，以污染指标作为参考序列，与其他序列做好差异比较，然后计算出其他序列与参考序列的灰色关联系数，最终得到灰色关联度。得出的具体结果如表 5-20 所示。

表 5-20 制造业与工业废水排放量的灰色关联度

灰色关联度	PG	PP1	PP2	PP3	PP4
Ya	0. 813 8	0. 623 3	0. 757 0	0. 791 3	0. 846 6
灰色关联度	CG	CG1	CG2	CG3	CG4
Yb	0. 164 0	0. 103 3	0. 322 5	0. 296 1	0. 069 2

通过灰色关联程度的实证分析，得到以下几点结果。

（1）中国制造业与环境污染之间存在显著关联性，尤其是污染密集型产业。污染密集型产业对工业废水排放水平的灰色关联度达到 0. 813 8，表明中国制造业的发展与环境污染之间的确存在显著的相互联系，工业废水污染绝大部分是由污染密集型产业造成的。

（2）造纸及纸制品制造业对工业废水的影响程度最高。本书对污染密集型产业及选取的其中 4 种行业进行了灰色关联度排序，排序结果是 PP4>PP3>PP2>PP1，可见造纸及纸制品制造业的灰色关联度最高，已经达到了 0. 846 6，处在关联度较强级别，超过了污染密集型产业整体的灰色关联度，说明造纸及纸制品制造业对国内工业废水的排放水平影响程度较大。

（3）除了造纸及纸制品制造业以外，其他三个污染密集型行业的灰色关联度都低于污染密集型产业的整体灰色关联度，但仍有部分产业关联度较强，尤其是化学原料及化学制品制造业和金属冶炼及压延加工业。

（4）从非污染密集型产业的灰色关联度来看，非污染密集型产业与工业废水排放量的关联程度很低，仅为 0. 164 0，这符合预期。值得注意的是，电子通信及设备制造业和计算机及办公设备制造业这两个行业的灰色关联度虽然较低，但数值上达到了 0. 322 5 和 0. 296 1，远高于非污染密集型产业的整体数据，表明这两个行业中仍然存在一定程度的污染物排放水平，并不能完全忽视。

5. 5. 4 结论及启示

本节以中国制造业发展程度和环境污染物排放水平为研究对象，运用灰色关联度分析法对中国制造业和污染物排放的相互关系进行实证分析，结果表明：

1. 制造业中的污染密集型产业与环境污染总体存在显著的关联性

污染密集型行业中，造纸及纸制品业的关联程度最高，化学原料及化学制品制造业和金属冶炼及压延加工业的关联程度也较高，表明当前污染密集型制造业的发展与环境污染密切相关。污染密集型产业是造成工业废水污染最主要的原因。

2. 产业集聚行为从整体上加剧了环境污染程度

实证结果表明，中国产业集聚程度与污染物排放水平之间有显著的相关性。其原因在于中国内的产业集聚行为，主要是以发挥资源禀赋和比较优势作为产业集聚的动力。产业集聚带来整体生产规模的扩张，消耗了更多生产资源，扩大了环境污染物的排放水平，加大了环境压力。产业集聚的规模效应对环境质量的负面作用抵消了其他效应的正面影响，从总体上导致了中国污染物排放规模的扩大。

3. 非污染密集型产业中的部分行业与环境污染之间存在一定的关联性

非污染密集型产业与环境污染之间的灰色关联度很低，说明非污染密集型产业整体上对环境污染的影响较小。电子通信及设备制造业和计算机及办公设备制造业作为非污染密集型制造业，其污染物的排放仍不可忽视。这表明即便是非污染密集型产业中也有可能污染环境的行业，其主要原因在于在生产全球化和产品内分工的背景下，非污染密集型产业中也有可能存在污染密集型的生产环节，造成一定程度的环境污染。

5.6 垄断竞争下对外贸易的环境分效应研究

本章是基于主流贸易与环境问题的研究方法，基于贸易的环境三效应理论对产品内贸易问题进行实证研究。当前大多数关于贸易对环境影响的经验研究是基于古典贸易理论得到传统的贸易的环境三效应。目前已有最新相关研究认为贸易对环境的影响可能不仅仅只有传统三效应，可能在不同贸易模式中存在新的分效应。这种新的分效应的产生很可能与市场竞争程度和国际分工模式存在紧密联系。

本节以垄断竞争模型作为贸易和环境问题的分析框架，采用2002—2017年中国和主要贸易伙伴国家层面的面板数据，以贸易自由化带来的环境规模效应、技术效应、结构效应和竞择效应为基础，分别以产品间贸易和产业内贸易的视角，通过实证分析，比较样本国家产业间贸易和产业内贸易的环境效应来考察中国是否存在产业内贸易的竞择效应，以及中国不同贸易模式在贸易自由化进程中带来的环境效应。

5.6.1 理论分析框架

根据新贸易理论，可以先构建一个分析框架，研究基于垄断竞争模型的开放型经济中，污染密集型产品的供给和需求之间的关系。在此模型中，市场存在垄断竞争且产品是异质的。企业的规模报酬递增，对于产品 i，其劳动力投入量 l_i 是产量 q_i 的增函数，即 $l_i=\alpha+\beta q_i(\alpha>0,\beta>0)$。企业的生产和排污同时进行，政府征收排放税为 τ，使污染的外部性内部化。由于环境规制，企业采取减排措施以减少税收成本，减排的投入将占用一部分产出，即剩余的产出在市场上进行销售，即 $q_i^{\text{net}}=q_i(1-\theta_i)$，其中 θ_i 是用于减排的产出占总产出的比重。排放密集度 e_i 表示单位产出的污染物排放量，则 $e_i=(1-\theta_i)^{\delta}$，参数 δ 用来衡量排污水平对用于消费部分产出比例变动的弹性。企业的利润 π 可以表示为

$$\pi_i=p_i(1-\theta_i)q_i-w\alpha-w\beta q_i-\tau z_i \tag{5-21}$$

在封闭经济中，遵循利润最大化的条件，分别对式（5-21）中的 q 和 θ 求导并代入价格的需求弹性 η 后得到

$$p(1-1/\eta)=w\beta/(1-\theta)+\tau(1-\theta)^{\delta-1} \tag{5-22}$$

$$p(1-1/\eta)=\delta\tau(1-\theta)^{\delta-1} \tag{5-23}$$

联立式（5-22）和式（5-23）可以得到

$$\theta=1-[w\beta/\tau(\delta-1)]^{1/\delta},\ e=w\beta/\tau(\delta-1) \tag{5-24}$$

式（5-24）表明排放密度与工资 w，劳动力系数 β 呈反方向关系。用于减排的产出是排放税 τ 的增函数，说明更严格的环境规制会刺激企业加大污染物减排的力度。该等式也表明用于减排的产出量，是单位排放弹性 δ 的增函数，说明生产规模扩张带来的排放程度加剧会使企业采用更高水平的减排措施以尽可能地控制生产过程中的排放。市场均衡的定价为

$$p=(1-1/\eta)^{-1}\cdot(w\beta)e^{-1/\delta}\cdot[\delta/(\delta-1)] \tag{5-25}$$

式（5-25）给定排放弹性和需求弹性之后，均衡价格是排放密度的减函数。这表明排放密度越高，产品的市场价格越低，因为用于减排和用于消费的产出存在替换。较大的排放密度意味着较小的减排措施，更多的产出用于市场消费，在其他条件不变的情况下，市场供给量的增加将导致价格的下降。图5-3所示为封闭经济和开放经济下的均衡。

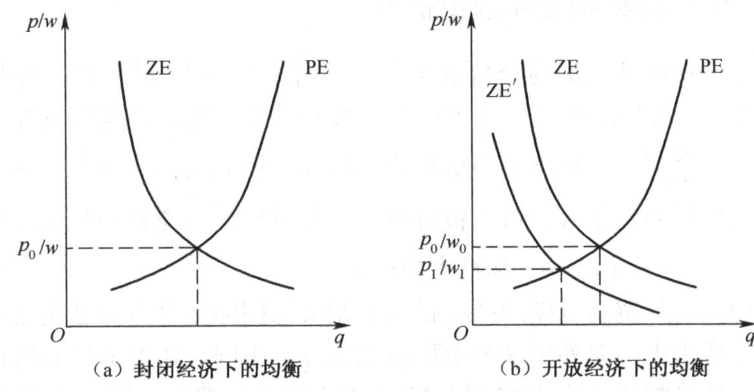

图 5-3　封闭经济和开放经济下的均衡

根据均衡条件，图 5-3 中的 PE 线和 ZE 线的表达式分别为

PE 线：$p/w = (1 - 1/\eta)^{-1} \cdot [w\beta/\tau(1 - \theta)]^{-1/\delta} \cdot \beta[\delta/(\delta - 1)]$ (5-26)

ZE 线：$p/w = (\tau/w)^{1/\delta} \cdot \{(\alpha/Lc) \cdot [\beta/(\delta - 1)]^{-1/\delta} + \delta \cdot [\beta/(\delta - 1)]^{\delta/(\delta-1)}\}$ (5-27)

式（5-26）和式（5-27）是封闭经济均衡的两个条件，对于已经给定的排放税率 τ 和弹性参数 δ，假定 $d\eta_i/dc_i<0$，产出量等于消费量，图 5-3 中随着产出量上升，PE 线是在上升而 ZE 线是在下降。因为消费者也是劳动力供给者，假定经济中的总劳动力为 L，单个消费者的消费数量为 c，产品种类为 n，则可以得到

$$n = L/(\alpha + \beta q)，即 n = 1/\{\alpha L^{-1} + \beta c[w\beta/\tau(\delta - 1)]^{-1/\delta}\} \quad (5\text{-}28)$$

由此可见，产品的种类数量 n 是总劳动、消费量水平、工资率、排放税率和其他前定变量的函数。在消费量水平一定的情况下，劳动力的增加将增加产品种类，而排放税率的增加将减少产品种类。

开放经济下，由于产品的异质性和规模经济，开始发生国际贸易。贸易开放会影响一国劳动力的供给规模 L，ZE 线的表达式可以转换为

ZE′线：$p/w = L^{-1}(\alpha/c) + [w\beta/\tau(\delta - 1)]^{-1/\delta} \cdot \beta[\beta/(\delta - 1)]$ (5-29)

图 5-3（b）表示开放经济下的均衡，由于国际贸易尤其是产业内贸易增加了一国的劳动力供给规模，与封闭经济相比，ZE 线向左平移到 ZE′，均衡价格和消费量都在下降。当一国发生污染密集型产品贸易后，贸易带来劳动供给的增加，来自海外的竞争会使本国的一些企业退出市场。结果，开放经济中的企业数量小于封闭经济中的企业数量，更少的企业数量会降低污染排放总量，这就是贸易引发的选择效应。

5.6.2 实证模型构建和数据选取

根据基于新贸易理论的分析框架，在垄断竞争和规模报酬递增的模型中，污染密集型产品贸易的环境效应可以分为规模效应、技术效应和竞择效应。总污染水平 $\hat{Z} = \sum_{i=1}^{n} z_i$，则 $\hat{Z}$ 可以分解为：$\hat{Z} = \hat{n} + \hat{e} + \hat{q}$ 或 $\hat{Z} = \hat{n} + \hat{L} + \hat{e} - (1 - \hat{\theta})$。因此产业内贸易的污染效应可以被分解为三种效应，即竞择效应 $\hat{n}$、规模效应 $\hat{S} = q$ 或 $\hat{S} = \hat{L} + \hat{c} - (1 - \hat{\theta})$ 和技术效应 $\hat{e}$。

随着中国对外贸易规模的持续扩大和制成品国际竞争力的迅速提高，产业内贸易已经成为中国对外贸易的重要组成部分。中国产业内贸易的增长必然会带来相应的环境效应。本书将在上述理论模型的基础上，构建相应的计量模型，以 2002—2017 年间 17 种污染密集产业的面板数据，对中国各污染密集型产业进行产业间贸易和产业内贸易的环境进行实证分析。

1. 模型构建

Aralas 和 Hoehn（2010）构建了一个基于垄断竞争的实证研究模型来研究产业内贸易的环境效应，该模型采用的是三种污染物和 OECD 成员的国家层面数据。本书在此模型基础上进行一定程度的改进，使之能适用于中国产业层面的数据，具体估计方程如下：

$$Z_{kt} = \alpha_0 + \alpha_1 \ln \text{FIRM}_{kt} + \alpha_2 \ln \text{SCALE}_{kt} + \alpha_3 \ln \text{INC}_{k(t-1)} + \alpha_4 \ln \text{INC}^2_{k(t-1)} + \\ + \alpha_5 \ln(K/L)_{kt} + \alpha_6 \ln \text{TRADE}_{kt} + \alpha_7 \ln \text{FDI}_{kt} + \alpha_8 \text{COST}_{kt} + u_{kt} \tag{5-30}$$

其中，FIRM 是 k 产业的企业密度，单位为 com/km^2，Aralas 和 Hoehn（2010）用 OCED 成员上市公司的数量除以国家面积表示企业密度，本书用产业的企业数量除以分布区域面积来表示，该变量反映竞择效应。变量 SCALE 表示该产业的规模效应，即区域分布面积内产业的工业产值。在以往文献中，技术效应大多用人均收入水平来代替，而 INC 是该产业年份滞后一年的人均工资，本书加入人均收入变量的平方项以考察在产业内贸易模式下是否存在 EKC 曲线。变量 K/L 即该产业的资本/劳动比，以表示结构效应。FDI 和 COST 是反映该产业特性的一系列变量，分别为该产业外商资本的比重和主营业务成本。TRADE 是反映该产业参与对外贸易特征的一系列变量，采用指标的形式，即 TRADE =（TI · MIIT）/TARIFF，其中 TI 为该产业的对外贸易比重，MIIT 是边际产业内贸易指数，TARIFF 为平均关税率，具体如表 5-21 所示。本书分别采用工业二氧化硫和工业废水的排放数据来进行实证研究。

表 5-21　单国模式引力模型各变量系数

变量编码	变量解释	变量编码	变量解释
Z	环境总效应	K/L	结构效应
FIRM	竞择效应	FDI	外商资本比重
SCALE	规模效应	COST	主营业务成本
INC	技术效应	TRADE	对外贸易参数

2. 数据来源

书中所选用的两类污染物排放数据均来自各年度的《中国环境年鉴》，劳动的投入和平均工资数据主要来自历年的《中国劳动统计年鉴》，企业数量、产业工业总产值、产业的资本存量、外商资本和主营业务成本等数据来源自历年的《中国工业经济年鉴》和《中国工业年鉴》。由于各类年鉴的产业部门分类存在差异，为了保证采用数据产业分类的一致性，本书主要以《中国工业年鉴》为基础，对各年鉴中存在不一致的部门重新归类并对相关数据进行整理及价格平减处理。对外贸易相关数据来自中国海关并进行整理计算。

5.6.3　实证结果分析

根据截距项向量和系数向量的不同限制要求，面板数据模型可以分为三种类型：无个体影响的不变系数模型、无个体影响的变截距模型和含有个体影响的变系数模型。本书在进行污染密集产业面板数据的估计之前，为了避免面板数据模型设定的偏差，首先要确定现有样本数据属于上述三种模型形式中的哪一种，所以我们首先对面板数据进行协方差分析检验，根据其结果选择个体影响的变系数模型。

设定了个体影响的变系数模型之后，将本书选取的各类指标构成面板数据结构，基于面板数据结构可以选择混合回归模型、固定效应模型或随机效应模型进行估计。本书在对数据进行 F 检验和 Hausman 检验之后，选择固定效应模型来进行引力模型的回归。为了避免出现非平稳时间序列而带来的伪回归问题，我们对各序列数据首先进行单位根检验，IPS 检验结果表明不存在单位根。

本书使用 Eviews 6.0 统计软件对已设模型进行固定效应回归，模型的参数估计结果和统计检验结果见表 5-22，其中模型 A 为前文构建的计量模型，模型 B 为去掉竞择效应变量后的计量模型。

表 5-22 模型回归结果一览表①

变量	工业二氧化硫		工业废水	
	A	*B*	*A*	*B*
FIRM	0.47*** (8.82)	NA	0.87*** (7.28)	NA
SCALE	0.30*** (3.79)	0.47* (1.86)	0.32*** (3.11)	0.43* (1.75)
INC	-0.19* (-1.74)	-0.19* (-1.71)	-0.11** (-2.31)	-0.18* (-1.66)
INC^2	-0.20 (0.51)	-1.82 (-0.49)	-0.76 (-1.09)	0.58 (0.15)
K/L	-0.06** (-2.26)	0.08 (1.32)	-0.09** (-2.10)	-0.32* (-1.47)
TRADE	0.18*** (9.79)	0.26** (2.21)	0.47*** (6.22)	0.40** (2.24)
FDI	1.28*** (2.77)	0.69 (1.27)	0.61*** (3.16)	0.69 (1.51)
COST	0.09*** (2.91)	0.21 (0.98)	0.09** (2.10)	0.08* (1.94)
调整 R^2	0.87	0.70	0.89	0.72
F 统计量	274.22	228.55	222.65	236.31

表 5-22 显示了工业二氧化硫和工业废水这两种污染物排放的环境效应。从固定效应模型的回归结果来看，各参数变量基本和理论预期是一致的。两种污染物方程中，解释变量 FIRM 的系数均显著为正，说明污染密集型产业的企业密度与污染物排放量之间的关系存在正相关性，污染密集型产业企业密度的增加会带来更大的环境污染。通过模型 *A* 和模型 *B* 两方程回归结果的比较也可以发现，竞择效应不应该被忽略。规模效应 SCALE 的系数均为正，且均通过 1%显著水平的检验，结构效应 *K/L* 和技术效应 INC 的系数均为负，以上结果符合以往文献中对于环境三效应实证分析的一般结论，而技术效应 INC 的平方项系数不显著，表明模型中不存在 EKC 曲线。另外，外商直接投资的系数显著为正，这表明在本模型中，污染密集型企业流入的 FDI 所带来的污染转

① 带 *** 为在 1%水平上显著，带 ** 为在 5%水平上显著，带 * 为在 10%水平上显著。

移效应很可能大于 FDI 引发的减排技术的溢出效应。主营业务成本 COST 的系数均显著为正，和模型的分析框架一致。贸易变量 TRADE 的系数均为正，且统计效果显著，表明发生于污染密集型产业中的产业内贸易和污染物排放水平呈现出正相关关系，贸易的开放程度对于环境的影响是显著的。Aralas 和 Hoehn（2010）的实证结果中该系数为负，这可能是由于该文献主要选取的是 OECD 中的发达国家的相关数据，而本书选取的是中国的产业层级数据，发达国家和发展中国家之间的国际贸易中存在污染转移效应，随着贸易自由化程度的加深，这种污染转移也在加剧，因此贸易对于发达国家和发展中国家的环境影响都是显著的，但是方向相反。

5.6.4 结论及启示

本书在以往文献的研究基础上，构建一个关于环境效应的计量模型，采用 2002—2017 年中国污染密集型产业的面板数据，通过实证分析污染密集型产业的各环境效应来考察中国对外贸易与环境的影响。本书运用固定效应模型来对相关面板数据进行回归，根据回归结果，得到以下三点结论。

（1）从污染密集型产业的层面来看，中国对外贸易的环境效应不仅可以分解为规模效应、结构效应和技术效应，还存在竞择效应。污染密集型产业的企业密度和其出口污染水平是显著相关的。

（2）贸易的开放，尤其是产业内贸易的扩张，扩大了污染物的排放水平，其原因主要在于和产业间贸易相比，更加细化的分工形式使中国承接了更多在全球生产链中的高污染排放型生产环节。

（3）从模型中技术效应和 FDI 的回归结果来看，对于中国的污染密集型产业，对外贸易和外商直接投资自由化程度的加深，也加大了发达国家对具有环境比较优势的发展中国家进行的污染转移规模，从而加大了污染密集型产业的企业密度和生产规模，由此带来的环境污染效应，抵消了由于贸易开放和投资自由化带来的产业结构优化和减排技术的扩散效应，在一定程度上提高了污染物排放水平。

第6章 结论与政策建议

6.1 主要结论

本书在相关文献研究成果的基础上，通过理论模型与实证分析相结合，采用环境约束下的一般均衡模型、纳入环境因素的H-O模型和垄断竞争模型等多种分析方法研究了贸易与环境问题的基本理论和主要争论，提出了产品内贸易与环境理论分析框架，并结合中国产品内贸易发展与环境保护问题现状，提出了中国产品内贸易与环境研究领域的主要研究问题，最后通过相应的计量实证研究针对性地对这些主要研究问题进行解答，探讨了中国产品内贸易对国内环境污染的影响关系和决定因素，进而得到具有理论与实际意义的结论。

6.1.1 中国产品内贸易与国内环境污染密切相关

一般贸易与产品内贸易对国内污染物排放的影响程度由污染物的类型决定，即由密集排放这种污染物的行业结构决定。一般贸易对国内工业二氧化硫排放量的影响相对较大，而以加工贸易为主要表现形式的中国产品内贸易对国内工业废水和工业固体废物排放量的影响相对更大。造成这种现象的原因在于密集排放工业二氧化硫的行业发生产品内国际分工程度较低，而密集排放工业废水和工业固体废物的行业发生产品内国际分工的程度较高。总体而言，和一般贸易相比，中国产品内贸易与环境问题的联系更加紧密，国际产品内分工已经和自然环境之间存在显著的内在联系。

6.1.2 中国产品内贸易总体上恶化了国内环境

对国内环境质量而言，中国产品内贸易的环境规模效应为负，即产品内国际分工引发的对外贸易在拉动国内经济规模的同时也提高了国内环境污染物的排放；而中国产品内贸易环境结构效应和技术效应均为正，这表明对出口贸易中污染物排放的结构和技术效应而言，产品内分工起到了促进污染物减排的作用，其根本原因可能是得益于更加细化的分工形式使中国在全球生产链中的部分高污染排放型生产环节向其他分工低端国家进行了转移。但综合产品内贸易的环境三效应可以发现，当前中国产品内贸易对环境具有正作用的结构和技术效应之和仍不足以抵消规模效应带来的环境负效应，所以产品内贸易从总体上恶化了中国的国内环境，但这种环境负效应的程度在逐渐降低。

6.1.3　中国产品内贸易并不存在明显的环境比较优势

从实证分析的结果可以发现环境比较优势并不是中国产品内贸易与环境问题中的一个决定性影响因素，国内污染密集型产业的转移和集聚在更大程度上仍然由要素禀赋与规模经济决定。中国的环境政策严格程度虽然不及发达国家，但从污染型中间产品生产环节来看，其生产集聚的决定因素并不取决于环境政策差异带来的环境比较优势，所以环境污染避难所假说在中国并不一定成立，至少从产品内分工与贸易的角度来看，中国并不存在足够的环境比较优势以承接来自发达国家的污染型生产环节转移行为。

6.1.4　区域经济合作与FDI是两个重要的影响因素

区域经济合作和FDI是在研究中国产品内贸易与环境相关问题中的两个重要影响因素。在中国FDI的主要流向是相对清洁型的产业或清洁型的中间生产环节，而且跨国公司的生产与减排技术一般优于国内的企业，FDI的技术溢出效应促进了中间产品生产企业的生产与减排技术，所以对产品内贸易的环境正结构效应和技术效应起到了促进作用，而且这种正向影响作用正在逐步显现。另外，亚太地区由于参与产品内国际分工，已经形成了紧密的垂直型生产网络，区域内的经济一体化或贸易自由化措施对区域内环境质量总体产生负面影响，就中国与东盟而言，建立自贸区后存在部分污染型中间生产环节从中国向东盟进行转移的现象，这种环境成本的转嫁也成为中国产品内贸易存在环境正结构效应和技术效应的原因之一。

6.1.5　环境库兹涅茨曲线在中国不一定成立

从产品内贸易角度来看，中国对外贸易发展带来的国民收入增长没有对环境规制起到显著的促进作用，也就表明环境库兹涅茨曲线在中国不一定成立。以加工贸易为主要表现形式的中国产品内贸易带来的国民收入增长并没有显著带动政府通过设置更严格合理的环境规制来降低出口的污染物排放水平。其原因可能在于环境保护法律法规还不够完善的制度前提下，有些地区的经济发展水平提高，但地方政府并没有实质性的提高环境规制的水平，而且从中国-东盟自由贸易区的实例来看，双边环境规制措施并没有有效形成环境比较优势，对拉动双边贸易规模没有起到显著性的作用。

6.2 中国在协调贸易与环境关系中面临的问题

中国加入 WTO 以后，在 WTO 的规则下逐渐渗入世界贸易自由化的趋势中，参与国际化分工程度也越来越高。毫无疑问，中国以出口导向为主的贸易发展模式拉动了经济增长，在产品内分工背景下，中国较廉价的劳动力、较丰裕的资源以及较低的环境标准形成了某些产业、产品和生产工序在国际分工中的比较优势，如纺织、能源及化工等，但由于专业化扩张及贸易规模的不断增长也导致了严重的环境污染。同时，由于南北国家在经济发展和技术水平上的显著差异，发展中国家又难以完全参与制定环境标准，而发达国家却凭借其优势，通过制定较高的环境标准来达到限制发展中国家产品出口的目的。例如，由于欧洲对农药残留和重金属污染超标的担心，不断消减中国对欧洲出口的茶叶；另外，以动物源性食品残留超标为由，欧洲不加区别地全面禁止进口中国动物源性食品。发达国家采取的这些环境措施对国际贸易的影响值得中国注意和防范，既要警惕发达国家以环境保护为由来实行贸易限制，又要了解并适应发达国家在不违反世界规则的情况下，实行的那些影响贸易的环境立法和政策措施。可见，中国在协调贸易自由化和环境保护发展方面将面临前所未有的诸多挑战。

6.2.1 中国在加入 WTO 后面临的贸易环境问题的挑战

WTO 的法律框架主要由《货物贸易多边协定》《服务贸易总协定》《与贸易有关的知识产权协定》等组成。在《货物贸易多边协定》中，《实施卫生与植物卫生措施协议》《纺织品与服装协议》《农业协议》《技术性贸易壁垒协议》《装运前检验协议》《补贴与反补贴措施协议》等协议均涉及了环境因素，它们分别提出了与环境有关的不同方面的限制与要求，这些限制与要求在总体上规范和促进了国际货物贸易，但因为条款大部分都没有做出具体而明确的规定，因此容易被发达国家利用，作为非关税壁垒限制国际贸易的正常健康发展。而在发达国家的高技术标准面前，中国作为发展中国家一直处于劣势地位，这也阻碍了中国贸易自由化发展①。

《服务贸易总协定》中的有关规定存在对环境产生消极影响的可能性，如国际信贷政策可能通过对重大工程项目的支持而间接影响环境保护。《与贸易有关的知识产权协定》是乌拉圭回合谈判中与国家环境权益密切相关的一个新的内容，主要对一些发明实施强制性保护措施以及加强版权、专利保护的法律。《与贸易有关的知识产权协定》相关问题主要集中在：植物品种专利问题、环境技术转让问题、遗传资源和生物技术问题、控制环境危险技术问题等。一方面严格的知识产权为创新提供了垄断利润，在环境技术领域，如果对技术创新进行知识产权保护，将增加该领域内的投资。另一方面创新活动有一个非常低的边际成本，高效率的生产方式要求其价格低于知识产权所允许的垄断价格。因此，在这些问题上，发展中国家均处于不利地位，严格的知识产权提高了知识密集型产品的相对价格，使发展中国家获得环境技术可能更加困难。

另外，加入WTO以后，中国还面临国际环保法规和环境管理体系完善的更高要求②。同其他成员国一样，中国面临两种国际贸易争端解决机制和它们之间的矛盾。一种是多边环境协议的争端解决机制，另一种是WTO的争端解决机制。WTO相关条款规定：缔约国有权采取必要的措施以保护人类、动植物和环境。显然，这有利于促进国际贸易和环境保护的协调发展。但WTO对该项权利的限制没有做具体而明确的规定，有时为缔约国采取贸易保护措施提供了合理的借口。到目前为止，全球最大的三个标准化组织国际电工委员会（International Electrotechnical Commission，IEC）、国际标准化组织（International Organization for Standardization，ISO）、国际电信联盟（International Telecommunication Union，ITU）制定的环境标准达数百个，并在数千个产品标准中提出了环境保护方面的建议和信息，如工业废物处置及加工、循环使用等。但因为中国经济发展和环保技术水平偏低，在实施标准化的具体操作过程中，中国产品的出口将面临更高的要求和新的贸易障碍。

6.2.2 绿色贸易壁垒对中国对外贸易的影响

在当前环境保护的热潮下，绿色贸易壁垒由于其表面的合理性及隐蔽性，被广泛应用于各国的贸易措施中，特别是发达国家。绿色贸易壁垒实施对象从

① 夏光．环境保护与WTO［M］．北京：中国环境科学出版社，2004.

② 黄辉．WTO与环保：自由贸易与环境保护的冲突与协调［M］．北京：中国环境科学出版社，2004.

制成品发展到中间产品；不仅对产品的质量有所规定，同时对产品的生产方法、过程、设计以及消费处理过程也做了规定。越来越多的事实显示，名目繁多的绿色贸易壁垒已经成为发达国家实施贸易保护措施的高级形式和主要手段，并对国际贸易发展产生了重要的影响。

绿色贸易壁垒对中国出口造成最直接的影响主要是在市场准入方面，中国许多产品由于安全、环保因素无法进入或被迫退出目标市场①。

1. 农产品与食品绿色壁垒

由于世界各国对农产品市场的高度关注以及农业政策在政治上的高度敏感性，从而形成了一个以高补贴、高保护、高扭曲为特征的国际农产品市场。如今，随着关税保护手段日渐弱化，除了高农业补贴外，越来越多的发达国家利用绿色贸易壁垒来保护本国农业，除了大量的 TBT（technical barriers to trade，技术性贸易壁垒）措施及 SPS（sanitary and phytosanitary，卫生与植物检疫）措施外，还援用了舆论壁垒和动物性福利条款等新型贸易壁垒，使中国农产品在出口到这些国家时面临严峻的挑战。

农产品和食品是中国遭遇国外绿色贸易壁垒的重灾区。近年来，欧盟、日本、美国等发达国家都先后对中国农产品及食品的进口设限，导致中国农产品贸易蒙受了巨大的损失。欧盟是对中国农产品贸易实施最严格限制的经济体。欧盟先后对中国的冻鸡肉、西兰花、蜂蜜、茶叶、冻虾、禽肉、水产品等产品设限，提高了中国农产品的进口门槛；中国的水产品、禽肉、蜂蜜等产品很少能进入美国市场；中国出口到日本的禽类和蔬菜产品也多次遭受调查和封关等。日本的《肯定列表制度》标准之严、范围之广堪称世界之最，涉及了所有农业化学品的管理，严重影响中国对日本的农产品、食品的出口。《肯定列表制度》的实施，将使输日农产品成本显著提高，单从检测费来看，《肯定列表制度》将可能使检测项目增加 5 倍以上，每种产品的检测成本平均高达 4 万美元。显然，日本的《肯定列表制度》是使国外的许多农产品失去竞争力的一道新贸易壁垒②。

2. 纺织品绿色壁垒

作为纺织品出口大国，中国内地出口到欧美、日本、中国香港和韩国等主要出口对象国家或地区的纺织品占其整个纺织品出口量的一半以上，在过去的

① 谷祖莎. 绿色屏障——国际贸易中的环境问题与中国的选择［M］. 北京：中国经济出版社，2005.

② 中国国际贸易学会：http：//gmxh. mofcom. gov. cn/aarticle/wangzhanjianjie/duzdc/200606/20060602400888. html.

出口中，原产地限制和配额等是欧美与日本这些国家主要采取的贸易壁垒措施，但近年来，随着全球环境保护的热潮涌现，绿色贸易壁垒在纺织品贸易中发挥越来越多的限制作用。欧美等发达国家纷纷推出了一系列的环保标准，严格检测进口的纺织品，用绿色环保标准要求货物从初级原料准备、制造、包装、运输、销售，直至消费者使用全过程和废弃物处理，并制定了以安全认证和产品质量的环保指标为内容的“绿色贸易标准”。《欧盟生态纺织品标准》对纺织品产生的影响最大，它第一次引入了生态纺织品的概念，并明确规定了纺织品中的生态毒性物质的相关指标和限量，这是中国现行的纺织品标准无法比拟的。现在，有些来自欧盟的客户就要求必须在进口合同中增加“达不到《欧盟生态纺织品标准》赔偿 10%货款”的条文。

3. 机电产品绿色壁垒

具有目前世界上最完善、最严格的环保法规的欧美、日本是中国机电产品的主要出口市场，这些国家的环保法规涉及机电产品的兼容性、性能、排污量限制、节能型、可回收率等诸多方面，这些规定导致中国机电产品的出口遭受了不少限制和困难。目前，欧盟对中国实施的绿色贸易壁垒正呈现出名目复杂多变、条件更加苛刻的趋势，任何工业产品进入欧盟市场都需要有 CE（Conformite Europeenne，欧洲统一）标志，实施的绿色贸易壁垒从《关于报废电子电气设备指令》《在电子电气设备中限制使用某些有害物质指令》到《用能产品生态设计指令》，涉及的机电产品种类越来越多，据统计，欧盟环保指令的实施对中国 2/3 的机电产品造成了巨大的影响。美国通过《控制放射性的健康和安全法》和《防污染法》对电子产品进口设置了门槛，凡是不达标的产品都不得进口。而中国大部分机电产品出口企业由于资金和技术的限制，尚未重视对绿色机电产品的研发和生产，所以获得国外绿色标志认证的企业较少，据不完全统计，中国每年受到国外绿色贸易壁垒影响的出口产品达 300 多亿美元，中国机电产品的出口也面临非常严峻的考验。

另外，绿色贸易壁垒可以通过各种途径影响出口产品竞争力，从而对中国贸易出口产生间接影响。首先，环保以及改善劳动条件的投入都直接增加了产品成本，从而丧失了产品价格优势，削弱了企业竞争力；其次，随着人们环保意识的提高，如果没有获得有关认证的产品，那么其市场竞争力将大大降低，而在国际贸易中，发达国家也要求中国进入其市场的产品必须取得相关认证，但是取得和维持认证的高昂费用又直接影响产品的市场竞争力，有些中小企业面对高昂的费用，只能望而却步；最后，发达国家推行的产品检验检疫标准不断提高、检验检疫费用不断上升都会导致产品竞争力下降。在产品检验检疫方面，发达国家不断扩大范围、增加项目、提高苛刻程度，中国出口产品往往因受制于多项指标技术参数而顾此失彼。例如，欧盟茶叶委员会（European Tea Association，ETC）公布了欧盟及德国茶叶新农药残留标准，对农药残留的检验项目由中国加入WTO前的6项增加到现在的227项，这对中国茶叶出口造成了严重冲击①。总之，绿色贸易壁垒的出现使中国出口产品竞争力不断下降，很多出口产品原本的优势都逐渐消失。

6.2.3 多边环境协议对中国对外贸易的影响

多边环境协议是国家间为解决日益严重的全球环境问题，防止跨国界的环境污染应运而生的，中国也积极参与全球环境合作，先后参与了十几个国际多边环境协议，而中国在履行多边环境协议义务的过程中对自身的对外贸易产生了一定的影响②。

1. 危险废物越境转移及其处置问题

与日俱增的危险废物已经成为世界环境污染的最主要原因，一些发达国家鉴于自身的环境保护法律较严格，通常将危险废物转移至发展中国家，发达国家这种越境转移危险废物的行为对生态环境和人类健康造成不可逆转的破坏。

中国在坚持对外开放的前提下，也坚持反对危险废物的越境转移。中国政府于1990年签署了《控制危险废物越境转移及其处置巴塞尔公约》，并颁布了控制危险废物转移的一系列相关法规条例和法律，这在一定程度上加强控制和管理进入中国的国外危险废物，但随着中国贸易自由化程度的加深，近年来向中国转移的国外危险废物也时有发生，给中国生态环境带来了潜在的危害。发展中国家在危险废物处理成本上要低于发达国家，从而导致发达国家通过废物贸易、FDI等方式向中国大量转移危险废物和污染密集型产业，而中国境内有些企业不顾社会整体利益，以低价进口国外危险废物取得自身利益，这都将导致更严重的环境问题出现。

2. 臭氧层的保护行动问题

国际社会为了更好地保护人类和地球的保护伞——臭氧层，签署了一系列多边环境协议。中国作为世界上消费受控物质（ozone depleting substances，ODS）的大国之一，专门成立了保护臭氧层领导小组，并制定了《中国消耗臭氧层物质逐步淘汰国家方案》来履行相关义务，中国政府确定选择2010年完全淘汰方案为实施ODS逐步淘汰的最终方案。履行保护臭氧层国际公约和议定书的相关义务，实施国家淘汰方案，将对中国的对外贸易产生重大影响。

---

① 中国农药信息网：http://www.chinapesticide.gov.cn/doc07/07042008.html.

② 郑玉琳. 多边贸易体制下的贸易与环境［M］. 北京：中国社会科学出版社，2008.

从中国出口贸易来看，气溶胶产品、家用制冷设备、泡沫制品、医药产品、机电产品、化工产品、仪表仪器及零部件、精密设备和其他工业制成品等多种出口产品都是国际公约和议定书的受控物质，而短时期内，这些产品无法全部由无害于环境的替代物质来生产，2010 年以后许多国家也开始拒绝进口受控物质及相关产品，因此，这也极大限制了中国受控物质及相关产品的出口贸易。

从 FDI 来看，由于中国实施了 2010 年完全淘汰方案，2010 年前许多外国企业利用中国享受淘汰受控物质的宽限期的待遇来华投资，以 FDI 的形式向中国转移了大量受控物质及相关产品的生产，对臭氧层造成了严重的破坏。至今，随着中国完全淘汰方案的最后期限的结束，外商直接投资企业在对设备和技术上的改造、替代产品的研发、产品的销路等方面出现了很多问题，有些甚至面临生存问题。

6.3　协调中国产品内贸易与环境问题的对策

6.3.1　提高产品内国际分工层次，加速加工贸易升级进程

实证研究表明，中国产品内贸易总体上恶化了中国国内环境，其对环境的副作用主要是由环境的规模效应大于结构和技术效应所导致的，造成这种结果的根本原因在于当前中国在国际产品内分工所处的层次相对较低。中国作为发展中国家，参与国际产品内分工的主要方式仍然是组装加工，这种方式是全球价值链的下游环节，在国际分工中的地位相对低端。这种加工贸易固然能给中国带来一定的贸易收益，这种贸易收益是建立在低技术含量的劳动密集型产品上，这种收益是以中国自然资源的消耗和贸易条件的恶化作为代价的。以出口为导向的数量扩张型的加工贸易模式导致过度开采国内资源，严重破坏生态环境。针对这种情况，应逐步提高加工贸易层次，必须稳步推进加工贸易转型升级，将部分劳动密集型产品和技术含量较高、环保节能的产品从限制类目录中剔除。总体而言，中国加工贸易转型升级战略的选择应遵循以下三个原则。

（1）在充分发挥要素禀赋优势的同时要逐步提升要素禀赋结构，实现比较优势的动态转变。在经济全球化的进程中，发展中国家仍仅依照原有的比较优势原则来发展劳动和资源密集型产业，则将会被锁定在全球价值链分工的低端层次，从而陷入了比较优势陷阱，无法提高贸易的结构与技术效应。因此加

工贸易的转型升级必须要提升国内要素禀赋结构，不能完全静态地以比较优势参与国际产品内分工，要促进比较优势的动态转换，构建可持续的比较优势。

（2）提高加工生产行为的技术密集度，推动中国向国际产品内分工高端层次延伸。发达国家参与国际产品内分工主要负责产品的研发及品牌营销等高端环节；发展中国家则主要负责初级产品生产、最终产品的组装加工等低端环节。虽然中国产品内贸易并没有明显导致污染密集型产业的集聚，通过产业关联，间接存在对污染密集型初级产品行业的生产拉动作用，因此如果产品内分工层次长期处于低端，产品内贸易的结构效应对环境的影响方向甚至会出现逆转。推动中国向国际产品内分工高端层次延伸，是加工贸易升级的主要途径。

（3）重新审视加工贸易的优惠政策，在保证贸易效率的前提下要注重与环境规制措施的结合。中国给予加工贸易的税收优惠政策，促进了以加工贸易为主要表现形式的中国产品内贸易迅速发展，然而部分优惠政策并没有实际考虑到国内的环境成本以及分工层次的问题，因此可能会在实际操作中成为削弱国内环境规制程度的主要力量，不利于促进贸易的环境技术效应，从长远而言不利于贸易结构的优化和分工层次的提高。因此，部分单纯以静态贸易收益为主要目标、对污染型外商企业过度照顾的加工贸易优惠政策，应该逐步取消。新的加工贸易优惠政策和国内环境规制措施在政策效果上不应出现简单的抵消效应，要注重环境技术效应的溢出。

6.3.2 引导外资投向高附加值的清洁型生产环节

许多外资企业具有先进的技术创新能力，拥有自己的价值品牌，占据商品链上的主导环节。虽然近年来由于美国金融危机，中国加工贸易中的外资企业比重有所降低，但外资企业仍然是当前中国加工贸易的主体。目前，以外资企业为主体的中国加工贸易的生产结构已经开始调整，加工贸易中高新技术产品的比重在提高。引导外资投向技术密集型产业、高附加值的清洁型中间产品生产环节，不仅能使中国尽早加入国际分工中高技术含量、高附加值的生产环节中以便获得更大的贸易利益，也能促进产品内贸易的环境结构正效应。

中国在引入外资时应把环境因素纳入对外资的考察内容中，不能仅注重外资对国内尤其是地方经济的拉动作用而忽略其外资的环境成本。本书研究结果表明，外资是中国产品内贸易与环境问题中的一个重要的影响因素。外资对产品内贸易的环境结构正效应和技术效应都起到了一定的促进作用。因此在产品国际内分工背景下，中国应结合国内产业结构调整的方向和未来国际产业发展的趋势，引导外资流向清洁型的产业或者清洁的产品生产阶段，从而逐步提高外商直接投资对环境结构正效应和技术效应的正向作用，使其逐步抵消规模效应给环境带来的负影响，在实现贸易和投资规模扩大的同时，贸易和产业结构不断地向“清洁型”优化，即促进中国在参与产品内分工中贸易规模与结构的协调发展。

6.3.3 完善环境法律法规，提高环境执法力度

本书的实证研究结论表明，中国国内的环境规制措施对国内生产性环境污染物排放的限制作用十分有限。中国国内的环境标准本来就低于发达国家，而且与贸易相关的环境法律法规尚未健全，相关环境管理和环保执法的效果尚不明显，还远不能达到协调贸易发展和环境保护的要求，因此必须尽快完善环境贸易法制并提高执法力度。在坚持贸易自由化、坚定参与国际产品内分工的同时，中国应加快国内经济与环境的相关制度建设，完善与贸易相关的环境法律法规，并加强对执法部门和地方相关行政部门的监督管理，提高执法效率，使国家环保法律政策能够切实落实到地区。

中国不仅要修改和完善国内贸易与环境相关的法律规定，还要强化各级政府的环境监督及管理职能，对在贸易及贸易引发的经济活动中违反环境法规的行为要依法惩罚，不能舍本逐末地仅考虑静态贸易收益。政府可以通过开征环境税使环境成本内在化，发挥环境标志和绿色产品的示范作用，推动中国承接的中间生产工序由“红色”向“绿色”进行转变。而且要借鉴发达国家环境保护的相关立法经验，通过完善中国环境贸易法制，努力提高本国的环境标准，包括环境质量标准、产品环境标准以及企业环境管理标准等，使其在经济和技术能力范围内尽可能与国际标准接轨。各级政府，尤其是地方政府要加大对于环境保护法律法规的监督和执法力度，确保从制度上最大限度地促进产品内贸易的环境结构正效应和技术效应，降低产品内贸易的环境规模负效应。

6.3.4 加快生产技术革新、加大节能减排技术的研发力度

在全球对贸易与环境关注程度日趋升高的背景下，中国仍主要依赖资源和劳动力禀赋获取参与国际产品内分工的比较优势，出口贸易品的附加值较低且具有环境敏感性，对内造成大量环境污染，对外面临他国的绿色贸易壁垒。尤其在碳关税等新型贸易壁垒呼之欲出的背景下，加快外向型行业的生产技术革新，加大出口企业生产中的节能减排力度也是迫在眉睫。只有对中国具有比较优势的产业或产品生产区段进行技术更新，引进和开发环保技术，改造传统产品，增强其产品的技术含量和附加值，降低原材料和能源的消耗，降低出口产品的污染密集度，才能形成可持续的出口竞争力，才能积极应对绿色贸易

壁垒。

因此，中国的外向型生产企业应当加大对开发生产和节能减排技术的投入，通过企业自身的技术进步，提高产品的环保标准、技术标准、卫生标准和安全标准，将高标准贯彻于产品研发和生产的每一个环节，同时还应加强与科研机构的合作，提高企业的消化吸收能力；对于相关管理部门而言，要加大对企业自主创新的扶植力度，并要加快完善与实施“国内环境标志”，参照国际环境标准要求出口产品的制造工艺、质量标准和产品认证。另外，要积极推动出口结构由污染密集型的产品逐步转向非污染密集型的高新技术产品，要积极推动产品内分工结构由承接污染型工序转向清洁型工序，严格限制或禁止高能耗、高污染产品或产品生产区段的生产及出口。

6.3.5 在区域经济一体化框架内寻求国际合作

本书第2章已经分析过，在现实条件下，由于环境成本内部化对南北国家产生的影响不同，单靠各国政府制定促进环境成本内部化的政策不能全面解决环境问题。在环境成本内部化难以有效推进的情况下，寻求有效的国际合作是通过制度性合作协调贸易与环境相对有效的重要途径①。而本书的实证研究结论表明，区域经济合作是影响中国产品内贸易环境效应的一个重要因素，尤其是中国与东盟开展的区域经济合作对中国产品内贸易的影响非常显著。这是由于中国和东盟国家均为亚太地区垂直化生产网络中的成员，随着中国和东盟贸易化程度的不断深化，贸易规模不断扩大尤其是污染密集产品贸易规模的扩张，必然会给双边带来环境污染的转移问题，双边投资便利化的进程又进一步加大了双边环境压力。贸易的环境效应会引发各成员国内部各自实施环境规制，而这种环境规制将会引起双边的贸易摩擦，而且在产品内国际分工的背景下，中国和东盟还必须面对来自区外的诸如废弃物进口与外商直接投资污染转移在内的环境威胁②。

中国应促成双边自由贸易协定中关于贸易和环境问题的运行机制，建立适当的规则来协调贸易与环境的冲突。目前双边并没有形成关于贸易与环境问题的协调机制，有关贸易与环境的规定仅限于《中国-东盟全面经济合作框架协议》中的“一般例外”条款：只要不在情形类似的有关缔约方之间构成任意或不合理歧视的手段或构成对国际贸易的变相限制，缔约方就可以采取“为保

① 陈晓文. 区域经济一体化：贸易与环境［M］. 北京：人民出版社，2009.

② 张天桂. 低碳经济转型和中国—东盟FTA贸易与环境的协调［J］. 亚太经济，2010（4）：9-14.

护人类、动物或植物的生命或健康所必需的措施”。对此条款的解释和操作，双方还存在一定的分歧，因此给不合理的环境规制留下了空间，仅通过少数成员国自行协调是不足以应对来自区域内外的环境压力的，需要所有成员国精诚合作，并且需要通过一定的制度化安排对环境问题合作加以必要的约束与激励。另外，目前某些有中国和东盟共同参与的国际环境协定，其对贸易的限制条款与中国-东盟自由贸易区的贸易自由化协定是相悖的，因此中国和东盟双方需要进一步深化区域经济合作的层次，建立对应的机制以协调国际环境协定与自贸协定的冲突。

从中国自身的角度而言，当前东盟国家的绿色壁垒比发达国家低，中国出口企业在原有竞争优势的产业或产品生产区段内应进行技术更新，降低原材料和能源的消耗，降低出口产品污染密集度，使自身产品符合东盟各国国内环境标准，从而形成可持续的出口竞争力，这样才能在面对东盟的绿色壁垒时更加主动。东盟各国各自的环境标准总体仍参照国际环境标准，中国出口企业应加强与科研机构的合作，参照国际环境标准要求出口产品，做到清洁生产，尽量争取国际绿色认证。东盟国家各国环境规制的产品、产业对象繁杂，污染密集型出口企业要建立预警机制，即时收集对东盟目标国国内环境规制的相关信息，提高面对绿色壁垒的反应能力。

另外，东盟各国环境壁垒高低不一，中国出口企业可根据东盟各国环境规制的程度进行适当的区位调整，在自贸区内形成多元化市场，以降低环境规制的风险。中国对东盟的投资项目在产业和区位选择决策时要充分考虑东盟国家的环境规制问题。本书实证结果认为 CAFTA 区内双边环境规制对污染型中间产品的影响并不明显，当前东盟对玩具、电器和纺织品等产品内国际分工程度较高的产业设置的是以制定本国环境标准为主的绿色壁垒，而对以上产业投资方面的环境规制并不严厉，相关中国企业可以抓住时机对东盟进行针对性投资，尽快了解和适应东道国的环境标准，以绕开绿色壁垒或转移污染型生产环节。

6.3.6　借鉴国际经验，寻求其他国际合作

除了在自身参与的区域经济合作框架内寻求贸易与环境问题的国际合作外，还可以借鉴其他区域经济合作组织的相关经验①。例如，欧盟在贸易与环境问题的国际合作方面无疑是当今国际社会的一个典范，欧盟在处理贸易自由化与环境保护之间的关系时，强调环境保护的重要性，明确“环境保护的要求必须纳

① 易雪玲. 国际环境贸易协调机制［M］. 北京：知识产权出版社，2008.

入其他共同体政策的制定与实施之中①”，坚持环境保护能够作为贸易自由化的例外，这种原则应该是中国开展循环经济和可持续对外贸易的重要准则。而且中国应借鉴欧盟在协调贸易与环境问题中为坚持效率法则，将行政手段和经济手段有机结合的相关措施。中国还可以借鉴北美自由贸易区协调贸易与环境问题的相关经验。NAFTA 三国（尤其是美国和加拿大）通过引导公众参与环境保护，共同努力保护环境免受污染和破坏。公众参与环保行为具体表现为公众对政府在对环境问题的行政管理过程中出现的懈怠行为进行监督，并能对监督和制约企业在经济活动中出现的环境污染或破坏行为起到一定作用。

1. 欧盟协调贸易与环境问题的经验

在协调成员国贸易与环境关系上，欧盟迈出了较大的步子，其协调方式的灵活性和多样性，特别是对相对落后的成员国在时间上、标准上和责任上给予特别关照等都是其重要的经验。欧盟调节贸易与环境的绩效和其高度的经济一体化程度密不可分，其强有力的组织机构和管理体制为其在贸易与环境问题上采取联合行动、解决成员国间的贸易环境纷争、发布具有法律约束力的指令并实施提供了良好的保障条件，这是其他一体化组织和多边机构所难以具备的。此外，欧盟是发达国家云集的一体化组织，成员国间经济发展水平较接近，有助于贸易环境关系的协调。欧盟贸易与环境协调的经验主要有以下 5 点。

（1）环境优先原则。在处理贸易自由化与环境保护之间的关系时，强调环境保护的重要性，明确“环境保护的要求必须纳入其他共同体政策的制定与实施之中”，坚持环境保护能够作为贸易自由化的例外。

（2）环境适用性原则。通过一致适用性、必要性和比例原则，确定各成员国所采取的环境政策措施的合法性。所谓一致适用性，就是成员国所采取的环境政策措施必须对本国和其他成员国的产品一视同仁，不得构成武断的或任意的贸易歧视与限制。必要性是指成员国所采取的环境政策措施必须是贴切的，为特定环境目的所必需，且与追求的目标之间存在因果关系。比例原则要求所采取的环境政策措施不能为其他对贸易自由流动限制更少的措施所替代，是实现特定环境目标的最优政策措施。也就是说，为实现环境保护而采取的贸易限制措施只要满足“一致适用性”“必要性”和“比例原则”的要求就是合法的。

（3）环境标准的灵活性协调。通过环境标准灵活而有效的协调确保相关产品的自由流动。各成员国产品环境标准的差异很容易成为非关税壁垒，影响成员国之间的自由贸易和投资。除进行成员国间产品标准的互认外，欧盟还针

① 摘自《欧洲联盟条约》第 130R 条款。

对不同行业、不同产品的具体情况采取了灵活的环境标准协调方法：有的直接适用欧盟统一标准，有的规定最高标准，还有的只规定欧盟认可的“基本要求”，甚至有的规定最低工艺标准。1998 年，欧盟又推出了统一产品政策，试图通过经济激励、环境标签和产品设计指南等措施，鼓励产品生命周期有关各方共同降低产品对环境的不利影响；现阶段的实施重点在于提高涵盖产品的现行措施的一致性，并开发对环境改善有较大意义的产品。

（4）正确坚持效率法则。效率是一切经济活动所追求的共同目标，是制定所有经济政策的出发点，也是评估和检验各项经济活动的标准。追求效率不仅符合环境保护、可持续发展和贸易的共同利益，也是它们三者之间的一个连接点。提高效率也是实行贸易和投资自由化的重要原因，促进贸易和投资自由化的开放体制的一个主要理念，原本就是让那些最有效率的生产厂商脱颖而出，为世界市场提供商品和服务。

欧盟无疑是一个贸易自由化地区，它试图通过在区内消除贸易壁垒，获取比较成本优势和规模经济带来的效率。经济活动越有效，使用的环境资源就越少，可供使用的经济资源就越多，对环境保护就越有利。当然，必要的环境政策是不可缺少的。欧盟为了消除和减少市场扭曲与政策扭曲已采取了大量的政策措施，促进和维护了区内的公平竞争，如禁止出口补贴、进口限制等。

（5）行政手段和经济手段有机结合原则。欧盟开展广泛而有效的国际合作，既允许成员国根据本国的具体情况采取必要的环境措施，又通过欧盟自身的环境立法减少成员国之间环境法规差异对贸易的影响。在区内公平性方面成绩斐然，公平性是指有形资本、自然资本、知识和技术既在当代又在以后各代之间的公平分配。在可持续发展的过程中，发达国家应承担额外的义务，因为它们过去使用资源的方式制约了当代人，尤其是发展中国家的当代人的合理选择。欧盟是通过建立一系列基金来增强其区内公平性的，其中主要有欧洲农业指导和保证基金、欧洲社会基金、欧洲地区发展基金、结构基金和团结基金等，这些措施取得了很大的成效。另外，通过给予相对落后的成员国资金和技术上的援助，时间、标准及责任上的宽限，更好地调动它们参与集体贸易与环境合作的积极性，有效规避“搭便车”行为，促进贸易与环境的可持续发展。

可持续发展要求加强包括环境、发展和贸易政策在内的各个层次的国际合作。在争议产生时，处理的程序必须对环境、发展和经济都有利。欧盟在国际合作方面无疑是当今国际社会的一个典范，也是目前为止多边国际合作最紧密的形式。这种形式的最大特征在于它介乎于主权国家和国际组织二者之间，性质上接近前者，结构上接近后者。欧盟具有自己的立法权，它的各个机构所制定的法律对成员方具有约束性。它以制定出相当广泛的各种内部程序来促进和支持其各个级别上的合作。因此，欧盟在贸易和环境合作中的所有争议与冲突均能通过各国之间的努力及改善贸易机制这两种途径来加以解决。

2. 北美地区协调贸易与环境问题的经验

在环境合作委员会的引导和明确的争端解决机制的保障下，北美自由贸易协定通过对环境合作进行计划指导，高度尊重成员方主权，注重广泛的宣传和公众参与来协调环境与贸易问题，特别重视提升发展中国家环保水平，从而达到促进有效保护环境和贸易自由的双重目标。

在协调贸易与环境方面，北美自由贸易协定的特点主要概括如下。

（1）复合的制度安排和高效灵活的管理机构。NAFTA 虽然是自由贸易协定，但北美自由贸易协定也把环境合作作为其中一个重要内容，此外它还涵盖了给商务人员流动提供方便、减少成员方相互投资的限制、保护知识产权等方面的内容。另外，CEC 负责地区的环境事务，致力于防止贸易与环境之间潜在冲突的发生，保障有效实施环境法规。

（2）合理的争端解决机制。NAFTA 和 NAAEC 都高度尊重各成员方的主权，允许各国选择其认为适合本国的环保水平及相应法规，而任何实质性的跨国环境标准并没有在成员方之间得到建立。北美自由贸易区建立起一套强调有关各方共同努力寻求合作方式解决问题的争端解决机制，因此，该争端解决机制强调的是合作而非制裁，只有在成员方持续地不实施其环境法规的情况下，才能最后使用制裁手段。

（3）坚持环境合作的计划指导和公众参与。CEC 采用为期三年的中期计划手段来指导工作，并提供有关将来行动计划的重要信息给公众。此外，CEC 已建立起公众宣传体系和公众参与机制。JPAC 作为促进公众参与环境合作的机构，每年在三个国家就各种环境论题举行公开的咨询会议，包括 CEC 的年度工作计划，由来自工商界、非政府组织、学术界及政府部门的各方代表参加，并提供咨询会议的总结报告给理事会。

其中，公众参与环境保护的规定非常值得中国借鉴，其对中国的启示主要体现在以下三个方面。

1）公众参与环境保护是政府实施环境行政管理的有益补充。通常各国的环境法规定统一监管全国的环境保护工作应由国家环境行政主管部门来承担。各国在政府实施环境行政管理的基础上，通过引导公众参与环境保护，共同努力保护环境免受污染和破坏。所谓环境行政管理，是指国家通过采取禁止、促进、激励、诱导、扶助等方式，积极、主动地影响经济个体的意志和干预其与环境有关的行为，确保实现环境保护目标。公众参与环保行为具体表现为公众对国家在对环境进行行政管理过程中的懈怠行为，或对其他任何单位或个人造成环境破坏和污染的行为进行监督与制约。因为环境权更多地表现为公权，实施环境保护目标主要还是依赖于国家的环境行政管理，所以居于主导地位的还是环境行政管理，而公众参与环境保护则居于次要地位。

2）公众参与环境保护需要有法律依据。中国环境立法的一个非常鲜明的特点是对政府在环保中的责任和权利进行了特殊强调，且只是笼统地规定了公众在环境保护中的作用和地位，对于公众在环境保护中的义务和权利的内容则无明确界定。这势必造成一些问题的出现，例如公民在参与环境问题态度上不积极导致无所作为时，所应该承担的责任不明确；而公民在参与环境问题态度上积极有所作为时，没有法律依据作保障，无法行使应有的权利。目前公众参与环境保护，态度可以是积极的，也可以是消极的，但是公众参与环境保护的态度对于实现一国环境保护目标起着重要的作用。因此建议国家制定相关法律，清晰界定公众参与环境保护中的权利和义务方面的内容，详细确定公众在环境管理上的各项权利，如决策参与权、知情权、自卫权、监督权、诉讼权和索赔权的相关内容，并制定相应的惩罚措施。

3）有效提高公众参与环境保护程度的手段是利益刺激。外部不经济性是环境问题的重要特点，而在公众参与环境保护中，大部分的利益表现为改善公众福利，有时个体利益甚至会减少。因此，市场主体的共同行为在长期过程中，将不可避免地导致环境资源的枯竭。除了全面开展群众性的环境保护教育活动，政府应设立专项资金，使在参与环境保护中的个人利益损失得到补偿，并对在相关活动中表现出色的个人进行奖励。

3. WTO 协调贸易与环境问题的经验

WTO 在协调贸易与环境问题上起着重要的作用。虽然作为 WTO 的前身 GATT 刚开始并未重视环境问题，并质疑环境保护对贸易的影响作用，但从 1971 年至今，环境问题经历了从 GATT 被动应对到 WTO 主动协调的转变过程。WTO 认为贸易与环境密切相关，自由贸易与环境保护在原则上是相容的，二者并不存在不可调和的矛盾。目前 WTO 在新的多边谈判中已将环保议题纳入其中，并致力于建立一种和谐的贸易与环境发展关系，以求在加大环保力度的同时，又不损害公平、公开、非歧视的多边贸易体制，从而促进贸易与环境的可持续发展。

WTO 曾多次在《贸易与环境的决议》以及“贸易与环境委员会”一系列的工作报告和公告中指出：在不超越公平、公开、非歧视的多边贸易体制的权限下，WTO 愿意协调贸易与环境领域中各项政策，环境政策与国际贸易要相互融合，在公平、公开、非歧视的多边贸易体制内既要对环境保护加以重视，又要防止借保护环境之名行使贸易保护之实的环境壁垒形成。WTO 推崇贸易自由化，但只要制定的环境标准运用在国内外产品以及国家间时没有歧视，成员国就可以限制甚至禁止进口有害环境的产品。

GATT/WTO 中虽然已经涉及不少与环境有关的内容，但是仍然不够完善，WTO 没有充分考虑发展中国家在处理环境问题的技术水平和经济实力上与发达国家的差距，有些规定容易引发新的贸易壁垒的产生，尤其不利于发展中国家贸易自由化发展，如《技术性贸易壁垒协议》中规定“如果在国际贸易活动中，一国想达到的国内环保水平超过国际标准，缔约国在透明度原则和通知原则基础上，有权采取并实施特殊的国内强制措施”。这样将导致发达国家可以有理由通过实施比国际标准更严格的环境标准来限制发展中国家产品的出口；乌拉圭回合最后文件中也规定在环境标准上对发达国家和发展中国家一样对待，而没有考虑到在环境保护上“南北差异”情况的客观存在，这对发展中国家贸易发展是非常不利的。尽管乌拉圭回合对贸易和环境的问题给予了重视，但没有从根本上解决问题。从理论上看，环境保护是建立在一个有序的自由化贸易体制基础上的，因此澄清多边环境保护协议和贸易规则的关系并达成稳定的多边协议显得非常必要，相信这也是 WTO 在未来的谈判中的一个方向。

WTO 作为全球唯一的多边贸易机构，在协调贸易与环境问题上起着举足轻重的作用。目前 WTO 在新的多边谈判中已将环保议题纳入其中，并致力于建立一种和谐的贸易与环境发展关系。中国作为 WTO 成员之一和最大的发展中国家，有机会参加新一轮的多边谈判和参与规则的制定。因此，中国应在 WTO 的各项谈判中，特别是在涉及中国的利益的贸易与环境议题的谈判中坚持积极的态度。在 WTO 未来的贸易与环境议题谈判中，作为发展中国家的中国，在 WTO 新一轮贸易与环境问题的谈判中，对于环境标准协调问题应坚持基本的原则，即允许适当的环境标准差异，修正现有的争端解决机制。要充分利用 WTO 为保护环境和人类动植物生命健康安全对发展中国家实施的例外条款与优惠制度，在贸易和环境问题上从多方面争取中国对外贸易的主动与合理利益。

6.3.7 鼓励公众参与环境保护

贸易与环境是否和谐发展，公众舆论和社会反响的最初表达是环境问题最及时、最直接的信息输出渠道。因此，相对政府和企业而言，公众的积极参与和配合更能真实、快速地反映企业发展对环境产生的影响。

首先，强化环保意识。政府可以通过实地宣传、媒体、散发宣传册等方式强化公众的环保意识，引导公众正确认识“污染企业—经济发展—环境污染”的关系，从道德意识层面上引导公众参与国内环保进程。其次，强化绿色消费。绿色消费是指消费者对绿色产品的需求、购买和消费活动，是一种具有生态意识的、高层次的理性消费行为。强化公众绿色消费要从满足人类基本物质生活的需要出发，以有益人类健康和保护生态环境为目的。最后，强化法律意识。众所周知，中国环境问题的产生除相关法律法规不够健全和完善以及政府执法力度不强外，公众法律意识的极端薄弱也是问题产生的根源之一。众多信息表明，基层政府、基层环保执法机构与污染企业“与狼共舞”是环境进一步恶化的主要原因，较企业而言公众是弱势群体，当公众面对环境污染问题时只能保持沉默。因此，要达到保护环境的目的，公众的参与必不可少，强化公众环保意识、绿色消费和法律意识已迫在眉睫、刻不容缓。

6.3.8　加快产业升级速度，提升产业集聚质量

产业集聚水平的提高不能仅仅用产业集聚规模的扩大来衡量，如果产业集聚规模过度地扩大，则会导致环境污染的快速膨胀。因此应该根据实际情况，通过合理规划找到适合国内制造业产业集聚的特色产业，并将产业集聚规模控制在一个合适的、最优的水平，这将会有利于产业集聚区域环境质量的改善。可借助“一带一路”的相关政策支持，一方面通过建设高质量的产业集聚区，利用专业化、降成本、鼓励创新等政策优势来吸引沿线国家的优质企业入驻，为国内的产业集聚区域注入新鲜活力。产业集聚区逐步与国际市场接轨。另一方面通过不断引进高质量的外资企业来加强产业集聚区内的企业竞争态势，激发企业创新意识，加强企业科学技术的研发力度，从而淘汰落后产业，提升产业集聚区域的综合竞争力，促进资源的合理配置和高效转化，以更开阔的视野来激发产业集聚区内产业优化升级，实现高质量产业集聚，与此同时环境污染问题也会得到改善。

6.3.9　促进绿色“一带一路”建设，加强疫情间国际合作

2020 年初，新冠疫情开始在世界各个国家和地区蔓延，必然会对经济全球化、贸易自由化和各国产业经济带来巨大的负面影响。当新冠疫情稳定之后，整个产业链的协同配合是落实复工复产的关键，国际企业间加强技术合作共享，推动产业智能升级，实现安全复工。由于疫情期间大范围的停工停产，环境质量得到一定的改善，因此在企业复工复产的同时，一方面要保持环境规制力度，强化精准治污，坚持依法治污，落实好生态环境保护责任，在污染防治攻坚战的收官之年，确保达到污染防治攻坚战的阶段性任务目标。另一方面政府层面应当积极加强国际合作，尤其是与“一带一路”沿线国家的合作，尽量减少疫情已经带来的贸易损失，同时以技术合作为重要手段，推进绿色“一带一路”建设。

第7章 后续研究方向与展望

国际贸易与环境问题是当前学术界关注的一个热点也是重点问题。目前国内外学术界关于贸易和环境问题的研究相对来说还处于起步阶段。研究贸易的环境效应要依托于国际贸易理论的发展，但是国际贸易理论在贸易与环境研究领域中的应用相对而言存在一定的滞后。在实证研究层面，现有研究可能存在以下三点不足：①研究维度问题。在实证研究对外贸易与生态环境之间的直接关系时，多从纵向时间维度进行分析，而较少研究在空间上是否存在差异。②切入视角问题。现有研究大多以贸易结构、贸易政策、FDI为研究视角，而较少选择以产业集群与集聚为角度对外向型产业进行研究，贸易对环境污染影响的微观机理研究也相对很少。③内生性问题。现有研究大多使用面板数据进行回归分析，可能存在遗漏变量等内生性问题，会对估计结果产生干扰。

本书采用纳入环境因素的一般均衡模型、H-O模型和垄断竞争模型等多种分析方法研究了贸易与环境问题的基本理论和主要争论，提出了产品内贸易与环境理论分析框架，通过相应的计量实证研究探讨了中国产品内贸易对国内环境污染的影响关系和决定因素。对中国产品内贸易程度的测度时最好的方法是运用多国投入产出模型[①]，但这种类型的数据极难获得，所以本书在测度中国产品内分工程度时只能退而求其次，采用中国这一国的投入产出数据，因此计量结果难以避免出现一定偏差。另外在区分污染型中间产品时，由于各种数据库行业分类的标准存在差异，为了避免对污染型中间产品以及零部件的数据进行归类时会出现重复或缺漏现象，本书只选取了能准确界定而且具有代表性的中间产品，当然这种做法在实证考察的全面性上会有一定不足。

贸易与环境问题领域今后的研究趋势可能有以下三个方向：①理论模型的

---

① 当前在研究产品内分工与贸易的程度的文献中，使用多国投入产出数据的研究较少，主要原因是这种类型的数据极难获得，目前可以用来测度亚太地区产品内分工程度的最佳多国投入产出数据是亚洲投入产出表。

改进。今后的研究将更加致力于将新的贸易与经济理论如何更好地引入现有的理论分析框架中，比如产业集聚模型、企业异质性模型等，在更完善的理论框架下去构建实证模型。②环境分效应的再探讨。已有研究认为贸易的环境效应不仅有规模、结构和技术三效应，根据贸易模式的不同可能存在其他环境分效应，研究产品内分工是否存在其他环境分效应，应该是今后本领域理论研究中的一个研究方向，比如将新新贸易理论等国际贸易前沿理论纳入贸易与环境问题的研究中，对建立在传统贸易理论基础上的环境三效应模型进行再探讨，不同的贸易模式与外向型产业发展路径，可能存在新的环境分效应。③微观层面研究的深入。结合企业异质性模型，运用企业层级数据，分析贸易引发的企业生产和排污行为，比如国际分工的环境污染传导性的形成机制及效应问题。

参考文献

[1] ABAY M, REYER G, DAN R, et al. Environmental regulation and industry location in Europe [J]. Environmental and resource economics, 2010, 45 (4): 459–479.

[2] AKBOSTANCI E, TUNC G I, Turut–ASIKS. Pollution haven hypothesis and the role of dirty industries in Turkey ' s exports [J]. Environment and development economics, 2007, 12 (2): 297–322.

[3] ANDERTON B, BRENTON P. Outsourcing and low – skilled workers in the UK [J]. Bulletin of economic research, 1999, 51 (4): 267–285.

[4] ANG J B. CO_2 emissions research and technology transfer in China [J] . Ecological economics, 2017, 68 (10): 2658–2665.

[5] ANTRÀS P. HELPMAN E. Contractual frictions and global sourcing [Z]. Harvard Institute of Economic Research Discussion Paper, 2006, NO. 2127.

[6] ANTWEILER W, COPELAND B R, TAYLOR M S. Is free trade good for the environ–ment? [J]. American economic review, 2001, 91 (4): 877–908.

[7] ARNDT S W. Globalization and the open economy [J]. North American journal of economics and finance, 1997, 8 (1): 71–79.

[8] ARNDT S W. Super – specialization and the gains from Trade [J]. Contemporary policy issues, 1998, 16 (4): 480–485.

[9] ARALAS S B, HOEHN J P. Intraindustry trade and the environment: is there a selection effect? [C]. Proceedings of the AAEA, CAES and WAEA Annual Meeting, Denvor, 2010.

[10] ATHUKORALA P C. Product fragmentation and trade patterns in East Asia [J]. Asian economic papers, 2005, 4 (3): 1–27.

[11] ATICI C. Carbon emissions, trade liberalization, and the Japan – ASEAN interaction: a group–wise examination [J]. Journal of the Japanese and International Economies, 2017, 26 (1): 167–178.

[12] BAILY M N, LAWRENCE R Z. What happened to the great US job machine? The role of trade and electronic offshoring [C]. Brookings Papers on Economic Activity 2, Section 4, 2004.

[13] BARRETT S. Strategic environmental policy and international trade [J]. Journal of public economics, 1994, 54 (3): 325–338.

[14] BEGHIN J, ROLAND HOLST D W, MENSBRUGGHE D V D. A survey of the trade and environment nexus: global dimensions [J]. OECD economic studies, 1994, 23: 167–192.

[15] BEGHIN J C, POTIER M. Effects of trade liberalization on the environment in the manufacturing sector [J]. World economy, 1997, 20 (4): 435–456.

[16] BERMAN E, BUI L T M. Environmental regulation and labor demand: evidence from the

South Coast Air Basin [J]. Journal of public economics, 2001, 79 (2): 265-295.

[17] BHAGWATI J. Trade and the environment: the false conflict [M] //Zaelke D, HOUSMAN, ORBUCH P. Trade And The Environment Law, Economics and Policy, Center for International Environment Law, Washington D C. , Island Press, 1993.

[18] BIRDSALL N, WHEELER D. Trade policy and industrial pollution in Latin America: where are the pollution havens? [J]. Journal of environment and development, 1993, 2 (1): 137-149.

[19] BUSSE M. Trade, environmental regulations and the World Trade Organization: new empirical evidence [R]. World Bank Policy Research Working Paper 3361, 2004.

[20] CAMPA J M, GOLDBERG L S. The evolving external orientation of manufacturing industries: evidence from four countries [R]. NBER Working Paper, 1997, No. 5919.

[21] CARRARO C, SINISCALCO D. International environmental agreements: incentives and political economy [EB/OL]. http: //mdl. csa. com/d/1322765.

[22] CHAI J C. Trade and environment: evidence from China's manufacturing sector [J]. Sustainable development, 2002, 10 (1): 25-35.

[23] CHICHILNISKY G. North-south trade and the dynamics of renewable resources [J]. Structural change and economic dynamics, 1993, 4 (2): 219-248.

[24] CHICHILNISKY G. North-south trade and the global environment [J]. The American economic review, 1994, 84 (4): 851-874.

[25] COLE M A. Trade, the pollution haven hypothesis and the environmental Kuznets curve: examining the linkages [J]. Ecological economics, 2004, 48 (1): 71-81.

[26] COPELAND B R, TAYLOR M S. North-south trade and the environment [J]. Quarterly journal of economics, 1994, 109 (3): 755-787.

[27] COPELAND B R, TAYLOR M S. Trade and trans-boundary pollution [J]. American economic review, 1995, 85 (4): 716-737.

[28] COPELAND B R, TAYLOR M S. A simple model of trade, capital mobility and the environment [R]. NBER Working Paper, 1997.

[29] COPELAND B R, TAYLOR M S. Trade, growth and the environment [J]. Journal of economic literature, 2004, 42 (1): 7-71

[30] CUI J B, LAPAN H, MOSCHINI G. Are exporters more environmentally friendly than non-exporters? theory and evidence [J] . Iowa state university working paper, 2012.

[31] DALY H, GOODLAND R. An ecological assessment of deregulation of International Commerce under GATT [J]. Ecological economics, 1994, 9 (1): 73-92.

[32] DEARDORFF A V. Fragmentation in simple trade models [R]. School of Public Policy, RSIE Discussion Paper, 1998, No. 422, University of Michigan.

[33] DEARDORFF A V. Fragmentation across cones [M] //In Arndt, S. W. and H. Kierzkowski (eds), Fragmentation: New Production Pattens in the World Economy,

Oxford University Press, Oxford, 2001: 35-51.

[34] DEARDORFF A V. Fragmentation in simple trade models [J]. North American journal of economics and finance, 2001, 12 (7): 121-137.

[35] DEARDORFF A V. Gains from trade and fragmentation [R]. Paper Prepared for CESifo Workshop Presention, 2005.

[36] DEAN J M. Does trade liberalization harm the environment? A new test. [J]. Canadian journal of economics, 2002, 35 (4): 819-842.

[37] DEAN J M. Trade growth, global production, and environmental degradation. VOX 2008, 5 (14).

[38] DEAN J M, FUNG K C, WANG Z. How vertical specialization is Chinese trade? [Z]. BOFIT Discussion Paper No. 31/2008, 2008.

[39] DEAN J M, FUNG K C, WANG Z. Measuring vertical specialization: the case of China. Revision of USITC Working Papers, 2010.

[40] DEAN J M, LOVELY M E. Trade growth, production fragmentation, and China's environment. China's growing role in world trade [M] //Ed. R. Feenstra and S. Wei. Chicago: NBER and University of Chicago Press, 2010.

[41] DLUHOSCH B. Intraindustry trade and the gains from fragmentation [J]. North American journal of economics and finance, 2006, 17 (1): 49-64.

[42] DUA A, ESTY D C. Sustaining the Asia Pacific Miracle [M]. Washington, DC: Institute for International Economics. working paper, 1997.

[43] EDERINGTON J, MINIER J. Is environmental policy a secondary trade barrier? An empirical analysis [J]. Canadian journal of economics, 2003, 36: 137-154.

[44] EGGER P, PFAFFERMAYR M, WOLFMARY SCHNITZER Y. The international fragmentation of Austrian manufacturing: the effects of outsourcing on productivity and wages [J]. The North American journal of economics and finance, 2001, 12 (3): 257-272.

[45] EGGER P, PFAFFERMAYR M, WEBER A. Sectoral adjustment of employment to shifts in outsourcing and trade: evidence from a dynamic fixed effects multinational logit model [J]. Journal of applied econometrics, 2007, 22 (3): 559-580.

[46] EGGER H, KREICKEMEIER U. International fragmentation: boon or bane for domestic employment? [J]. European economic review , 2005, 52 (1): 116-132.

[47] ELISTE, FREDRIKSSON. Does open trade result in a pace to the bottom? Cross-country evidence [R]. Mineo, Washington, DC: The World Bank, 1998.

[48] EKINS P, FOLKE C, COSTANZA R. Trade, environment and development: the issues in Perspective [J]. Ecological economics, 1994, 9: (1): 1-12.

[49] ESKELAND G S, HARRISON A E. Moving to Greener Pastures? Multinationals and the pollution haven hypothesis [J]. Journal of development economics, 2003, 70 (1): 1-23.

[50] ESTY D C, GERADIN D, ACCESS M. Competitiveness, and harmonization: environmental

protection in Regional Trade Agreement [J]. The harvard environmental law review, 1997, 21: 265-336.

[51] FEENSTRA R, HANSON G H. Globalization, outsourcing and wage inequality [J]. American economic review, 1996, 86 (2): 240-245.

[52] FEENSTRA R C, HANSON G H. Foreign direct investment, outsourcing and relative wages [C]. //FEENSTRA R C, GROSSMAN G M, IRWIN D A. The political economy of trade policy: papers in Honor of Jagdish Bhagwati, MIT Press, Cambridge, 1996: 89-128.

[53] FEENSTRA R C, HANSON G H, Foreign direct investment and relative wages: evidence from Mexico's maquiladoras [J]. Journal of international economics, 1997, 42 (3-4): 371-393.

[54] FEENSTRA R C. Integration of trade and disintegration of production in the global Econnomy [J]. Journal of economic perspective, 1998 (12): 31-50.

[55] FEENSTRA R C, HANSON G H. Productivity measurement and the impact of trade and technology on wages: estimates for the U. S. 1972—1990 [J]. Quarterly journal of economics, 1999, 114 (3): 907-940.

[56] FEENSTRA R C, HANSON G H. Global production sharing and rising inequality: a survey of trade and wages [M] //E. Kwan Choi and James Harrigan, ed. , Handbook of International Trade, (Oxford: Basil-Blackwell), 2003: 146-185.

[57] FORSLID R, OKUBO T, ULLTVEIT-MOE K H. International trade, CO_2 emissions and heterogeneous Firms [C]. CEPR Discussion Paper No. DP8583, 2011.

[58] FRANKEL J A, ROSE A K. Is trade good or bad for the environment? Sorting out the causality [J]. The review of economics and statistics, 2005, 87 (1): 85-91.

[59] FUJITA, W, Segmentalized vertical specialization share in ASEAN and East Asia trade: an Asian international input-output analysis, 1990-1995-2000 [M] . Nagasaki: Nagasaki University Press, 2009.

[60] FUJIWARA K. Market integration and competition in environmental and trade policies [J]. Environmental and resource economics, 2011, 49 (4): 561-572.

[61] GALEOTTI M, LANZA A, PAULI F. Reassessing the environmental Kuznets Curve for CO_2 emissions: a robustness exercise [J]. Ecological economics, 2006, 57 (1): 152-163.

[62] GEISHECKER I. The impact of international outsourcing on individual employment security: a micro-level analysis [J]. Labour economics, 2008, 15 (3): 291-314.

[63] GRAY W B, SHADBEGIAN R J. Pollution abatement costs, regulation, and plant-level productivity [Z]. NBER Working Paper No. 4994, 1995.

[64] GREHTER J M, MELO J D. Globalization and dirty industries: do pollution havens matter? [Z]. CEPR discussion paper 3932, 2003.

[65] GROSSMAN G M, KREUGER A B. Environmental impacts of a North American Free Trade Agreement [Z]. NBER Working Paper, 1991, No. 3914.

[66] GROSSMAN G M, KREUGER A B. Environmental impacts of a North American Free Trade Agreement [M] //In The Mexico-U. S. free trade agreement. Cambridge, Massachusetts and London: MIT Press, 1993: 13-56.

[67] GROSSMAN G M, KREUGER A B. Economic growth and the environment [J]. Quarterly journal of economics, 1995, 110 (2): 353-377.

[68] GROSSMAN G M, HELPMAN E. Integration versus outsourcing in industry equil-ibrium [J]. Quarterly journal of economics, 2002, 117 (1): 85-120.

[69] GROSSMAN G M, HELPMAN E, Managerial incentives and the International Org-anization of Production [J]. Journal of international economics, 2004, 63 (2): 237-262.

[70] GROSSMAN G M, HELPMAN E, SZEIDL A. Optimal integration strategies for the multinational firm [Z]. CEPR Discussion Paper No. 4477, 2003.

[71] GROSSMAN G M, HELPMAN E, Outsourcing in a global economy [J]. Review of economic studies, 2005, 72 (1): 135-159.

[72] GROSSMAN G M. HANSBERG E R. Trading tasks: a simple theory of offshor-ing [Z]. National Bureau of Economic Research Working Paper NO. 12721, 2006.

[73] HADDAD M. Trade integration in East Asia: the role of China and Production Networks [Z]. World Bank Policy Research Working Paper No. 4160, 2007.

[74] HE J. Pollution haven hypothesis and environmental impacts of foreign direct investment: the case of industrial emission of sulfur dioxide (SO_2) in Chinese provinces [J] . Ecological economics, 2006, 60 (1): 228-245.

[75] HETTIGE H, LUCAS R E B, WHEELER D. The toxic intensity of industrial production: global patterns trends and trade policy [J]. American economic review, 1992, 82 (2): 478-481.

[76] HELPMAN E. Trade, FDI, and the organization of firms [J]. Journal of economic literature, 2006, 44 (3): 589-630.

[77] HSIEH C T, WOO K T. The impact of outsourcing to China on Hong Kong's labour market [J]. American economic review, 2005, 95 (5): 1673-1687.

[78] HUMMELS D, ISHII J, YI K M. The nature and growth of vertical specialization in world trade [J]. Journal of international economics, 2001, 54 (1): 75-96.

[79] HOCHMAN G, SEXTON S, ZILBERMAN D. The economic of trade, biofuel, and the environment [Z]. CUDARE Working Papers No. 1110, 2010.

[80] JONES R W, KIERZKOWSKI H. A framework for fragmentation [M] //. ARNDT S W, KIERZKOWSKI H. Fragmentation: new production patters in the world economy. Oxford: Oxford University Press, 2001: 17-34.

[81] JONES R W. Immigration vs. outsourcing: effects on labor markets [J]. International review of economics and finance, 2005, 14 (2): 105-114.

[82] KELLENBERG D K. An empirical investigation of the pollution haven effect with strategic environment and trade policy [J]. Journal of international economics, 2009, 78 (2): 242-255.

[83] KOHLER W. A specific factors view on outsourcing. North American journal of economics and finance, 2001, 12 (1): 31-53.

[84] KALIRAJAN K. Regional cooperation towards green Asia: trade and investment [Z]. ADBI Working Paper NO. 350, 2012.

[85] KOHLER W. International outsourcing and factor prices with multistage production [J]. The economic journal, 2004, 114 (494): 166-185.

[86] LEVINSON A, TAYLOR M S, Unmasking the pollution haven effect [J]. International economy review, 2008, 49 (1): 223-254.

[87] LEVINSON A. Technology, international trade, and pollution from US manufactur-ing [J]. American economic review, 2009, 99 (5): 2177-2192.

[88] LEVINSON A. Offshoring pollution: is the United States increasingly importing polluting goods? [J]. Review of environmental economics and policy, 2010, 4 (1): 63-83.

[89] LIN B, LI J L. The rebond effect for heavy industry: empirical evidence from China [J]. Energy policy, 2014, 74: 589-599.

[90] LIN M, MATSUMURA T. Pressence of foreign investors in privatized firms and privatization policy [J]. Journal of economics, 2017, 107 (1): 71-80.

[91] LOW P, YEATS A. Do "dirty" industries migrate in international trade and the environment [Z]. World Bank discussion paper NO. 159, 1992.

[92] LOPEZ R. The environment as a factor of production: the effects of economic growth and trade liberalization [J]. Journal of environmental economics and management, 1994, 27 (2): 163-184.

[93] LOVELY M, POPP D. Trade, technology, and the environment: does access to technology promote environmental regulation? [J]. Journal of environmental economics and management, 2011, 61 (1): 16-35.

[94] MACHADO G, SCHAEFFER R, WORRELL E. Energy and carbon embodied in the international trade of Brazil: an input-output approach [J]. Ecological Economics, 2001, 39 (3): 409-424.

[95] MANAGI S, HIBIKI A, TSURUMI T. Do trade openness improve environmental quality? [J]. Journal of envionmental economics and management, 2009, 58 (3): 346-363.

[96] MANAGI S. Trade, economic growth and environment [Z]. IDE Discussion Paper No. 342, 2012.

[97] MANI M, WHEELER D. In search of pollution havens? Dirty industry in the world economy, 1960—1995 [J]. Journal of environment and development, 1998, 7 (3): 215-247.

[98] MUNCH J R. International outsourcing and individual job separations [Z]. Discussion Paper, Department of Economics, University of Copenhagen, 2005: 5-11.

[99] MURTY M N, KUMAR S, DHAVALA K. Measuring environmental efficiency of industry: a case study of thermal power generation in India [J]. Environmental and resource economics, 2007, 38 (1): 31-50.

[100] NG F, YEATS A. Production sharing in East Asia: who does what for whom and why? [M] //CHENG K, KIERZKOWSKI H. Global production and trade in East Asia. Boston: Kluwer Academic Publishers, 2001: 63-91.

[101] COLE M A, ELLIOTT R J, OKUBO T. Environmental Outsourcing [Z]. Discussion papers from Research Institute of Economy, Trade and Industry (RIETI), 2011.

[102] PANAYOTOU T. Economic growth and the environment [Z]. Cambridge, MA, Center for International Development at Harvard University, 2000.

[103] PETHIG R. Pollution, welfare, and environmental policy in the theory of comparative advantage [J]. Environ. Econ. Manage, 1976, 2 (3): 160-169.

[104] PORTER M E, LINDE C V D. Toward a new conception of the environment competitiveness relationship [J]. Journal of economic perspectives, 1995, 9 (4): 97-118.

[105] QI J H, ZHENG Y M, ZHAO Y. Environmental regulation and trade pattern: a case of China [J]. Ecological economy, 2007, 3 (3): 234-242.

[106] RAUSCHER M. National environmental policies and the effects of economic integration [J]. European journal of political economy, 1991, 7 (3): 313-329.

[107] REN S G, YUAN B L, MA X, et al. International trade, FDI and embodied CO_2 emissions: a case study of Chinas industrialsectors [J]. China economic review, 2014, 28 (2): 123-134.

[108] ROPKE I. Development and sustainability—a critical assessment of the "Free Trade Dogma" [J]. Ecological economics, 1994, 9 (1): 13-22.

[109] RUNGE C F. Free trade. Protected environment: balancing trade. Liberalization and environmental interests [M]. New York: Council On Foreign Relations Press, 1994.

[110] SPENCER B J. International outsourcing and incomplete contracts [Z]. NBER Working Paper, No. 11418, 2005.

[111] STRAUSS-KAHN V. The role of globalization in the within-industry shift away from unskilled workers in France [M] //BALDWIN R E, WINTERS L A, et al. Challenges to Globalization: Analysing the Economics, Chicago Univ. Press, 2004: 201-231.

[112] SELDEN T M, SONG D Q. Environmental quality and development: is there a Kuznets Curve for air pollution emissions? [J]. Journal of environmental economics and management, 1994, 27 (2): 147-162.

[113] SIMPSON R D, BRADFORD R L. Taxing variable cost: environmental regulation as indus-

trial policy [J]. Journal of environmental economics and management, 1996, 30 (3): 282-300.

[114] SONG P, MAO X Q, GABRIEL C. Adjusting export tax rebates to reduce the environmental impacts of trade: lessons from China [J]. Journal of environmental management, 2015, 161: 408-416.

[115] STEVENS R B. Environmental regulation and international competitiveness [J]. Yale law journal, 1993, 102 (8): 2039-2139.

[116] STRUTT G F, ANDERSON A K. Estimating environmental effects of trade agreements with global CGE models: a GTAP application to indonesia [Z]. CIES Discussion Paper, No: 99/26, Center of International Economic Studies, University of Adelaide, 1999.

[117] WHEELER D. Racing to the bottom? Foreign investment and air pollution in developing countries [J]. Journal of environment and development, 2001, 10: 225-245.

[118] YEATS A J. Just how big is global production sharing? [M] //fragmentation: New Production Patterns in the World Economy, ed. Arndt S W, Henryk Kierzkowski H. Oxford: Oxford University Press, 2001: 108-143.

[119] 白泉旺，俞海山，吕建锁. 我国对外贸易政策与环境政策的协调——基于世贸组织规则的研究 [J]. 国际贸易问题，2007 (9): 114-118.

[120] 北京大学中国经济研究中心课题组. 垂直专门化、产业内贸易与中美贸易关系 [J]. 世界经济，2005 (5): 3-11.

[121] 曹亮，席艳乐，王贺光. 产品内分工理论研究新进展 [J]. 经济学动态，2008 (12): 100-106.

[122] CCER 课题组. 中国出口贸易中的垂直专门化与中美贸易 [J]. 世界经济，2006 (5): 3-11.

[123] 陈丰龙，徐康宁. 中国出口贸易专业化的地区差异及影响因素 [J]. 世界经济研究，2012 (6): 52-57.

[124] 陈红蕾，陈秋峰. 经济增长、对外贸易与环境污染：联立方程的估计 [J]. 产业经济研究，2009 (3): 29-34.

[125] 陈雯. 中国-东盟自由贸易区的贸易效应研究——基于引力模型“单国模式”的实证分析 [J]. 国际贸易问题，2009 (1): 61-66.

[126] 陈晓文. 区域经济一体化：贸易与环境 [M]. 北京：人民出版社，2009.

[127] 代丽华，金哲松，林发勤. 贸易开放是否加剧了环境质量恶化——基于中国省级面板数据的检验 [J]. 中国人口·资源与环境，2015, 25 (7): 56-61.

[128] 戴翔. 产品内分工、出口增长与环境福利效应——理论及对中国的经验分析 [J]. 国际贸易问题，2010 (10): 57-63.

[129] 党玉婷，万能. 贸易对环境影响的实证分析——以中国制造业为例 [J]. 世界经济研究，2007 (4): 52-57.

[130] 党玉婷. 中国对外贸易对环境污染影响的实证研究——全球视角下投入产出技术矩

阵的环境赤字测算［J］. 财经研究，2010（2）：26-35.
［131］邓柏盛，宋德勇. 我国对外贸易、FDI 与环境污染之间关系的研究：1995—2005［J］. 国际贸易问题，2008（4）：101-108.
［132］傅京燕. 环境规制、要素禀赋与贸易模式：理论与实证研究［M］. 北京：经济科学出版社，2010.
［133］傅京燕，李丽莎. FDI、环境规制与污染避难所效应——基于中国省级数据的经验分析［J］. 公共管理学报，2010（3）：65-74.
［134］傅京燕，李丽莎. 环境规制、要素禀赋与产业国际竞争力的实证研究——基于中国制造业的面板数据［J］. 管理世界，2010（10）：87-98.
［135］傅京燕，赵春梅. 环境规制会影响污染密集型行业出口贸易吗？——基于中国面板数据和贸易引力模型的分析［J］. 经济学家，2014（2）：47-58.
［136］付允，马永欢，刘怡君，等. 低碳经济的发展模式研究［J］. 中国人口、资源与环境，2008（3）：14-19.
［137］阚大学，吕连菊. 对外贸易、地区腐败与环境污染——基于省级动态面板数据的实证研究［J］. 世界经济研究，2015（1）：120-126.
［138］高越. 产品内分工与我国加工贸易的结构升级［J］. 对外经贸实务，2006（2）：3-6.
［139］郭红燕，韩立岩. 贸易自由化对我国环境的影响——基于我国工业行业数据的分析［J］. 对外经济贸易大学学报（国际商务版），2008（3）：5-11.
［140］郭红燕，刘民权. 贸易与环境［M］. 北京：科学出版社，2010.
［141］谷祖莎. 绿色屏障——国际贸易中的环境问题与中国的选择［M］. 北京：中国经济出版社，2005.
［142］何洁. 国际贸易对环境的影响：中国各省的二氧化硫工业排放［J］. 经济学季刊，2010，9（1）：415-446.
［143］洪丽明，吕小锋. 贸易自由化、南北异质性与战略性环境政策［J］. 世界经济，2017（7）：78-101.
［144］胡昭玲. 国际垂直专业化分工与贸易：研究综述［J］. 南开经济研究，2006（5）：12-26.
［145］黄德春，陈洁. 垂直合约与产业环境贸易政策——环境成本内部化及中国的策略选择［J］. 中国工业经济，2007（7）：72-79.
［146］黄辉. WTO 与环保：自由贸易与环境保护的冲突与协调［M］. 北京：中国环境科学出版社，2004.
［147］黄娟，田野. 产品内分工下中国自由贸易的环境效应——基于联立方程模型的实证分析［J］. 国际经贸探索，2012（8）：12-21.
［148］黄宁，蒙英华. 中国出口产业结构优化评估——基于垂直专业化比率指标的改进与动态分析［J］. 财贸经济，2012（4）：90-97.
［149］黄先海，韦畅. 中国制造业出口垂直专业化的测度与分析［J］. 管理世界，2007

(4): 158-159.
[150] 籍艳丽，席艳乐. 产品内分工对相对就业的影响——基于中国制造业面板数据的实证分析 [J]. 山西财经大学学报，2009 (12): 49-55.
[151] 金芳. 国际分工深化趋势及其对中国国际分工地位的影响 [J]. 世界经济研究，2003 (3): 4-9.
[152] 孔淑红，周甜甜. 我国出口贸易对环境污染的影响及对策 [J]. 国际贸易问题，2012 (8): 108-120.
[153] 刘婧. 一般贸易与加工贸易对我国环境污染影响的比较分析 [J]. 世界经济研究，2009 (6): 44-48.
[154] 刘晴，李静，徐蕾. 出口模式、企业异质性与行业内贸易环境效应——基于中国事实的理论与经验分析 [J]. 世界经济文汇，2014 (2): 17-29.
[155] 刘林奇. 我国对外贸易环境效应理论与实证分析 [J]. 国际贸易问题，2009 (3): 70-77.
[156] 刘舜佳，李霞. 基于知识溢出的国际贸易环境技术效应研究 [J]. 国际贸易问题，2016 (6): 94-104.
[157] 刘瑶. 中国制造业贸易的要素含量：中间产品贸易对测算的影响 [J]. 经济评论，2011 (2): 85-92.
[158] 李斌，赵新华. 经济结构、技术进步、国际贸易与环境污染——基于中国工业行业数据的分析 [J]. 山西财经大学学报，2011 (5): 1-9.
[159] 李斌，彭星. 中国对外贸易影响环境的碳排放效应研究——引入全球价值链视角的实证分析 [J]. 经济与管理研究，2011 (7): 40-48.
[160] 李敦瑞. 外商投资我国污染密集产业环境效应的实证检验 [J]. 统计与决策，2009 (5): 77-79.
[161] 李怀政. 出口贸易的环境效应实证研究——基于中国主要外向型工业行业的证据 [J]. 国际贸易问题，2010 (3): 80-85.
[162] 李怀政. 环境规制、技术进步与出口贸易扩张——基于我国 28 个工业大类 VAR 模型的脉冲相应与方差分解 [J]. 国际贸易问题，2011 (12): 130-137.
[163] 李慕菡，陈建国，张连众. 我国国际贸易中污染产品的跨境转移 [J]. 国际贸易问题，2005 (10): 102-106.
[164] 李瑞琴. 产品内国际分工模式下区域经济合作的福利和收入分配效应分析 [J]. 当代财经，2008 (8): 107-111.
[165] 李瑞琴. 产品内贸易与传统贸易模式对发展中国家经济增长影响的差异性研究——基于中国的实证分析 [J]. 世界经济研究，2010 (2): 62-67.
[166] 李卫兵. 自由贸易及跨界污染背景下的国际环境政策协调 [J]. 国际贸易问题，2012 (3): 108-114.
[167] 李文珍. 产品内国际分工的效应及其关联度 [J]. 改革，2010 (11): 97-101.
[168] 李小平，卢现祥. 国际贸易污染产业转移和中国工业 CO_2 排放 [J]. 经济研究，

2010（1）：15-24.

［169］李小平. 国际贸易中隐含的 CO_2 测算——基于垂直专业化分工的环境投入产出模型分析［J］. 财贸经济，2010（5）：66-70.

［170］李小平，卢现祥，陶小琴. 环境规制强度是否影响了中国工业行业的贸易比较优势［J］. 世界经济，2012（4）：62-78.

［171］李玉楠，李廷. 环境规制、要素禀赋与出口的动态关系——基于我国污染密集产业的动态面板数据［J］. 国际经贸探索，2012（1）：34-42.

［172］林伯强，刘泓汛. 对外贸易是否有利于提高能源环境效率——以中国工业行业为例［J］. 经济研究，2015（9）：127-141.

［173］卢峰. 产品内分工［J］. 经济学（季刊），2004（1）：55-82.

［174］卢峰. 产品内国际分工：一个分析框架［R］. 北京大学中国经济研究中心，2004.

［175］陆旸. 环境规制影响了污染密集型商品的贸易比较优势吗［J］. 经济研究，2009（4）：28-40.

［176］罗堃. 中国污染密集型产品贸易的环境效应及其扭曲——兼论效应的分解和估计方法的改进［J］. 国际贸易问题，2010（4）：64-72.

［177］莫莎. 贸易与环境问题的多边及区域协调［J］. 世界经济与政治，2006（1）：75-80.

［178］莫莎. 贸易、投资与环境协调发展——基于区域经济合作的视角［M］. 北京：中国经济出版社，2006.

［179］牛坤玉，金书秦，钟钰. 基于多区域投入产出模型的国际贸易隐含水体氮排放转移研究［J］. 中国人口·资源与环境，2019（1）：160-167.

［180］彭水军，刘安平. 中国对外贸易的环境影响效应：基于环境投入-产出模型的经验研究［J］. 世界经济，2010（5）：140-160.

［181］彭水军，张文城，曹毅. 贸易开放的结构效应是否加剧了中国的环境污染——基于地级城市动态面板数据的经验证据［J］. 国际贸易问题，2013（8）：119-132.

［182］蒲华林，张捷. 产品内分工与中美结构性贸易顺差［J］. 世界经济研究，2007（2）：29-35.

［183］蒲华林. 产品内国际分工与贸易对我国贸易平衡的影响分析［J］. 国际贸易问题，2011（4）：15-23.

［184］钱慕梅，李怀政. 中国东中西部出口贸易环境效应比较分析——基于低碳发展的视角［J］. 国际贸易问题，2011（6）：111-120.

［185］钱学锋，陈勇兵. 国际分散化生产导致了集聚吗：基于中国省级动态面板数据 GMM 方法［J］. 世界经济，2009（12）：27-39.

［186］丘兆逸. 国际垂直专业化对中国环境效率的影响［J］. 经济经纬，2012（2）：111-118.

［187］丘兆逸. 国际垂直专业化中污染工序转移研究——以我国为例［J］. 国际贸易问题，2012（4）：107-114.

[188] 任力，黄崇杰. 国内外环境规制对中国出口贸易的影响［J］. 世界经济，2015（5）：59-80.

[189] 余群芝. 贸易自由化的环境效应评估［J］. 统计与决策，2004（2）：61-62.

[190] 余群芝，王瑾. 基于南北贸易与环境观的南方环境标准最优选择［J］. 统计与决策，2011（3）：142-144.

[191] 沈坤荣，金刚，方娴. 环境规制引起了污染就近转移吗［J］. 经济研究，2017（5）：44-59.

[192] 沈利生，唐志. 对外贸易对我国污染排放的影响——以二氧化硫排放为例［J］. 管理世界，2008（6）：21-29.

[193] 沈能，王群伟. 考虑异质性技术的环境效率评价及空间效应［J］. 管理工程学报，2015（1）：162-168.

[194] 沈荣珊，任荣明. 贸易自由化环境效应的实证研究［J］. 国际贸易问题，2006（7）：66-70.

[195] 沈亚芳，应瑞瑶. 对外贸易、环境污染与政策调整［J］. 国际贸易问题，2005（1）：59-63.

[196] 盛斌，吕越. 外国直接投资对中国环境的影响——来自工业行业面板数据的实证研究［J］. 中国社会科学，2012（5）：54-75.

[197] 宋鹏，毛显强，李丽平. 亚太自由贸易区的经济与环境效应及中国的策略选择［J］. 国际贸易问题，2017（9）：59-70.

[198] 宋文飞，李国平，韩先锋. 环境规制、贸易自由化与研发创新双环节效率门槛特征——基于我国工业 33 个行业的面板数据分析［J］. 国际贸易问题. 2014（2）：65-73.

[199] 孙文远，裴育. 产品内国际分工对收入分配的影响研究［J］. 华东经济管理，2012（1）：81-86.

[200] 唐剑，周雪莲. 中国对外贸易的环境影响综合效应分析［J］. 中国人口·资源与环境，2017（4）：87-94.

[201] 唐杰英. 产业转移、国际贸易和 CO_2 排放——来自我国工业的实证分析［J］. 国际贸易问题，2012（9）：118-128.

[202] 汤维祺，吴力波，钱浩祺. 从“污染天堂”到绿色增长——区域间高耗能产业转移的调控机制研究［J］. 经济研究，2016（6）：58-70.

[203] 田素妍，周力，苗玲. 国际贸易模式的环境效应研究——基于联立方程模型的情境模拟［J］. 世界经济与政治论坛，2011（6）：81-93.

[204] 田文. 产品内贸易论［M］. 北京：经济科学出版社，2006.

[205] 田野. 产品内分工视角下中国对外贸易的环境效应研究——基于污染密集产业面板数据的实证分析［J］. 东北大学学报（社会科学版），2012（6）：487-493.

[206] 田野. 中国-东盟自由贸易区的环境效应研究——基于污染密集品贸易效应的实证分析［J］. 经济经纬. 2013（1）：45-50.

[207] 田野，靳纬. 中国与东盟贸易的环境规制问题分析与应对策略［J］. 对外经贸实务，2012（7）：51-53.

[208] 王文治，陆建明. 外商直接投资与中国制造业的污染排放——基于行业投入产出的分析［J］. 世界经济研究，2011（8）55-62.

[209] 王文治，陆建明. FDI 对中国制造业污染排放影响的经验分析［J］. 经济经纬，2012（1）：58-62.

[210] 王晓磊，陆甦颖. 国际产品内分工对我国制造业收入分配影响的实证研究［J］. 国际贸易问题，2011（7）：49-56.

[211] 王孝松，谢申祥. 产品垂直差异、产品内分工与南北贸易［J］. 财贸研究，2009（6）：54-59.

[212] 王玉婧. 环境成本内在化环境规制及贸易与环境的协调［M］. 北京：经济科学出版社，2010.

[213] 魏龙，潘安. 出口贸易和 FDI 加剧了资源型城市的环境污染吗？——基于中国 285 个地级城市面板数据的经验研究［J］. 自然资源学报，2016（1）：17-27.

[214] 吴国松. 我国环境保护强度对产业竞争力影响的实证分析——以我国造纸业为例［J］. 华东经济管理，2007（11）：34-38.

[215] 夏光. 环境保护与 WTO［M］. 北京：中国环境科学出版社，2004.

[216] 肖红，郭丽娟. 中国环境保护对产业国际竞争力的影响分析［J］. 国际贸易问题，2006（12）：92-96.

[217] 肖文，唐兆希. 能源约束、技术进步与可持续发展——一个基于中间产品质量进步的分析框架［J］. 经济理论与经济管理，2011（1）：87-94.

[218] 肖文，殷宝庆. 垂直专业化的技术进步效应——基于 27 个制造行业面板数据的实证分析［J］. 科学学研究，2011（3）：382-389.

[219] 谢申祥，王祯，胡凯. 部分私营化国有企业中的外资份额，贸易政策与污染物排放［J］. 世界经济，2015（6）：49-69.

[220] 邢斐，何欢浪. 贸易自由化，纵向关联市场与战略性环境政策——环境税对发展绿色贸易的意义［J］. 经济研究，2011（5）：111-125.

[221] 许士春. 贸易与环境问题的研究现状与启示［J］. 国际贸易问题，2006（7）：60-65.

[222] 徐慧. 中国进出口贸易的环境成本转移——基于投入产出模型的分析［J］. 世界经济研究，2010（1）：51-65.

[223] 徐圆. 国际贸易对中国环境的影响——规模、结构与技术效应分析［J］. 世界经济研究，2010（10）：57-62.

[224] 徐圆，陈亚丽. 国际贸易的环境技术效应——基于技术溢出视角的研究［J］. 中国人口·资源与环境，2014（1）：148-156.

[225] 杨丹萍. 我国出口贸易环境成本内在化效应的实证分析与政策建议［J］. 财贸经济，2011（6）：94-99.

业面板数据的经验研究［J］. 国际贸易问题，2015（3）：65-75.
［227］易雪玲. 国际环境贸易协调机制［M］. 北京：知识产权出版社，2008.
［228］尹显萍，梁艳. 南北关系中的贸易与环境问题［J］. 世界经济研究，2006（11）：22-27.
［229］尹晓波. 冲突与协调——国际贸易与环境问题［M］. 北京：工商出版社，2005.
［230］游伟民. 对外贸易对我国环境影响的区域差异研究——基于2000—2008年省际面板数据的分析［J］. 中国人口·资源环境，2010（12）：159-163.
［231］喻美辞. 中间产品贸易、技术溢出与发展中国家的工资产据：一个理论框架［J］. 国际贸易问题，2012（8）：14-21.
［232］曾卫锋. 国际产品内贸易的理论与经验研究［M］. 北京：经济科学出版社，2008.
［233］张连众，朱坦，李慕菡，等. 贸易自由化对我国环境污染的影响分析［J］. 南开经济研究，2003（3）：3-5.
［234］张明志. 国际外包对发展中国家产业升级影响的机理分析［J］. 国际贸易问题，2008（1）：42-47.
［235］张明志，李敏. 国际垂直专业化分工下的中国制造业产业升级及实证分析［J］. 国际贸易问题，2011（1）：118-128.
［236］张根能，张路雁，秦文杰. 出口贸易对我国环境影响的实证分析——以 SO_2 为例［J］. 宏观经济研究，2014（9）：126-133.
［237］张少华，蒋伟杰. 加工贸易提高了环境全要素生产率吗——基于Luenberger生产率指数的研究［J］. 南方经济，2014（11）：1-24.
［238］张天桂. 低碳经济转型和中国-东盟FTA贸易与环境的协调［J］. 亚太经济，2010（4）：9-14.
［239］张天桂. 中国和印度尼西亚的贸易与环境问题分析［J］. 亚太经济，2011（5）：47-53.
［240］章秀琴，张敏新. 环境规制对我国环境敏感性产业出口竞争力影响的实证分析［J］. 国际贸易问题，2012（5）：128-135.
［241］赵细康. 环境保护与产业国际竞争力：理论与实证分析［M］. 北京：中国社会科学出版社，2003.
［242］郑玉琳. 多边贸易体制下的贸易与环境［M］. 北京：中国社会科学出版社，2008.
［243］周长富，杜宇玮，彭安平. 环境规制是否影响了我国FDI的区位选择？——基于成本视角的实证研究［J］. 世界经济研究，2016（1）：110-120.
［244］周力，朱莉莉，应瑞瑶. 环境规制与贸易竞争优势——基于中国工业行业数据的SEM模拟［J］. 中国科技论坛，2010（3）：89-95.
［245］周茂荣，祝佳. 贸易自由化对我国环境的影响——基于ACT模型的实证研究［J］. 中国人口·资源与环境，2008（4）：211-215.
［246］周昕，牛蕊. 产品内分工，距离与生产网络区位优势——基于2000—2009年中国零部件进口的实证研究［J］. 世界经济研究，2012（7）：46-51.

[247] 朱启荣. 我国出口贸易与工业污染、环境规制关系的实证分析 [J]. 世界经济研究，2007 (8)：47-51.

[248] 庄惠明，赵春明，郑伟腾. 中国对外贸易的环境效应实证——基于规模、技术和结构三种效应的考察 [J]. 经济管理，2009 (5)：9-14.

[249] 宗毅君. 国际产品内分工与进出口贸易——基于我国工业行业面板数据的经验研究 [J]. 国际贸易问题，2008 (2)：7-13.

[250] 宗毅君. 国际产品内分工与工资收入——基于中国工业行业面板数据研究 [J]. 财贸经济，2008 (4)：117-121.